《马克思主义理论与教学研究》丛书 ┃ 丛书主编：秦在东

马克思主义理论
与教学研究

第 二 卷

MAKESI ZHUYI LILUN YU JIAOXUE YANJIU

李敬煊 ◎ 主编

人民出版社

总　序

　　华中师范大学马克思主义理论学科是全国本学科领域首批设立本科专业、硕士学位授权点、一级学科博士学位授权点、博士后流动站的单位之一。先后被评定为国家重点学科（马克思主义基本原理，2007年）、国家重点培育学科（思想政治教育，2007年）、国家特色专业（思想政治教育，2007年）、湖北省一级重点学科（马克思主义理论，2008年和2012年）。华中师范大学前身之一——中原大学活跃着一大批从事马克思主义理论宣传和教育教学的理论工作者、政治教员，积累了丰富的理论研究和学科教学的经验，为华中师范大学马克思主义理论学科的建设和发展奠定了坚实的基础。2010年7月，华中师范大学马克思主义学院成立以来，坚持把深化马克思主义特别是当代中国马克思主义的教育教学和研究宣传作为根本任务，以培养马克思主义理论人才为根本目标，以学科建设为龙头，积极深化学术理论研究、开展理论宣传普及，不断深化教学科研改革，加强教师队伍建设，努力将学院建设成为马克思主义理论教学、研究、宣传和人才培养的重要阵地。

　　本学科始终坚持把马克思主义理论研究和教育教学作为学科优势和特色方向。一是马克思主义基本原理的研究始终保持着较大的学术优势。在深入揭示唯物史观、剩余价值理论与科学社会主义的内在有机联系，特别是在马克思主义哲学革命与唯物史观的创新研究方面，学术成就突出。近年来，该学科点在《马克思主义研究》《哲学研究》《马克思主义与现实》等权威杂志上发表论文达30多篇，出版学术专著10余部。二是国外马克思主义的研究在国内领跑的实力进一步增强。该学科点近年在中国社会科学出版社推出了系列专著，在《中国社会科学》《马克思主义研究》等权威期刊发表了系列重要研究成果。三是马克思主义中国化的研究成果的社会贡献率进一步提升。该学科点不仅在中国农村基层民主、马克思主义中国化的当代实践诸领域继续保持着国内领先地位，而且其系列研究报告受到国家有关部门和中央机关的高度重视和采纳。四是马克思主义发展史学科点在重点研究领域的突破取得明显进展，形成了以"列宁思想研究"为特色的学术优势，出版了系列有关列宁思想研究的成果。五是思想政治教育学科点在马克思主义理论学科建设中始终发挥着优势学科的中坚作用。

"马克思主义理论与教学研究"为六卷本。选稿起自 2008 年至 2016 年，均是本院在编、在岗教师的原创作品，按精选原则选编。退休教师和调出本院的教师的作品没有编入。考虑到本学科的特殊性，少数具有明显非本学科性和滞后于时代的作品，此次也没有编入。编入"马克思主义理论与教学研究"的作品，绝大部分出自中国知网和平日学院根据科研工作需要而集中收集的，完全保持原貌。因大量文稿是从 PDF 文件转换成 Word 文件，转换中出现了大量乱码，编辑人员对照原文校对了文稿中的错字、漏字、衍字以及明显有误的标点符号。在排版上加入了一些技术性创意，没有完全按照原文发表的版式。

"马克思主义理论与教学研究"的目的在于搭建交流的平台，推进马克思主义在新时代的理论创新和发展，彰显马克思主义的当代意义和强大的影响力，进而助益于"两个一百年"的顺利实现和中国特色社会主义伟大事业的顺利前行。

"当代马克思主义理论与教学研究"丛书编者

2020 年 8 月

目　录

上　编

下　编

上　编

毛泽东探索中国特色社会主义道路的历史贡献

屠静芬

中国特色社会主义道路的开辟，是几代中国共产党人坚持把马克思主义和中国国情相结合，不断探索、实践、创新的结果。其中，毛泽东是中国特色社会主义道路的开创者和奠基人，为此作出了重要的历史贡献。

党的十七大报告指出，改革开放以来我国社会主义现代化建设所取得的一切成绩和进步的根本原因，就是开辟了中国特色社会主义道路，形成了中国特色社会主义理论体系。回顾中国近现代历史，可以清晰地看到，中国特色社会主义道路是中国共产党人坚持把马克思主义同中国的实际及时代特征相结合，前赴后继，在不断探索、实践、创新的过程中，历经艰难曲折而开辟的一条被实践证明适合中国国情的社会主义发展道路，它凝结了几代共产党人的心血与智慧。其中，党的第一代中央领导集体的核心——毛泽东不仅是中华人民共和国的缔造者，同时也是中国特色社会主义道路的开创者和奠基人。全面地了解和掌握这一点，既有助于正确地认识和评价毛泽东的历史地位，更有助于进一步深刻认识坚持中国特色社会主义道路，对于当代中国社会进步与发展具有重大的理论和现实意义。

1.领导人民赢得新民主主义革命的胜利，为中国选择社会主义创造了前提条件

近代以来，争取民族的独立和人民解放、实现国家的繁荣富强和人民的共同富裕，是中华民族面对的两大历史任务。其中，前一个任务为后一个任务创造前提。在从鸦片战争到五四运动的80年间，从林则徐、魏源提出"师夷长技以制夷"到19世纪60—90年代的"洋务运动"，从洪秀全领导的太

3

平天国农民革命到康有为、梁启超等发起的资产阶级改良运动，及至 20 世纪初孙中山领导的为建立资产阶级共和国而进行的资产阶级革命，中华民族无数仁人志士为追求民族复兴和国家富强，进行了不懈的奋斗与尝试，但无一不以失败而告终。中华民族处于空前深重的灾难之中。

1917 年俄国十月革命一声炮响，给中国人民送来了马克思列宁主义。中国共产党的成立，使中国革命的面貌从此为之焕然一新。以毛泽东为代表的中国共产党人把马克思列宁主义的普遍真理同中国革命的具体实际相结合，深刻分析了中国革命的特点和规律，论述了中国社会的性质、新民主主义革命的时代背景和革命的性质、任务、对象、动力、领导权、道路、步骤和前途，制定了新民主主义革命的总路线，创立了新民主主义理论，系统回答了"什么是新民主主义革命、怎样进行新民主主义革命"等问题，并领导全国各族人民经过 28 年艰苦卓绝的斗争，推翻了压在中国人民头上的"三座大山"，赢得了新民主主义革命的胜利，从而彻底结束了 100 多年来中国人民受压迫、受奴役、受侵略的屈辱历史，在古老的东方大地建立起人民当家作主的新民主主义共和国，实现了近代以来几代中国人梦寐以求的民族独立和人民解放，同时也开启了中国历史一个崭新的时代。正如毛泽东所指出："党的二十八年是一个长时期，我们仅仅做了一件事，这就是取得了革命战争的基本胜利。这是值得庆祝的，因为这是人民的胜利，因为这是在中国这样一个大国的胜利。"[1]近代中国的国情决定了"没有一个新民主主义的联合统一的国家，没有新民主主义的国家经济的发展，没有私人资本主义经济和合作社经济的发展，没有民族的科学的大众的文化即新民主主义文化的发展，没有几万万人民的个性的解放和个性的发展，一句话，没有一个由共产党领导的新式的资产阶级性质的彻底的民主革命，要想在殖民地半殖民地半封建的废墟上建立起社会主义社会来，那只是完全的空想。"[2]新民主主义革命的胜利和中华人民共和国的建立，标志着近代中华民族的第一大历史任务基本实现，它打开了中国通向社会主义的进步

---

[1] 《毛泽东选集》第四卷，人民出版社 1991 年版，第 1480 页。

[2] 《毛泽东选集》第三卷，人民出版社 1991 年版，第 1060 页。

闸门，也为中国人民实现国家的繁荣富强和人民的共同富裕创造了前提条件。这是以毛泽东为代表的共产党人建立的丰功伟业。对此，邓小平指出："没有毛主席，至少我们中国人民还要在黑暗中摸索更长的时间。"①

2.确立了社会主义的基本制度，为中国特色社会主义道路的开辟提供了制度基础

新中国成立以后，以毛泽东同志为核心的党中央带领全国人民在完成了民主革命的遗留任务、迅速医治战争创伤和恢复国民经济的基础上，及时把集中力量进行经济建设及其他建设以实现国家的繁荣富强之任务，提上了党和国家的议事日程。在分析了资本主义、社会主义两条现成的工业化道路之后，以毛泽东同志为核心的党中央认为，对于中国这样一个经济文化落后的国家来说，利用社会主义制度可以集中力量办大事、发挥社会生产力快速发展的优越性，选择通过社会主义道路来实现国家的工业化是最为有利的。为了尽快地把中国带进社会主义的大门，1953年初，毛泽东适时提出了过渡时期总路线，领导全国进行了对生产资料私有制的社会主义改造，创造性地实现了由新民主主义革命向社会主义革命的转变，"在一个几亿人口的大国中比较顺利地实现了如此复杂、困难和深刻的社会变革"②，使社会主义基本制度在占世界人口1/4的东方大国里确立起来。1956年底，对农业、手工业和资本主义工商业的社会主义改造基本完成后，我国在经济上确立了以生产资料公有制和按劳分配为主要形式和特点的社会主义基本经济制度；政治上确立了中国共产党领导的以人民民主专政为核心的中国特色社会主义民主政治制度。1954年9月，第一届全国人民代表大会第一次会议通过了《中华人民共和国宪法》以及全国人民代表大会和地方人民代表大会组织法，对人民代表大会等政治制度作出了明确具体的规定；文化上确立了马克思主义在意识形态的指导地位以及繁荣、发展文化建设的"双百"方针和"二为"的方向。这一切，都构成了新中国社会主义制度的基础。

社会主义制度的全面确立，是我国历史上最深刻、最伟大的社会变革，

---

① 《邓小平文选》第二卷，人民出版社1994年版，第345页。

② 《三中全会以来重要文献选编》下，人民出版社1982年版，第801页。

奠定了新中国一切进步和发展的基础。从 1956 年底到改革开放之前，新中国在"一穷二白"的基础上建立了独立的、比较完整的工业体系和国民经济体系，使古老的中国以崭新的姿态屹立在世界的东方。事实已明，社会主义制度的确立以及在此基础上所取得的巨大成就，为中国新时期的改革开放和现代化建设准备了极为重要的制度与物质基础。中国特色社会主义道路的开辟，也正是在社会主义这一基本制度保障的基础上进行的。2003 年 12 月，胡锦涛在纪念毛泽东诞辰 110 周年座谈会上的讲话中指出："毛泽东同志毕生最突出最伟大的贡献，就是领导我们党和人民找到了新民主主义革命的正确道路，完成了反帝反封建的任务，建立了中华人民共和国，确立了社会主义基本制度，并从中国实际出发探索社会主义建设的道路，为古老的中国赶上时代发展潮流、阔步走向繁荣昌盛创造了根本前提，奠定了坚实的理论和实践基础。"[1]2006 年 6 月，胡锦涛进一步指出："中国共产党已经走过了 85 年不平凡的历程。在这 85 年里，我们党紧紧依靠和紧密团结全国各族人民，干了三件大事。在新民主主义革命时期，我们经过 28 年艰苦卓绝的斗争，推翻了帝国主义、封建主义、官僚资本主义的反动统治，实现了民族独立和人民解放，建立了人民当家作主的新中国。在社会主义革命和建设时期，我们确立了社会主义基本制度，在"一穷二白"的基础上建立了独立的比较完整的工业体系和国民经济体系，使古老的中国以崭新的姿态屹立在世界的东方。"[2] 这里所指的前两件大事，即实现民族的独立、人民的解放和在中国确立社会主义的基本制度，都是在以毛泽东为代表的中国共产党人的领导下胜利完成的。

3. 开始了对社会主义建设的初步探索，为中国特色社会主义道路的开辟提供了理论基石

毛泽东是伟大的无产阶级革命家、战略家，同时也是探索中国特色社会主义道路的思想先驱。他对在中国这样一个经济文化比较落后的国家如何

① 胡锦涛：《在纪念毛泽东同志诞辰 110 周年座谈会上的讲话》，《人民日报》2003 年 12 月 27 日。

② 胡锦涛：《在庆祝中国共产党成立八十五周年暨总结保持共产党员先进性教育活动大会上的讲话》，《光明日报》2006 年 7 月 1 日。

建设社会主义、如何巩固和发展社会主义等一系列基本问题，进行了积极的、开拓性的理论探索，并取得一系列成果。这些成果主要集中在1956年至1957年上半年这段时间，又散见于1957年下半年以后近20年间，内容涉及经济、政治、文化、国防、对外关系、执政党建设等诸多方面，至今仍然有着重要的指导意义。

毛泽东的探索与贡献主要在于：（1）提出了以苏为鉴，探索中国式社会主义建设道路的命题。20世纪50年代中后期，毛泽东觉察到苏联模式高度集中的经济政治体制的弊端，开始思考探索中国社会主义建设道路的问题。在1956年4月发表的《论十大关系》一文中，毛泽东不仅向全党明确地提出了探索适合中国国情的社会主义建设道路这一历史性的课题，并且率先垂范，对关系我国社会主义建设的十对矛盾进行了论述，初步提出了关于社会主义建设的一系列重大方针。在毛泽东的带领下，中国共产党开始了探索适合国情的社会主义建设道路的艰辛历程。（2）创立了社会主义社会矛盾学说，为社会主义社会的稳定和发展提供了理论基础。1956年的国内外形势，要求党必须正确认识社会主义社会的矛盾问题。为此，毛泽东依据马克思主义基本原理，总结中外社会主义国家的实践经验，在《论十大关系》《关于正确处理人民内部矛盾的问题》等著作中，系统地阐述了社会主义社会的矛盾问题，创立了社会主义社会的矛盾学说。毛泽东指出，社会主义社会同样是充满矛盾的社会，正是这些矛盾运动推动着社会主义社会不断地向前发展。其基本矛盾"仍然是生产关系和生产力之间的矛盾，上层建筑和经济基础之间的矛盾"①，但它们是非对抗性的矛盾，可以通过社会主义制度本身的自我调节和完善不断得到解决；社会主义时期存在着敌我矛盾和人民内部矛盾这两类性质完全不同的矛盾，前者是对抗性的，后者为非对抗性的。在社会主义改造完成以后，我国社会中大量存在着的是人民内部矛盾，因而正确处理人民内部矛盾成为国家政治生活的主题；在此基础上，毛泽东还提出和规定了正确处理人民内部矛盾的基本方针、政策。（3）构建了社会主义建设的总体方略。针对"苏联模式"的弊端，毛泽东和党中央对我国社会主义建设进

---

① 《毛泽东著作选读》下册，人民出版社1986年版，第767页。

行了多方面的思考与布局，形成了一系列方针、政策。在经济建设方面，提出以"农、轻、重为序"，走以农业为基础、以工业为主导的中国式工业化道路思想，并规划了实现"四个现代化"的战略目标和"两步走"的发展步骤。在政治建设方面，形成和不断完善了人民代表大会制度、共产党领导的多党合作制度和民族区域自治制度等基本政治制度。在文化建设方面，坚持以马克思主义为指导，制定了繁荣科学文化的"百花齐放，百家争鸣"和"古为今用，洋为中用"等基本方针，并发出"向科学进军"的号召，大力发展科技文化教育事业。在国防建设方面，强调必须正确处理国防建设与经济建设的关系，建设一支正规化、现代化的人民军队。在对外关系方面，确立了以自力更生为主，争取外援为辅的方针和独立自主的和平外交政策。在党的建设方面，注重加强执政党的自身建设，确立了坚持理论与实践相统一、民主集中制和党内团结相统一的理论原则，规定了党的领导干部必须努力学习和继承、发扬党的优良传统，正确处理政治与业务的关系，打掉官风，平等对待群众等一系列基本要求。（4）提出了关于中国社会主义建设和发展的若干有价值的思想。在探索的过程中，毛泽东还从不同的角度对有关社会主义建设和发展的问题，进行了有益的理论思考，提出了许多有价值思想。在社会主义的发展阶段问题上，提出"社会主义这个阶段，又可能分为两个阶段，第一阶段是不发达的社会主义，第二阶段是比较发达的社会主义。后一阶段可能比前一阶段需要更长的时间"①的认识。在经济体制和管理体制方面，提出应扩大地方权力、扩大企业自主权和推广"两参一改三结合"制度的改革企业管理的思路。在社会主义商品生产和商品交换问题上，认为在社会主义条件下，发展商品生产不会导致资本主义，"可以搞国营，也可以搞私营。可以消灭了资本主义，又搞资本主义"②，强调"价值法则是一个伟大的学校"，"只有利用它，才有可能教会我们的几千万干部和几万万人民，才有可能建设我们的社会主义和共产主义。否则一切都不可能"③。在对国际关

---

① 《毛泽东文集》第八卷，人民出版社1999年版，第116页。
② 《毛泽东文集》第七卷，人民出版社1999年版，第170页。
③ 《毛泽东文集》第八卷，人民出版社1999年版，第34页。

系的判断上，针对复杂多变的国际形势，在 20 世纪 70 年代初提出了"三个世界"划分的理论。

以毛泽东为主要代表的共产党人对这些社会主义基本理论问题的探索与思考，不仅丰富和发展了科学社会主义的理论宝库，也为中国共产党人继续探索并系统形成中国特色社会主义理论体系，提供了最直接的思想理论来源，奠定了重要的理论基础。

4. 开展了大规模的社会主义建设，为中国特色社会主义道路的开辟提供了强大的物质基础

毛泽东是一位孜孜不倦的思想者，更是一位伟大的马克思主义实践家。在理论上思考中国社会主义建设系列问题的同时，毛泽东领导全党全国人民在"一穷二白"的基础上，开展了大规模的全面社会主义建设实践。从 1953 年开始的"一五"计划到 1976 年的 20 多年间，是中国社会主义现代化建设事业打基础的重要发展时期。这期间尽管经历过严重的曲折，但从总体上看，在毛泽东和党中央的领导下，经过全国各族人民的团结奋斗，我国的社会主义现代化建设取得了重大的显著的成就：基本建立了独立的、比较完整的工业体系和国民经济体系，从根本上解决了工业化中"从无到有"的问题，在赢得了政治上的独立后，也赢得了经济上的独立；人民的生活水平、文化素质和健康、医疗水平都有了明显的改善和提高；科学文化和教育事业也有了较大的发展，独立研制成功了"两弹一星"，在尖端科技领域的某些方面接近世界先进水平；在外交战线上打破了西方资本主义国家的封锁，恢复了在联合国的合法席位，国际地位显著提高，改善了与美国等西方国家以及周边国家的关系，开创了中国外交的新时代，为我国社会主义建设创造了良好的国际环境。这一时期所取得的社会主义建设的巨大成就，为中国后来的改革开放和现代化建设奠定了牢固的物质技术基础，也为中国特色社会主义道路的成功开辟提供了实践基础。

诚然，由于在落后的东方大国里建设社会主义是一项前无古人的事业，也由于受到时代条件、国际环境以及个人认识的局限等主、客观因素的限制，1957 年以后，毛泽东的探索逐渐出现了偏差甚至最后误入了歧途。但是，毛泽东在探索中的这些失误，也为后人提供了深刻的教训与借鉴。以邓

小平同志为核心的第二代中央领导集体正是在纠正毛泽东晚年的错误，并深刻地总结中国20多年社会主义建设的正反两方面经验的基础上，才得以领导全国人民成功开辟中国特色社会主义道路的。正如邓小平所指出："从许多方面来说，现在我们还是把毛泽东同志已经提出、但是没有做的事情做起来，把他反对错了的改正过来，把他没有做好的事情做好。今后相当长的时期，还是做这件事。当然，我们也有发展，而且还要继续发展。"①

总之，对中国式社会主义建设道路的探索"始于毛，成于邓"，毛泽东是中国特色社会主义道路当之无愧的开拓者和奠基人。正如胡锦涛在党的十七大报告中所指出："我们要永远铭记，改革开放伟大事业，是在以毛泽东同志为核心的党的第一代中央领导集体创立毛泽东思想、带领全党全国各族人民建立新中国、取得社会主义革命和建设伟大成就以及艰辛探索社会主义建设规律取得宝贵经验的基础上进行的。新民主主义革命的胜利，社会主义基本制度的建立，为当代中国一切发展进步奠定了根本政治前提和制度基础。"②

---

① 《邓小平文选》第二卷，人民出版社1994年版，第300页。

② 《十七大报告辅导读本》，人民出版社2007年版，第7页。

浅谈古田会议对中国共产党和
中国革命的影响

李良明　申富强

古田会议是三湾改编和遵义会议之间承上启下的一次会议，具有重要的历史意义。它的历史功绩是创造性地解决了在中国实际条件下怎样建设无产阶级政党和军队的问题，进一步确立了党对军队的绝对领导地位，使毛泽东的革命思想得到了党和红军一次至关重要的实践认可，进而为遵义会议的召开和纠正党内"左"倾冒险主义并确立毛泽东同志在党内的领导地位奠定了坚实的实践和理论基础，从而对中国共产党和中国革命产生了深远的影响。

八七会议总结了大革命失败的教训，确立了土地革命和武装反抗国民党的总方针，解决了党要不要掌握军队的问题；三湾改编把党的支部建在连上，奠定了新型革命军队的基础。但实践证明，这仅仅是一个开始，完成新型革命军队这一转型还需要一个认识过程。

1927年蒋介石集团、汪精卫集团先后背叛革命，屠杀共产党人和革命群众，使国共合作的反帝反封建大革命遭到失败。血的教训使中国共产党从失败中认识到武装斗争和组织军队的极端重要性。1927年7月下旬，中共中央决定集合共产党所掌握和影响的国民革命军，在江西南昌举行武装起义。8月1日，周恩来、贺龙、叶挺、朱德、刘伯承等领导国民革命军第十一军第24师、第10师一部、第四十一军第25师（叶挺独立团扩编）、第二十军、第三军军官教育团等部，共2万余人举行南昌起义，打响了武装反抗国民党的第一枪，标志着中国共产党独立领导武装斗争的开始。7日，中共中央在汉口召开八七会议，确定了实行土地革命和武装起义的方针。在这次会议上毛泽东明确提出："以后要非常注意军事，须知政权是由枪杆子中取得的。"①明确回答了党要不要掌握军队的问题。至此中共领导的武装起义风起云涌，掌握自己的革命武装成为共识。9月9日，毛泽东等领导的农民、工人和革命官兵在湘赣边界地区举行秋收起义并明确打出了"工农革命军第一军第一师"的旗帜。12月11日，张太雷、叶挺、恽代英、叶剑英、杨殷、周文雍、聂荣臻等领导工人赤卫队和革命官兵举行广州起义。至1928年6月中国共产党还领导了海陆丰、湖北黄（安）麻（城）、江西弋（阳）横（峰）、洪湖湘鄂西、陕西渭华等地区的近百次武装起义。以后又领导了湖南平江起义、广西左右江起义等武装起义，在这些起义中创建了许多支工农武装。但由于共产国际把马克思主义教条化和把苏联经验神圣化，在指导中国革命过程中低估了敌人在城市的力量，推行"城市中心论"。因此，中共中央在指导这些武装起义过程中存在着明显的局限性："即通过组织农民的革命力量（革命的主要力量），从农村包围城市，配合军队和城市的暴动（革命的辅助力量）。"致使这些起义大部分都遭到了严重挫折。这说明，党在八七会议上虽然认识到了掌握军队的重要性，但还没有解决对中国革命道路的认识问题。

1927年9月19日，毛泽东果断地决定率领秋收起义余部向井冈山进军。29日在永新县三湾村进行改编，这时部队已经不足千人，由于基层没有建立共产党的组织，党还没能切实掌握部队，部队军阀习气严重，严重影响着官兵关系，还有人迷恋城市生活，对前途缺乏认识，以至悲观动摇、逃跑现象时有发生。以毛泽东为首的前委经过充分酝酿讨论决定将部队由一个师缩编为一个团，营团设党委，把党的支部建在连上，班设小组；实行民主制度，规定官长不准打骂士兵，官兵待遇平等等等，还制定了后来发展为"三大纪律，八项注意"的"三大纪律，六项注意"等革命纪律。

罗荣桓从秋收起义以来便在毛泽东领导下工作，他亲自贯彻执行了毛泽东的许多主张。例如，支部建在连上、实行党代表制、三大纪律六项注意、部队要做群众工作、建立根据地等。他在谈到三湾改编时指出："三湾改编

---

① 中国人民解放军军事科学院：《毛泽东军事文选》（内部本），中国人民解放军战士出版社1981年版，第4页。

实际是我军的新生，正是从这时开始，确立了党对军队的领导。当时，如果不是毛泽东同志英明地解决了这个根本性的问题，那么这支部队不会有政治灵魂，不会有明确的行动纲领，旧军队的习气，农民的自由散漫作风，都不可能得到改造，其结果即使不被强大的敌人消灭也只能变为流寇。当然，三湾改编也只是开始奠定了新型革命军队的基础，政治上、思想上的彻底改造是一个长期斗争的过程。"①

1927年10月3日，秋收起义部队在宁冈古城召开前委扩大会议，进一步总结了秋收起义的经验教训，决定在罗霄山脉中段开展游击战争，建立工农革命根据地和对井冈山地区农民武装袁文才和王佐采取团结改造方针的问题。②为今后改造旧军队摸索了经验。1928年4月，毛泽东率领的工农革命军与朱德、陈毅率领的湘南起义部队在井冈山胜利会师，合编为工农革命军第四军。5月，改编为中国工农红军第四军，简称红四军，朱德任军长，毛泽东任党代表，陈毅任政治部主任。11月，红四军前敌委员会成立，毛泽东任书记。随后，红四军在朱德、毛泽东、陈毅等领导下，打破了敌人对井冈山革命根据地的多次围攻，并于1929年1月起向赣南、闽西进军，开创了赣南、闽西革命根据地，奠定了后来的中央革命根据地的基础。红军之所以有这样的战斗力，支部建在连上是一个重要原因。这些成绩都是在坚持了三湾改编以来的基本方针基础上取得的。从后来的古田会议决议内容来看，三湾改编以来提出和实行的原则及制度，仅仅是一个开始，完成新型革命军队这一转型还需要一个认识过程。

随着形势的发展和革命队伍的扩大，红四军及其党组织内加入了大量农民和其他小资产阶级出身的同志，另外还有受革命影响的北伐官兵以及国民党军队中起义或解放过来的官兵，他们原先大多数也是农民。红军中还有一部分城市小资产阶级出身的人。据1929年5月统计，"红四军全军约4000人，其中党员1329人，占33.2%。在这些党员中，有工人310人，占23.4%；农民626人，占47%；小商人106人，占8%，学生192人，占14%；其

---

①　[英]迪克·威尔逊：《毛泽东》，中央文献出版社2000年版，第94页。

②　中国人民解放军海军政治部：《党指挥枪》，江西教育出版社2000年版，第157页。

他 95 人，占 7%。党员中农民和其他小资产阶级出身的人占 70%"①。再加上环境险恶，战斗频繁，生活艰苦，部队得不到及时教育和整训。因此，极端民主化、重军事轻政治、不重视建立巩固的根据地、流寇思想和军阀主义等非无产阶级思想在红四军内滋生严重。"如何克服非无产阶级思想，把党建设成无产阶级先锋队，把农民为主体的军队建设成为一支无产阶级领导的新型人民军队，成为亟待解决的根本性的问题。"②

古田会议是三湾改编和遵义会议之间承上启下的一次重要会议，在中国革命史上具有划时代的历史意义。它的历史功绩是让毛泽东的革命思想得到了党和红军一次至关重要的实践认可，进一步确立了军队必须在党的绝对领导之下这个贯穿始终、事关胜败的根本原则。

为防止党和军队变成"农民党"和"流寇"，丧失党和军队的无产阶级性质，作为红四军前委书记的毛泽东曾力图加以纠正上述错误思想倾向。但是，由于当时的历史条件，红四军党内特别是领导层内在创建根据地等问题上存在意见分歧，有的同志甚至认为在红军中实行民主集中制等原则就是实行"家长制"等。1929 年 6 月下旬，红四军党的第七次代表大会在福建龙岩召开，毛泽东准备用总结建军以来的经验来解决争论的问题。"但他的正确主张未能为多数同志所认识和接受。"③结果毛泽东的前委书记也在未经中央指示改组的情况下被"选"掉了，只能到闽西协助指导地方工作。1929 年 8 月，新任前委书记陈毅前往上海，参加军事会议，由朱德代理前委书记。这一时期，红四军在"政策上出现很多错误，党及红军组织上皆松懈"④。

---

① 中共中央党史研究室：《中国共产党历史》第一卷（上册），中共党史出版社2009年版，第 308 页。
② 中共中央党史研究室：《中国共产党历史》第一卷（上册），中共党史出版社2009年版，第 366 页。
③ 中共中央党史研究室：《中国共产党历史》第一卷（上册），中共党史出版社2009年版，第 366 页。
④ 中共中央党史研究室：《中国共产党历史》第一卷（上册），中共党史出版社2009年版，第 368 页。

8月29日，中央政治局专门召开会议，听取了陈毅关于红四军全部情况的详细汇报，决定由周恩来、李立三、陈毅三人组成专门委员会，深入研究讨论红四军的问题。经过一个月的讨论，形成了陈毅起草、周恩来审定的《中共中央给红四军前委的指示信》，即著名的"九月来信"。在指示信中，周恩来明确地指出："先有农村红军，后有城市政权，这是中国革命的特征，这是中国经济基础的产物。"①这是中共中央第一次对中国革命道路这一根本问题作出的正确结论。这一结论是对秋收起义以来实践经验的总结和对毛泽东"工农武装割据"思想的充分肯定。"九月来信"要求红四军前委和全体干部战士维护朱德、毛泽东的领导，明确指出毛泽东"应仍为前委书记"②。根据中央"九月来信"的精神，12月28日至29日，红四军党的第九次代表大会在福建上杭县古田村召开。出席会议的代表共120多名。会上，毛泽东作政治报告，朱德作军事报告，陈毅传达中央"九月来信"。会议选举毛泽东、朱德、陈毅、罗荣桓、林彪、伍中豪、谭震林等11人为中共红四军前委委员，毛泽东重新当选为书记。大会经过热烈讨论，一致通过了毛泽东代表前委起草的约3万余字的8个决议案，总称《中国共产党红军第四军第九次代表大会决议案》，即古田会议决议，会议决议创造性地解决了在中国实际条件下怎样建设无产阶级政党和军队的问题，进一步确立了党对军队的绝对领导地位，统一了对加强政治工作的重要性的认识。古田会议决议的主要内容是：

明确红军的性质和任务。"红军是一个执行革命的政治任务的武装集团"；"除了打仗消灭敌人军事力量之外，还要担负宣传群众，组织群众，武装群众，帮助群众建立革命政权以至于建立共产党的组织等项重大的任务。"

肯定党对红军的领导原则。"厉行集中指导下的民主生活。"

明确军事与政治的关系。"军事只是完成政治任务的工具之一。"

---

① 中共中央党史研究室：《中国共产党历史》第一卷（上册），中共党史出版社2009年版，第368页。

② 《周恩来选集》上卷，人民出版社1984年版，第368页；中共中央党史研究室：《中国共产党历史》第一卷（上册），中共党史出版社2009年版，第369页。

强调进行马克思主义和党的正确路线教育。

确立红军处理军内关系、军民关系和瓦解敌军的原则，重申三大纪律六项注意的规定。

规定红军宣传工作的任务是"扩大政治影响争取广大群众"。

规定红军政治工作作风和方法，强调调查研究，党内批评要注意政治等。逐步树立实事求是的优良传统①。

古田会议决议是对中央"九月来信"精神的充实、完善和发展。它总结了自南昌起义以来红军的建军经验，划清了红军与旧式军队的界限，解决了如何把以农民和小资产阶级为主要成分的军队建设成为无产阶级革命军队的问题。"毛主席亲自起草的古田会议决议这个纲领性的文件，把我军完全建立在马克思列宁基础上，成为一支区别于一切旧式军队的新型人民军队。"②古田会议决议所规定的这些基本原则，不但很快在红四军得到贯彻，而且随后在其他各部分红军中也逐步得到实行，并对以后不断加强党和军队的建设产生了深远的影响。完成这一转型的人民军队，具备了较强的战斗力。

古田会议结束不久，按照中央规定，1930年2月7日，毛泽东在江西吉安陂头召集四、五、六军联席会议（即"二七会议"），决定将红四军前委扩大为四、五、六军的共同前委，毛泽东为书记；2月，毛泽东、朱德率部打破国民党军队的第二次"三省会剿"；6月，红四军与闽西红十二军、红六军合编为红一军团，毛泽东任政治委员和前委书记，朱德为总指挥，全军计2万余人；8月，红一、三军团合建为红一方面军，朱德任总司令，毛泽东为总政委、总前委书记，全军3万余人，成为当时全国实力最为强大的红军。在此后一年多时间里，红一方面军取得了辉煌战果，粉碎了国民党的第一、二、三次"围剿"，赣南、闽西根据地基本连成一片，基本形成中央根据地。古田会议结束后第五日，毛泽东再次向党内同志阐述了星星之火可以燎原、革命高潮快要到来的道理。明确指出要想"这种全国范围的、包括一

---

① 中国人民解放军军事科学院：《毛泽东军事文选》（内部本），中国人民解放军战士出版社1981年版，第9—41页。

② 《叶剑英军事文选》，解放军出版社1997年版，第671页。

切地方的、先争取群众后建立政权的理论，是于中国革命的实情不适合的"。"红军、游击队和红色区域的建立和发展，是半殖民地中国在无产阶级领导之下的农民斗争的最高形式，和半殖民地农民斗争发展的必然结果。"同时说明单纯的流动游击政策，不能完成促进革命高潮任务。而朱德毛泽东式、方志敏式之有根据地的，有计划建立政权的，深入土地革命的，逐级扩大人民武装的，政权发展是波浪式地向前扩大的等等政策，无疑是正确的。而且只有这样，才能树立全国人民的信仰，给反动派以极大困难，动摇其基础促进其瓦解，才能真正地创造红军，成为将来大革命的主要工具，才能促进革命的高潮。可以说，到这个时候，毛泽东关于城市与乡村、工人与农民、群众运动与武装斗争、党的领导与军队建设等方面重要关系等正确认识已经为广大党内同志所接受，基本形成了新民主主义革命方向的理论和党领导的人民军队建设，以及人民军队战略战术等方面的基本原则，确立了工农武装割据，农村包围城市，武装夺取政权的正确道路，标志毛泽东中国特色革命道路理论的基本形成。

古田会议因此成为我党我军建设史上的重要里程碑，它是在党的建设和党领导的人民军队建设实践经验上的总结和理论思考的升华，具有深远的历史意义和重要的现实意义，是中国革命承上启下关键的中间一环。古田会议确立的这些原则，为遵义会议的召开和人民军队从胜利走向胜利奠定了最根本的基础。

没有古田会议决议及建立在古田会议上统一认识的基础，就不可能有遵义会议对毛泽东的思想的肯定和对王明"左"倾错误在中央统治的否定和结束，党就不可能解决如何指导军队继续打胜仗的问题。正是这一问题的解决，才在极其危急的情况下，挽救了党，挽救了红军，挽救了中国革命。

遵义会议是在红军长征途中，在党和红军面临危急的关头召开的。由于"左"倾冒险主义错误排斥了毛泽东的正确军事路线，致使红军在第五次反"围剿"中失利，红军被迫进行战略转移，进行长征。在长征途中，红军虽然突破了国民党军队四道封锁线，但人员折损过半。在前有堵截、后有追兵的危急关头，毛泽东提出了向敌人力量薄弱的贵州前进的主张，得到大部分领导人的赞同。于是，红军强渡乌江，占领遵义。

1935 年 1 月 15 日，党中央在遵义城琵琶桥（后改名子尹路，又改称红旗路）东侧 87 号原贵州军阀师长柏辉章的公馆里召开政治局扩大会议（即遵义会议）。出席会议的有政治局委员和候补委员毛泽东、周恩来、朱德、陈云、张闻天（洛甫）、秦邦宪（博古）、刘少奇、王稼祥、邓发、何克全（凯丰），中央秘书长邓小平，红军总部和各军团负责人刘伯承、李富春、聂荣臻、彭德怀、杨尚昆、李卓然、林彪，共产国际派来的军事顾问李德，翻译伍修权。会议的主要议题是总结第五次反"围剿"以来的经验教训，结束了王明"左"倾冒险主义在党中央的统治。

遵义会议着重解决了当时最为急迫的军事路线问题，使红军由被动转为主动，成为长征走向胜利的关键一步。遵义会议前的"左"倾冒险主义错误的表现是多方面的，既有政治上的盲动主义、军事上的冒险主义，又有组织上的宗派主义、思想上的教条主义。由于当时处于战争环境，军事路线的错误直接关系到党和红军的生死存亡，而且这些错误已为中央大多数领导同志所认识，也为广大红军指战员所不满，纠正的条件已经成熟。遵义会议从当时的实际情况出发，集中力量纠正军事路线的错误。会议明确指出，由于"左"倾领导人在军事指挥上犯了一系列严重错误，造成了红军反"围剿"战争的失败和在退出苏区后继续遭到严重损失。遵义会议后，红军恢复了过去及古田会议时期在毛泽东同志领导下的正确作战原则，迂回曲折地穿插于敌军重兵之间，四渡赤水、佯攻贵阳、威逼昆明、巧渡金沙，彻底摆脱了长征初期的被动局面。

"没有毛主席，至少我们中国人民还要在黑暗中摸索更长的时间。"① 党中央领导机构进行了调整，确立了毛泽东同志在党和红军中的领导地位，为夺取长征胜利提供了根本的组织保证。遵义会议推举毛泽东同志为中央政治局常委，同时决定取消长征前组成的"三人团"，改由周恩来、朱德指挥军事。随后不久，又成立了由周恩来、毛泽东、王稼祥组成的三人小组负责全军的军事行动。在当时战争环境中，这是党中央最重要的领导机构。由遵义会议开始的、建立在古田会议基础上的这些组织措施，对于推动党的路线转

---

① 《邓小平文选》第二卷，人民出版社 1994 年版，第 303—304 页。

移到马克思主义的正确轨道上来，对于保证党中央重大决策的贯彻执行，取得红军长征的最后胜利，起到了非常重要的作用。长征途中，张国焘实施逃跑主义，企图分裂党中央，给党和红军带来了严重损失。但由于有毛泽东等中央领导同志的正确领导和坚决斗争，妥善地运用古田会议以来的统一认识处理了党内长期存在的分歧和矛盾，使得张国焘的错误没有造成更大的危害，最终在极端困苦的条件下保存了包括红四方面军在内的整个工农红军的骨干力量。

遵义会议后，中国共产党更加自觉地从实际出发选择战略转移的方向，坚持了古田会议以来正确的方向，促进国内革命战争向抗日民族战争的转变具有重大意义。遵义会议后，党中央和红一方面军在战略转移过程中，先后有一个到川西北、到川滇黔，又到川西、到川陕甘发展的战略方向变化过程，直到最后决定以陕北作为领导中国革命的大本营。遵义会议后随着各路红军战略转移的相继完成，红军一、二、四方面军、红二十五军和陕甘地区的红军胜利会师西北，实现了党中央对全国红军的统一领导和指挥，有力地推动了全国抗日救亡运动的发展。

古田会议奠定了中国革命胜利的基础。遵义会议是红军长征中一个生死攸关的转折点，中国共产党对在党内占统治地位长达四年之久的王明"左"倾冒险主义错误的纠正乃至对整个党的历史经验的科学总结，中国共产党在政治上走向成熟，是从这次会议开始逐步形成的。而贯穿始终的就是坚持了古田会议以来的正确思想。遵义会议就是在坚持古田会议以来马克思列宁主义基本原理解决自己的路线、方针和政策方面问题的一次重要会议，使红军和党中央在极其危急的情况下得以保存下来。自此以后，红军转败为胜，转危为安，胜利地完成了二万五千里长征。"红军长征胜利充分说明了一个真理：'建设一支听党指挥、服务人民、英勇善战的革命军队，是革命的依托、民族的希望'。"①

"长期革命斗争的经验表明，我们军队的任务，不只是一个单纯的对敌

---

① 胡锦涛：《纪念红军长征胜利 70 周年大会上的重要讲话》，人民出版社 2006 年版，第 10 页。

斗争的任务，四军古田决议中已经明确的规定了这一点。"①在古田会议基本精神的指导下，继续加强党和军队的思想政治建设，对于开创中国革命的崭新局面起了至关重要的作用。"中国革命的胜利，主要是依靠我们党所领导的完全新型的与人民血肉相连的人民军队，通过长期人民战争战胜强大敌人取得的。没有这样一支人民的军队，就不可能有人民的解放和国家的独立。"②

中国历史上曾出现过的无数次农民起义，结局都令后人扼腕唏嘘。同样是一支以农民为主要成分的军队，一支武器装备绝对落后于敌人的军队，何以能够由小到大，从弱到强，用星星之火燃成燎原之势，用小米加步枪战胜飞机大炮？进而取得革命的胜利建立新中国？其中的原因固然很多，然而最根本的原则就是，在古田会议中形成的一系列根本制度，成为党和人民军队的一大政治优势，使党和人民军队掌握了科学的理论武器，具备了最顽强的生命力和战斗力，从而从胜利走向新的胜利。我们无法想象，如果没有古田会议，红军会成为一支什么样的部队？如果没有古田会议，中国革命将会是什么样的结局？可以说，古田会议不仅影响了人民军队的建设，同时也深深地影响了中国共产党和中国革命。直到今天，古田会议确立的党和人民军队建设的根本原则，依然指导着中国革命和建设事业不断从胜利走向胜利。

① 《中共中央文件选集》第十四册（1943—1944），中共中央党校出版社1992年版，第194—230页。
② 《党的若干历史问题的决议》，人民出版社1983年版，第8页。

论中国革命根据地的历史地位与作用

李良明

1931 年 11 月 7 日，中华苏维埃共和国中央临时政府在江西瑞金成立，标志着中国共产党局部执政的开始，也"标志着全国各革命根据地已联合成一种国家形态的红色政权出现在中国现代政治舞台上"①。在纪念中国共产党成立 90 周年和中华苏维埃共和国中央临时政府诞生 80 周年之际，全面、客观地论述中国革命根据地在历史上的地位与作用，透析其在农村包围城市、武装夺取政权中的独特历史贡献，很有必要。

一、人民军队的诞生地

1927 年，国民党七·一五"分共"以后，"生气蓬勃的中国大革命就被葬送了。从此以后，内战代替了团结，独裁代替了民主，黑暗的中国代替了光明的中国。但是中国共产党和中国人民并没有被吓倒，被征服，被杀绝。他们从地下爬起来，揩干净身上的血迹，掩埋好同伴的尸首，他们又继续战斗了"②。"革命失败，得了惨痛的教训，于是有南昌起义、秋收起义和广州起义，进入了创造红军的新时期。"③1927 年 8 月 1 日，周恩来、朱德、贺

---

① 余伯流、凌步机：《中国共产党苏区执政的历史经验》，中共党史出版社 2010 年版，第 3 页。

② 《毛泽东选集》第三卷，人民出版社 1991 年版，第 1036 页。

③ 《毛泽东选集》第二卷，人民出版社 1991 年版，第 548 页。

龙、刘伯承等领导北伐军三万余人，在南昌举行武装起义，打响了武装反抗国民党反动派的第一枪。起义胜利后，成立了革命委员会。8月5日，起义部队按原计划退出南昌，向广东进发，9月底到达潮州、汕头，遇到优势敌军的围攻，大部分被打散。朱德、陈毅等率领保留下来的起义部队，先到江西南部的崇义一带，后转入湖南南部，在当地党组织的配合下，举行了湘南起义。其后，于1928年4月到达井冈山区宁冈砻市，与毛泽东领导的工农革命军胜利会师，组成中国工农红军第四军。

1927年8月7日，在共产国际的指导下，党在汉口召开紧急会议，确定了土地革命和武装反抗国民党的总方针。毛泽东在会上提出了"须知政权是由枪杆子取得的"重要思想。八七会议后，党在全国各地领导武装起义，"在10多个省，130多个县、市境内，先后组织工人、农民和一部分国民革命军举行200多次武装起义，实现了由大革命失败到土地革命战争蓬勃兴起的历史性转折"[①]。

1927年8月9日，中央决定派毛泽东为特派员，与彭公达一起到湖南，改组省委，领导秋收起义。9月9日，起义军从破坏粤汉铁路北段开始发动。9月11日，起义军分别从江西的修水、安源、铜鼓等地出发，进入湖南境内，准备会攻长沙。由于遭到强大敌人的抵抗，加上兵力分散、缺乏作战经验等因素，起义部队严重受挫。毛泽东主张放弃攻打长沙，把起义军向南转移到敌人统治力量薄弱的农村山区，寻找落脚点。9月29日，部队到达江西省永新县三湾村时，前委决定对保留下来的不足千人的队伍进行改编：由原来的一个师改为一个团；建立党的各级组织和党代表制度，党的支部建在连上，班、排有小组，连以上设党代表，营、团建立党委；在连以上建立各级士兵委员会，实行民主制度，在政治上官兵平等。"三湾改编从组织上确立了党对军队的领导，是把工农革命军建设成为无产阶级领导的新型人民军队的重要开端。"[②]毛泽东领导的秋收起义受挫之后，部队在转战湘赣过程中

---

① 谭克绳：《中国革命根据地史》上，福建人民出版社2007年版，第30页。

② 中共中央党史研究室：《中国共产党历史》第一卷（上册），中共党史出版社2006年版，第308页。

经过选择与比较，最后确定在井冈山建立根据地。这是毛泽东"上山可以造成军事势力的基础"思想的具体实践。

继南昌起义、秋收起义后，中国共产党又发动广州起义，失败后，被迫从广州撤出的部分武装力量，在广东花县整编为工农革命军第四师，转战海丰、陆丰地区，坚持革命斗争，部分人员加入朱德、陈毅率领的南昌起义保留下来的部队，后来上了井冈山。三次武装起义的失败，井冈山的会师，使中国革命从以城市为中心开始转向农村，也开启了中国革命根据地和人民军队建设的新篇章。

到 1930 年上半年，全国已建立了井冈山、鄂豫皖等十几块革命根据地，并建立了革命武装。如湘赣苏区建立了红军第十六军；赣东北苏区建立了红军第十军；鄂豫皖苏区建立了红军第一军和第十五军，后两军合编建立红军第四军；湘鄂西和湘鄂边苏区建立了红军第四军、第六军，后两军合编为红军第二军；陕甘苏区建立了红军第二十六军、第二十七军；其他各苏区也分别建立了自己的主力红军和地方革命武装。到 1933 年秋，"中华苏维埃共和国所辖的主力红军，总人数发展到 284687 人，时称 30 万红军"[1]。由于第五次反"围剿"失败，红军主力被迫长征，革命队伍锐减到 3 万余人。

抗日战争爆发后，中国共产党在敌后建立抗日民主革命根据地。根据国共两党的协议，1937 年 8 月 25 日，中共中央军委发布命令，将在陕甘宁边区的红军主力改编为国民革命军第八路军；10 月在南京达成协议，将留在南方 8 省边界地区的红军和游击队，改编为国民革命军陆军新编第四军。八路军和新四军依托晋察冀、晋绥、晋冀豫、冀鲁豫、华中、华南等抗日民主革命根据地的发展，到 1938 年 10 月，"八路军发展到 15.6 万人，新四军发展到 2.5 万人。敌后抗日根据地总人口达到 5000 万以上"[2]。

经过八年抗战，中国人民的革命力量空前壮大。内战爆发后，党在东

---

① 余伯流、凌步机：《中国共产党苏区执政的历史经验》，中共党史出版社 2010 年版，第 5 页。

② 中共中央党史研究室：《中国共产党历史》第一卷（下册），中共党史出版社 2006 年版，第 643 页。

北、华北、华中等解放区的军事实力也显著增强。"人民军队由战争开始的5万余人发展到120余万，民兵发展到260余万人，建立了从华北到海南岛的19块解放区。"[①] 到1947年，解放军的总兵力已由127万人增加到195万人，其中，野战军由61万人发展到100万人以上。

革命根据地的建立，为中国人民革命军队的建立创造了前提条件，中国共产党领导的人民革命军队以革命根据地为依托，经过土地革命、抗日战争和解放战争的发展与壮大，为夺取民主革命在全国的最后胜利提供了强大的武力后盾。

二、治国安邦人才的培育地

为了领导革命战争和各项建设，党迫切需要大批的军事、党务、行政等方面的干部。因此，在革命根据地，党始终把干部教育与培养放在重要地位。随着革命根据地的巩固和发展，1931年后，各革命根据地先后建立起一批具有一定规模的军事干部学校，担负起培养各级红军干部的任务。同时还先后建立了一批具有一定规模的党政干部学校和各类专业干部学校。如中央革命根据地的红军大学、鄂豫皖革命根据地的彭杨军政干部学校、鄂东北军政学校、皖西北干部学校、川陕革命根据地的苏维埃学校、闽浙赣共产主义学校等。

1939年12月，中共中央作出《大量吸收知识分子》的决定，要求全党同志注意大量吸收知识分子参加共产党领导的军队、学校和政府的工作，鼓励工农干部加紧学习。并陆续创办了大批学校，积极发展干部教育。在陕甘宁边区，先后创办了中央党校、抗日军政大学、陕北公学等。到1941年8月，为党政军共培养了人才2万名以上。在华北敌后，晋察冀抗日民主根据地成立了抗大第二分校，前4期就为边区培养干部1万余人。在边区首府阜平成立的华北联合大学，培养的学生和干部也近万人。此外，在抗日民主根据地还开办各类训练班，如晋察冀边区，最早开办的有自卫队干部训练班，

---

① 谭克绳：《中国革命根据地史》下，福建人民出版社2007年版，第736页。

每期 300 至 400 人，以短期速成的办法培养了大批干部。

人民解放军进入战略反攻后，随着解放战争的胜利，广大解放区连成一片，中国共产党的工作重心逐渐由乡村开始转入城市。为了适应经济建设和文化建设的需要，为了支援解放战争取得最后的胜利，党要求改革中小学教育，整顿与办好大学，提高教学质量，培养大批有进步思想、有文化知识、有专门技术的建设人才。在东北解放区，1948 年进关的百万大军中，有大批干部是东北军政大学培养出来的；在华北解放区，根据 1946 年 7 月统计，60 余所学校有 12000 多人。

战争造就了治军人才，同时，也培养了治国的人才。1938 年，毛泽东在《战争和战略问题》中论及中国共产党的斗争史时，自信地说："中国共产党在十七年的斗争中，不但锻炼出来了一条坚强的马克思主义的政治路线，而且锻炼出来了一条坚强的马克思主义军事路线。我们不但会运用马克思主义去解决政治问题，而且会运用马克思主义去解决战争问题；不但造就了一大批会治党治国的有力的骨干，而且造就了一大批会治军的有力骨干。"[1] 在陕甘边革命根据地，除了刘志丹、谢子长去世较早外，许多人后来都成为党政军的高级干部或党和国家领导人。"1945 年在延安召开中共七大时，陕甘宁边区代表团的 144 名代表中，至少有 50 人曾在陕甘革命根据地工作过。"[2] 中国共产党的第一代领导集体成员毛泽东、周恩来、刘少奇、朱德，第二代领导集体成员邓小平、陈云、叶剑英、胡耀邦等，都曾在革命根据地从事革命工作。"据不完全统计，当年曾在中华苏维埃共和国工作过而在新中国成立初担任国家主席、副主席、政务院总理、副总理、政务院政务委员及各部部长、副部长、各省市人民政府主席、副主席和中央军委、中国人民解放军各总部、各军兵种、各兵团、各大军区省军区副职以上职务，以及建国初期首任驻外大使职务的同志，总计在 140 人以上。"[3] 在 1955 年授衔

---

① 《毛泽东选集》第二卷，人民出版社 1991 年版，第 548 页。

② 李蓉：《试论陕甘边革命根据地的地位和作用》，《中共党史研究》2009 年第 11 期。

③ 余伯流、凌步机：《中国共产党苏区执政的历史经验》，中共党史出版社 2010 年版，第 24 页。

的中国人民解放军 10 位元帅、10 位大将，当年都在革命根据地工作过。"文化大革命"前被授予军衔的从少将到上将的将军中有 588 位都曾是中央苏区红军的指导员，"1966 年以前授衔中国人民解放军将领中，61.4% 的上将、59.3% 的中将、32.2% 的少将，当年都曾在中央苏区担任重要军政领导人"①。革命根据地建设的理论与实践，为党培养了大批各类人才，在革命、建设的实践中，锻炼了治国理政的能力，为新中国建设发挥了治国安邦的作用。

三、夺取民主革命胜利的出发地

中国共产党经过土地革命、抗日战争和解放战争的实践，不断发展壮大革命根据地，使中国革命的红色火种逐步扩展，为民主革命的最终胜利奠定了坚实的基础。同时，在革命根据地建设的实践中，中国特色的革命道路理论——农村包围城市的革命道路理论日臻完善，在根据地推进中，也最终形成并变成现实。

大革命失败后，中国革命的方向问题，已经是中国共产党面临的最迫切需要解决的问题。效仿俄国十月革命的道路，中国共产党进行了以城市为中心的夺权尝试，三次武装斗争的失败，党开始重新思考中国革命的方式和革命的方向。朱毛式、方志敏式根据地的建设经验，逐步得到党中央的认可，由此也拉开了中国农村包围城市、武装夺取政权的革命序幕。从这个意义上讲，革命根据地的建设，实为中国人民夺取民主革命胜利的出发地。

1930 年 1 月 5 日，毛泽东在《星星之火，可以燎原》一文中，针对党内部分同志"希望用比较轻便的流动游击方式去扩大政治影响"等错误观念，指出："他们的这种理论来源，主要是没有把中国是一个许多帝国主义国家互相争夺的半殖民地这件事认清楚。""游击队和红色区域的建立和发展，是半殖民地中国在无产阶级领导之下的农民斗争的最高形式，和半殖民地农民

---

① 余伯流、凌步机：《中国共产党苏区执政的历史经验》，中共党史出版社 2010 年版，第 24 页。

斗争发展的必然结果。""朱德毛泽东式、方志敏式之有根据地的，有计划地建设政权的，深入土地革命的，扩大人民武装的路线是经由赤卫队、区卫大队、县赤卫大队、地方红军直至正规红军这样一套办法的，政权发展是波浪式地向前扩大的。"① 毛泽东在《井冈山的斗争》一文中，进一步论证了中国红军和红色政权为什么能够存在和发展的问题，明确提出了"工农武装割据"的思想。随后，农村革命根据地不断得到发展，鄂豫边、豫东南、皖西、湘鄂西、赣东北、湘鄂赣、广西左右江、东江、琼崖等革命根据地开始兴起，中央革命根据地也开始形成和不断扩大。

1935 年华北事变后，中国共产党发表《八一宣言》，面对民族危亡，发出了停止内战、一致抗日的政治号召，主张建立抗日民族统一战线。1935年 12 月 25 日，中国共产党在陕北瓦窑堡举行中央政治局会议，强调："共产党应该以自己彻底的正确的反日反汉奸卖国贼的言论与行动去取得自己在反日战线中的领导权。"②1936年洛川会议后，中国共产党在敌后广泛建立抗日革命根据地，开展游击战。在《中国革命战争的战略问题》中，毛泽东系统阐述了中国革命战争的特点和规律，由此指出中国革命有发展和胜利的可能性。在《战争和战略问题》中，进一步指出中国社会的性质，在内无民主，外无民族独立的条件下，"共产党的任务，基本地不是经过长期合法斗争以进入起义和战争，也不是先占城市后取乡村，而是走相反的道路"③。党在华北、华中、华南广泛建立抗日民主革命根据地，在东北建立游击根据地。为夺取抗日民族战争的胜利创造了极其重要的条件，也为民主革命的胜利，提供保障。

1945 年抗日战争胜利后，蒋介石一面电邀毛泽东赴重庆谈判，一面下令调兵遣将抢占地盘。针对国民党反动派的反革命两手，中国共产党毅然决定放弃南下发展的方针，提出"向北发展，向南防御"的战略，在东北建立革命根据地，调整华中的解放区。"这个广大的解放区，包括十九个大的解

① 《毛泽东选集》第一卷，人民出版社 1991 年版，第 98 页。
② 陈荣华：《中国革命史手册》，华中师范大学出版社 1986 年版，第 139 页。
③ 《毛泽东选集》第二卷，人民出版社 1991 年版，第 542 页。

放区。"①1946 年 6 月，国民党军队以围攻中原解放区为起点，向解放区展开大规模的进攻，从而挑起了新一轮的中国内战。1947 年，刘邓大军挺进大别山，人民解放军开始转入战略进攻。华东解放区、华北解放区、东北解放区不断巩固与扩大。到 1948 年下半年，战争的形势发生了根本的变化，人民解放军同国民党军进行战略决战，推进解放区扩大的时机也随之到来。与此同时，中国共产党农村包围城市的革命道路理论得到进一步的完善与成熟，并最终变为现实。1949 年，七届二中全会上，中国共产党已开始提出将工作重心向城市转移的问题，"开始着手我们的建设事业，一步一步地学会管理城市，恢复和发展城市中的生产事业"②。中国共产党逐步接管城市，标志中国农村包围城市革命道路理论的成功，是中国民主革命胜利的象征。中国革命根据地也基本完成了其伟大的历史使命，最终以新中国的建立，而退出独特的历史舞台。

四、党在全国执政的实验地

革命的根本问题是政权问题，中国共产党在民主革命的实践中，逐步认识到革命领导权的重要性，继而进行局部执政的尝试，推进人民政权建设，从而增强了党的政治合法性。中国共产党在农村革命根据地、抗日根据地和解放区建立各级民主政权，与国民党的全国政权相对抗，"苏维埃政权与国民党所代表的地主资产阶级的政权之尖锐对立，正是中国目前政治生活的基本内容，也就是中国两个发展前途的斗争"③。通过局部执政，并不断巩固和发展根据地及解放区的政权，为最终实现在全国执政奠定了坚实的物质基础、组织基础、干部基础和群众基础。

党在土地革命战争时期，相继领导创建了井冈山、中央苏区等 13 块农

---

① 《毛泽东选集》第三卷，人民出版社 1991 年版，第 1044 页。

② 《毛泽东选集》第三卷，人民出版社 1991 年版，第 1428 页。

③ 《中共中央文件选集》第九册，中共中央党校出版社 1991 年版，第 142 页。

村革命根据地。在这些根据地，召开各级工农兵代表大会，选举成立了由工农大众当家作主的各级工农民主政权。"自从一九二七年中国大革命遭了失败，无产阶级受了莫大的损失，但普遍在南方的农民土地革命却并未因之死亡……中间虽经敌人不断的会剿，不绝的破坏，但两年以来农民苏维埃的政权始终未尝绝迹于中国。"①

1931 年 11 月 7 日至 20 日，根据共产国际和中共中央的指示，党在江西瑞金为中心的中央苏维埃区域，领导召开了中华工农兵苏维埃第一次全国代表大会，成立了中国历史上具有国家形态并与国民党相对抗的红色政权——中华苏维埃共和国，选举成立了中华苏维埃共和国临时中央政府，标志着中国共产党开始了在中国进行局部执政的光辉历史。"中华苏维埃共和国临时中央政府已不是领导某一地区的地方苏维埃政权，而是负责领导全国苏维埃区域即'中华苏维埃共和国'的中央政权。"② 中华苏维埃共和国的性质是工农民主专政的国家，是工农居于支配地位的政权。其主要任务是：在党的领导下，组织工农群众，实行工农武装割据，开展土地革命，推翻国民党反动派的统治，建立一个工农民主专政的苏维埃社会主义共和国。"去年十一月七日在江西成立的中国苏维埃中央临时政府，当然，不只是苏维埃区域的民众政权，而是代表全中国民众的政权，是中国革命战争的领导者与组织者。"③ 这次代表大会选出了以毛泽东为主席的中华苏维埃共和国临时中央政府。会议通过的《中华苏维埃共和国宪法大纲》明确指出，中华苏维埃共和国是"工人和农民的民主专政国家"，"全部政权是属于工人农民红军士兵及一切劳苦民众的"。同时，还颁布了《中华苏维埃共和国中央苏维埃组织法》《地方苏维埃政府的暂行组织条例》《中华苏维埃共和国地方苏维埃暂行组织法（草案）》等建政纲领和法规。"在这些纲领和法规的指导下，革命根据地中央政权和地方政权开始有了健全的机构设置和明确的管理权限，从

---

① 《中共中央文件选集》第六册，中共中央党校出版社 1989 年版，第 15 页。

② 余伯流、凌步机：《中国共产党苏区执政的历史经验》，中共党史出版社 2010 年版，第 3 页。

③ 《中共中央文件选集》第八册，中共中央党校出版社 1991 年版，第 10 页。

而正式确立了革命根据地的政权体制。"① 此外，还在革命根据地开展经济建设，进行民主和廉政建设，发展文化教育事业。

在抗日根据地内，从 1937 年下半年开始，中国共产党在陕甘宁边区和晋察冀、晋冀鲁豫、鲁冀豫、晋绥、山东、华中、华南等各敌后抗日根据地进行了普遍的民主选举，产生了边区及各抗日根据地的各级人民政府和参议会。抗日民主政权，虽然没有在全国形成一个统一的全国性民主政权，但在 19 块抗日民主根据地内建立了包括 22 个行署、90 个专署和 635 个县政府的各级抗日民主政权，产生了较大的影响。在陕甘宁边区和各抗日民主根据地，中国共产党在政权的组织结构和运行机制上，创造性地实行"三三制"政权。1940 年 3 月 6 日，中共中央发布了《抗日根据地的政权问题》的指示，首次提出了"三三制"原则，即在人员分配上，共产党员占三分之一，非党左派进步分子占三分之一，不左不右的中间分子占三分之一。在这里共产党员代表无产阶级和贫农，左派进步分子代表小资产阶级，中间分子代表中等资产阶级和开明绅士。

各抗日民主根据地所建立的"三三制"政权，具体体现了民主政权的多阶级性、多党派性和统一战线性。其政权结构是以共产党领导为前提，并包容多党多派的多元成分而组成。"这涉及一个处于核心的党与处于非领导地位的多党多派如何在政权的框架中合作共事的问题，实质上就是要回答我国特色政党制度所要体现的关于执政党和非执政党在政权框架中的关系问题。"② 抗日战争时期的民主政权组织形式，奠定了当代中国特色政党制度的雏形。

抗日战争结束后，中国共产党领导的人民革命力量已得到空前壮大，解放区政权不仅得到工人、农民以及其他小资产阶级的拥护，而且也取得了民族资产阶级、开明绅士和其他爱国人士支持与拥护。中国共产党也开始与国民党争取建立和平民主的联合政府，1946 年 6 月，蒋介石发动全面内战，国共合作破裂，从此解放区的政权建设进入一个新的阶段。从性质上看，解

---

① 谭克绳：《中国革命根据地史》上，福建人民出版社 2007 年版，第 317 页。

② 杨爱珍：《当代中国政党制度研究》，学林出版社 2004 年版，第 68 页。

放区政权是中国共产党领导的，以工农联盟为基础的，人民大众的，反对帝国主义、封建主义和官僚资产阶级的人民民主统一战线的政权。1947 年冬至 1948 年春，中共中央及中央军委决定，将晋察冀和晋冀鲁豫两大解放区及其领导机构合并，召开华北人民代表大会，成立华北人民政府。"华北人民政府的成立不仅统一了整个华北解放区，建立了华北各级地方人民政权，而且积累了建立我国人民政权的经验。"[①] 随后建立的东北人民政府以及中原临时人民政府等政权，为新中国中央人民政府的成立作了组织上和干部上的准备。

总之，在中国革命的伟大历程中，革命根据地在土地革命时期、抗日战争时期、解放战争时期，都发挥了其独特的历史作用。它是中国人民军队的诞生地，是治国安邦人才的培育地，是夺取民主革命胜利的出发地，也是党在全国执政的实验地。革命根据地的建立，为农村包围城市革命道路理论和无产阶级政权建设提供了实践平台与载体，为中国共产党领导的新民主主义革命最终胜利奠定了坚实的基础和条件，开创了无产阶级革命的新范式。

---

① 谭克绳：《中国革命根据地史》下，福建人民出版社 2007 年版，第 907 页。

关于 1938 年中国共产党政治设计的探讨

蔡丽 亢凤华

1937 年 12 月，南京失陷，中华民族"到了最危险的时候"。华中重镇——武汉已能听到日本侵略者的铁蹄声。同时，中共也审时度势觉察出"抗战已进入到紧急的转变关头"，而"国民党在民众救亡运动方面，表现了它的动摇"。如何巩固和扩大刚建立不久的抗日民族统一战线成为迫在眉睫的问题。1937 年 12 月 25 日，中国共产党对时局宣言："当此民族危机更加紧迫之时，我全民族抗日力量的更加团结，实为挽救时局的中心关键。"可见，随之到来的 1938 年，是中华民族的危亡关头，也是全民族团结抗战的关键时期。这一年，作为中国当时"第二党"的中国共产党，一方面领导八路军、新四军配合国民党所领导的军队在战场上同日本侵略者奋力拼杀；另一方面在政治舞台上也积极向国民党建言献策，提出了很多解决时局问题和争取抗战胜利的政治设计。这些政治设计是以共同的政治目标为依归，以全方位的政治方案、以多党合作、人民民主理论创制的方式对社会发展进行的筹划和安排。虽然有很多在当时的条件下，并没能付诸实施，但这些政治设计为指导中国人民取得抗日战争的胜利作出了重要贡献；对争取抗战胜利后中国的光明前途产生了深远影响。同时，这些政治主张，也体现了中国共产党是一个负责任的政党的品质。本文试图对其进行探讨。

一、依归——共同的政治目标

1938 年中国共产党的政治设计是新民主主义时期共产党人抗日救国的

政治构想，也是对未来建立新中国的总体政治筹划。1938 年 5 月，毛泽东在《论持久战》中曾指出："抗日战争是全民族的革命战争，它的胜利离不开战争的政治目的——驱逐日本帝国主义、建立自由平等的新中国。""建立自由平等的新中国"的政治目标向国民党及全国人民昭示：历经了十多年的内战，在事关祖国前途和命运重大抉择的时刻之际，中国共产党愿以共同的目标为依归，以民族大义、抗日大计，提出争取抗战胜利的一系列政治谋略。

战争的决策和政治谋略的正确与否，对于抗日战争整个战局乃至中华民族的命运来说，是至关重要的，而战争的决策与政治谋略是与政治目标相辅相成的。1938 年，全国抗战不久，由于战争局势的复杂，许多人对战争将如何发展认识不清，"亡国论""速胜论"等有相当大的影响。中国共产党以共同的目标为导向，指明了抗日战争的基本走势，极大地鼓舞了中国人民的士气。毛泽东在《论持久战》中指出："一切技术、战术、战役、战略原则，一切技术、战术、战役、战略行动，一点也离不开战争的目的，它普及于战争的全体，贯彻于战争的始终。"以毛泽东为代表的中国共产党人设计了"持久战"的策略，这是符合中国革命特殊规律的政治策略。它有一个重要的内容，就是为达到共同的目标，"在军队本身的行动上，就表现为：一方面，尽可能地保存自己的力量；另一方面，尽可能地消灭敌人的力量"。同时，中共认为"必须告诉国民党"："增加敌人困难，减少自己困难，造成有利于持久战之军事政治形势。"尤为突出的是在武汉会战进行了三四个月之久时，武汉难保已成事实，毛泽东在中共六届六中全会的政治报告中指出："保卫武汉斗争的目的，一方面在于消耗敌人，又一方面在于争取时间便于我全国工作之进步，而不是死守据点。"对当时的中国抗日战争来说这无疑是对症下药的。武汉会战后，日军已基本上停止了其战略进攻，从此抗战进入战略相持阶段。当抗日战争开始不久，"持久战"的政治谋略不仅指明了必须持久抗战才能取得最后胜利的前景，而且描绘了战争发展全过程的完整蓝图，这一切都是与建立新中国的目标息息相关的。可见，共同的目标是抗日战争的"指明灯"，是促成国共合作的政治前提，提高了民族的凝聚力、向心力和创造力。

"建立自由平等的新中国"这一政治目标是中国人民共同的理想，这一共同理想是抗日时期统一战线的主题，引领着统一战线前进的方向，对争取人心、凝聚力量具有重大的意义，显示了极大的包容性和亲和力。中国人民为了"建立平等自由的新中国"这一理想，把自己的命运同中华民族的命运紧紧联系在了一起，齐心一致、共同奋斗。毛泽东在《论持久战》中发出了号召："首先是把战争的政治目的告诉军队和人民。"他认为只有这样，方能造成抗日的热潮。在民族危机、国家存亡的紧要关头，中国境内的各种政治力量、社会力量和海外华人因为共同的目标汇集起来，形成了规模空前、基础广泛的抗日民族统一战线。从此，抗日民族统一战线以共同的目标为依托，结成了抗敌御侮的钢铁长城，显示出了中华民族的伟大力量。

"建立自由平等的新中国"的目标同时也表明：中国共产党的政治设计绝非出自一党私利，而是从整个中华民族的利益出发，着眼于未来。抗战开始后，中国共产党驻共产国际代表团在共产国际主席团会议上曾声明："我们的党，并不把自己对于国民党及国民政府首领蒋介石的合作，看成短期的事情，而是准备在战争之后，还继续与他们共同工作，以建设伟大的、自由的、民主的中国。"正因为中国共产党一贯地追求这一共同的目标，抗日战争胜利后，中国共产党提出的取消一党专政，通过联合政府的途径，"将中国建立一个独立、自由、民主、统一和富强的新中国"的主张，是人心所向的，得到了广大人民的积极响应，汇成了推动中国社会进步的潮流。

二、基轴——全方位的政治方案

1938年初，为了拯救民族和国家，一场波澜壮阔的抗日救亡运动在华夏大地已经展开，并成为当时中国政治的主题和主流。同时，中共也清醒地认识到，几个月的抗战，固然造成了中国空前未有的进步，但在政治方面存在着毋庸讳言的弱点：抗日民族统一战线未达到应有的巩固和扩大的程度，政府设施还不能完全适应抗战的需要，战时民意机关的缺乏、民众运动和民众组织的不发展、贪污土劣的横行……因此，中共积极筹划了抗日救国的政治方案，并以此为基础和轴心，实施给中国社会带来全方位进步的民族自救运动。

1. 唤起民众

全国性抗战发动之后，国民党因惧怕救亡运动超出于其控制范围，对民众运动实行了"统制"与"包办"政策，为"打破国民党这种政策，使它在这方面有澈底的转变"，1938 年 10 月，毛泽东总结了抗战初期的经验和教训，辩证地指出："依靠民众则一切困难能够克服，任何强敌能够战胜，离开民众则将一事无成。中国今后的进步，必须充分表现在发动民众力量这一方面。"毛泽东在《论持久战》中也指出："要联系战争发展的情况，联系士兵和老百姓的生活，把战争的政治动员，变成经常的运动。"正因为中共积极地主张唤起民众，以往那些怀抱着"读书救国""教育救国""科学救国""实业救国"等善良的愿望和救国方案的民众，能够抛弃幻想，纷纷汇集到抗日救亡的旗帜下，以政治参与的精神贡献着自身的才智。最终，使抗日队伍由最初的弱小群体不断地扩大为庞大的追随者阵营，进而形成声势更为浩大的抗日救国运动，从而为抗日战争的胜利打下了坚实的群众基础。

2. 加强政府与民众间的互助

中共认为只有加强政府与民众间的互助，才能形成良性的互动。中共坚信："被压迫民族的民族自卫运动的胜利不仅需要政府和军队的最大努力，而且需要广大民众的全体动员和积极参加。"怎样才能真正动员和组织民众，迅速实现国民党临时全国代表大会通过的"发动全国民众，组织农工商学各职业团体"等规定？1938 年 6 月，中共在《我们对于保卫武汉与第三期抗战问题底意见》中曾专门讨论过这个问题，特别提出："希望握有国家政权机关的国民党同志对一切抗日党派在民众运动中的开诚布公的合作。"另外，在具体措施上，中共建言："为了动员与组织最广大的民众来参加抗日救国战争，政府保障民众运动的自由，尊重民众团体的独立，并在物质上帮助民众团体，实行一些改善民众生活的政策。"这些政治创制在一定程度上改善了政府与民众的关系，从而使全国各阶层人民自上而下团结起来，同仇敌忾，开创了全民族抗战救国的新局面。

3.通过国共合力促进抗日团体的建立

中共积极向国民党出谋划策："将工、农、军、商、学各界，根据其职业地位而组织各种职业联合团体"，"青年、妇女、文化界等应根据其切身利益和特殊需要，而组织成各种统一的群众团体。"中国共产党这一提议得到了广泛的响应。1938年初，青年统战团体——中国"青年救亡协会"，在国共双方的努力下得以建立。国共两党在青年救国运动方面的商谈合作取得了比较大的进展。不久，全国性的教育界统一战线组织——"全国战士教育协会"经过国共两党的商谈也正式成立，共产党人戴白桃、朱启贤和国民党人叶溯中、蒋健白等为常务理事，该会积极筹建了各地分会，在全国大力推动了教育普及工作。在妇女救国运动方面国共两党更是有比较好的合作。中国战时儿童保育会，由宋美龄、邓颖超、李德全、郭沫若等183人筹备组织，它先后在全国各地建立了53个分会，共抢救教育了3万名难童，为全民族的抗战提供了巨大的后方支持。抗日团体在国共两党合力的作用下获得了巨大的成功，这种成功为抗战提供了一个取之不尽、用之不竭的资源宝库。

中国共产党既诚意地向国民党当局建议，目的"是为的使自己的意见能提供国民党同志和国民政府当局及全国各抗日部队各抗日团体和全体爱国同胞作为讨论和实行的参考材料"，又以实际行动积极动员民众，体现了中国共产党以大局为重，彰显了中国共产党的政治责任。这一促成抗日民族统一战线的重要经验，在抗战胜利后仍得以创造性的运用和发展，中共试图通过全方位的政治方案实现中国社会的政治改革，竭尽全力来争取和平、民主，作出了举世瞩目的努力和贡献，赢得了广大人民的信任与支持。

三、途径——多党合作的政治构想

1938年，日寇加紧了"以华制华"的企图，汉奸、敌探等也加紧了挑拨离间活动，更有一些国民党提出了"只许一党合法存在"和"取消现存一切党派而合并为一党组织"等方式破坏民族力量的团结。面对此"既为事实所不许"，"也为事实所不能"的情形，中共明确提出："现有力量，无论何党都太小，都需发展，而大大发展国共两党尤为当前的紧急任务，在这个发展的任务中，各党均应互相赞助他党的发展，而不可互相嫉妒与互相妨碍。须知只要是抗日党派，任何一党的发展，都于抗日有利。"中共以多党合作、发展的政治构想为途径，进行了一系列的筹划和安排，勾勒了大力发展国共两党、构建多党合作组织形式的整体图略。

1. 推进国民党的进步

抗日战争的胜利有待于抗日民族统一战线的发展和壮大，而发展国共两党成为挽救民族存亡的当务之急。抗战初期，国民党是"第一个大友党"，国民党的进步与否与各党派乃至全民族的利益休戚相关。中共提出："国民党愈加进步和强大，不仅是国民党本身有利的事情，而且是全民族有利的事情，同时，也就是共产党和一切抗日救国党派有利的事情。"因此，中共积极赞助和推进国民党的进步。1938 年 10 月，中共在《关于抗日民族统一战线的与党的组织问题》文件中指出，"用自上而下推动、协商、联络、影响、说服、批评等方法，使国民党党、政、军走向进步"；此外，要"善于运用不平衡，使不平衡走向平衡"。这就是加强、提高、强化中央，运用蒋介石等的进步言论去推动地方与下层的关系。这些建议和帮助，也使得国民党在当时得到了广大人民的支持和拥护，在一定程度上开放了国内民主，在政治上采取了一系列比较进步的措施，并为抗日战争作出了巨大的贡献。

特别值得一提的是，1938 年，当全国抗战的形势"把改造军队使之适合民族抗战需要的大问题，提在全国人民的面前，特别是尖锐地提到国民党的面前"之时，国民党当局接受中共关于"革命的政治工作是民族革命的生命线"，"建立军队中的抗战政治工作"的建议，撤销了原国民政府军事委员会早已声名狼藉的政训处，而转为恢复了久负盛名的北伐战争时期的政治部，此举得到了各界民主进步团体和爱国人士的积极支持和响应。1938 年 2 月，国民政府军事委员会政治部在汉口正式挂牌，陈诚任部长，周恩来任副部长，并分管"第三厅"。"第三厅"是国共二次合作共御外敌的一个重要成果，并成为围绕保卫大武汉计划和实施声势浩大的各种抗日救亡运动以及抗日文化运动的重要组织，其作用和影响都是十分重要的。

2. 壮大和巩固共产党

首先，中国共产党的这一政治构想，是着眼于大局，是在尊重国民党的领导地位的前提下提出的。1938 年 3 月，《中央关于大量发展党员的决议》阐明："为了担负起扩大与巩固抗日民族统一战线以澈底战胜日本帝国主义的神圣的任务，强大的党的组织是必要的。"1938 年 10 月，《中央关于广州武汉失守后给各级党部的指示》指出"各级党部在目前工作中应注意"的第一条就是"诚心诚意的拥护蒋委员长，拥护国民政府，巩固国共合作，坚持抗战"。可见，壮大和巩固共产党，是抗战的需要，也是扩大和巩固抗日民族统一战线的需要。其次，中共发展中共党员，是着眼于当前，符合当时历史时机的。针对"我国抗战目前正处于一个严重困难的关头"这种情形，中共提出，"我们党在数量上还远不能适应抗战事业的需要，因此，要求全党同志把发展党员看作日常工作中的一种最基本工作"，而且"我们党的质量（即社会成分）须要有大的变更"。

在抗日战争初期这个严峻的时候，如何发展中国共产党既是挑战，也是机遇。所幸的是中共经历了大革命时期和土地革命时期，已经在尝试着把马克思主义原理与中国革命的实践相结合，走马克思主义中国化的道路。中共大力提倡承认与拥护国民党这个主干，认为"承认与拥护这个主干而又同时发展各党，是相互联系并不互相冲突的"。同时，中共也深刻认识到维护统一战线，并不意味着不要保持党的独立性，即明确"什么是党的独立性？马列主义的政治路线与战略策略的坚持，不掩盖为共产主义的最后目的而奋斗的面目。对于一切党派的批评自由。组织上不受任何外力的干涉"。这些认识一方面表明了中国共产党的鲜明政治立场，另一方面也显示了中国共产党不可或缺的重要地位。

3. 构建多党合作的组织形式

1938 年，国共合作不久，中共已经开始了认真地思考，中国将向何处去，要"找到一种最适合长期合作的统一的共同组织形式"。中共曾多次向国民党提出建立抗战统一战线组织形式的建议，其中包含了丰富的多党合作的思想。1938 年 3 月，中共中央在《对国民党临时全国代表大会的提议》中提出了"愿与诸同志共同计议和执行"的统一战线组织形式的方式，即"或采取各党派各团体选派代表组织各级组织的方式，或恢复民国十三年至十六年第一次国共合作的方式，或拟定其他的办法和方式，只要于团结抗战有利"。中共中央在致国民党临时全国代表大会电中也提道："建立各党派共同参加的某种形式的民族解放同盟。"1938 年 4 月初，毛泽东在陕北公学作关于国共两党合作问题的讲演时，又就多党合作的组织形式问题提出了新的设想。他说："两个不同的政党要统一起来就要有一个桥梁，组织一个共同的委员会，或者是另外组织一个党，国共两党都参加进去，作为统一战线的上层组织。"正是基于对多党合作的深刻考察，中共在多党合作组织形式问题上对此前的组织抗日联军与国防政府主张有了进一步发展，而中共关于多党合作的设想后来也通过政治协商会议这一组织形式得到了实现。

抗战初期，国共两党队伍得到壮大，面貌焕然一新，在国内国际的威望得到了提高，这无疑是裨益于抗日战争的，而中共在合作过程中，积极思考并遵循了长期合作的方针，也正因为如此，才出现了抗战期间两党关系相当友好、密切的时期，使全国各界均为之鼓舞。另外，多党合作的理论与实践，大大丰富和发展了马列主义的政党学说，对于新中国成立时共产党确立的多党合作和政治协商制度产生了积极作用，也为当今实行多党合作的形式提供了思考的路径。

四、核心指向——人民民主社会的政治蓝图

1938 年，"民主是抗日的前提"成为一种普遍的共识，抗日民族统一战线已正式形成，与此相适应的应是政策、口号的调节。作为当时容易混淆革命性质与阶级阵线的"苏维埃"政权以及未能真正发挥其实质作用的"中华民国"的口号，已有碍于统一战线扩大范围和民主充分发挥其作用。中国共产党建议以"中华民主共和国"的口号取而代之，描绘出了"人民民主社会"的政治蓝图，这些也从一个侧面说明了中国共产党在政治上的成熟。

1.理念设计：人民民主

中国共产党在多年革命斗争的历程中，基于对中国社会矛盾的深刻认

识，对中国无产阶级政权的性质问题做了长期认真的探讨，逐步形成了"建立人民民主社会"的政治蓝图。"人民民主"的理念设计贯穿于整个新民主主义时期，是中共政治设计架构的焦点和"思维前提"。1938 年，中共在《三月政治局会议的总结》中指出，辛亥革命并没有解决国家权利的人民性回归，"二十几年来，中华民国仍未能名副其实"。因此，中共提出了"中华民国应该是中华人民的民主共和国家"的口号，真正实现国家政权"人民民主"的主体回归。为了更好地体现人民的意志，中共积极支持国民参政会，并提出"健全民意机关的建立已经成为刻不容缓的当务之急"，这个民意机关最重要的在于"此机关要包括真能代表四万万五千万同胞公意的人材"，这一建议得到各党各派各人民团体的热情拥护和支持。1938 年 7 月 5 日，中共发表了《我们对于国民参政会的意见》，郑重地提出："国民参政会是人民的公仆，是人民的使者，是人民的代表，我们将忠实地遵循人民的训示和人民的意志而努力工作，我们将确定地为中国人民的意志、愿望和要求的实现而奋斗。"由此可见中共对于国民参政会的期望和要求"人民民主"的迫切心情。1938 年 7 月，国民参政会在汉口宣告成立，国民参政会虽然只是一个咨询性质的机构，还称不上真正意义上的民意机关，但它的设立，却是战时民主极其重要的大事，曾一度为各党派各级人民表达民意提供了一个讲坛。此后，人民要求民主以挽救时局的呼声也更加强烈。

2. 制度安排：民主集中制

毛泽东关于实现"人民民主"这一理念，是以民主集中制为载体的。毛泽东曾对民主制度做了个形象的比喻："民主政治是发动全民族一切生动力量的推进机，有了这种制度，全国人民的抗日积极性将会不可计量地发动起来，成为取之不尽用之不竭的深厚渊源。"因此，毛泽东提议："实行集中领导下的民主政治，密切政府与人民的联系，发挥抗日政权的最大能力。"中共也反复强调，集权与民主是不可偏废的，希望国民党实行能容纳二者于一体的制度——民主集中制，而且中共希望国民党实行真正的民主集中制，"民主集中制与党的领袖和领导机关威信绝不冲突，恰恰相反，只有实行民主集中制，领袖和领导机关才更有威信更有作用"。另外，毛泽东对民主集中制作了重要的概括，即个人服从组织，少数服从多数，下级服从上级，全党服从中央。这四条构成了民主集中制的主要内容，后来中国共产党把这个概括载入了党章。民主集中制的意义不仅局限于抗战时期，其成就无论是从当时还是现在来看，都应该得到充分的肯定。

3. 组织建构：抗日民主政权

中国共产党试图将边区的民主建设当作一种示范，通过抗日民主政权，用各种途径来培养出一种有利于民众建立民主政治观念的社会环境，使争取抗战胜利的过程与实现民主的过程相辅相成，以推动全国的民主进程。1938年1月10日，晋察冀边区军政民代表大会在冀西阜平召开，经过民主选举，成立了晋察冀边区临时行政委员会，这是敌后第一个由中国共产党领导的统一战线的抗日民主政权。晋察冀边区选举的代表"代表着边区全体部队，代表着拥有一百二十万群众的一百十九个群众团体，代表着蒙、回、藏少数民族及喇嘛和尚，代表着国共两党"。可见，抗日民主政权是"一切赞成抗日，又赞成民主的人们的政权，是几个革命阶级联合起来对于汉奸和反动派的民主专政"。这种民主政权与土地革命时期的工农民主专政是有区别的，这巩固和扩大了抗日民族统一战线，对促成大后方人民的政治觉醒，提高广大人民的民主意识有着直接的影响。正因为如此，中国共产党领导下的敌后抗日根据地的武装力量才可以不断得到发展壮大，最终赢得了持久抗战的胜利，正如中共在《晋察冀边区军政民代表大会通电》中所希望的："在全国民众的支持下，配合着国际的有利形势，全国各地游击战争的广泛的开展，迅速地完成收复平津，收复华北，收复一切失地驱逐日寇出中国的神圣的民族革命战争的任务！"同时，民主根据地建设欣欣向荣，在政治、经济、文化等各方面都取得了巨大的成就，也为新中国成立后的国家建设积累了宝贵的经验……

1938年中国共产党的政治蓝图，构成了中共民主建设的基石，正是在此基础上，中共形成了一套关于新国家建设的完整、成熟的政治设计，1940年，毛泽东提出了新民主主义国家的政治制度："无产阶级领导下的一切反帝反封建的人们联合专政的民主共和国"；"国体——各革命阶级联合专政。政体——民主集中制。"抗战胜利后，中国共产党在人民民主的旗帜下继续发展广泛的统一战线，新中国成立时的政治设计也汲取了1938年抗日民主政权的经验，实行了包括"工人阶级，农民阶级，城市小资产阶级和民族资产阶级"的人民民主专政，建立了新民主主义国家。

无疑，1938年，中国共产党以极强的责任感、使命感，从事关民族和国家兴衰成败的战略高度，深刻地阐明了其对社会进行的政治构想、政治筹划、政治创制及其理论形态。其中，共同的政治目标是依归，全方位的政治方案是基轴，多党合作的政治构想是途径，人民民主社会的政治蓝图是核心指向。正因为如此，才使中国共产党步入良性发展轨道，受到越来越多的人民所拥护和爱戴。1938年中国共产党的政治设计，不仅裨益于抗日战争的胜利，而且造就了新中国的光明前景。

恽代英对马克思主义中国化的历史贡献

李天华　李良明

恽代英是杰出的中国共产党早期领导人之一，被周恩来誉为"中国青年热爱的领袖"①。作为中共早期著名的马克思主义理论家、宣传家和教育家，他对马克思主义中国化作出过重要的开创性的贡献。截至目前，在马克思主义中国化研究中，已有不少著述对李大钊、陈独秀、瞿秋白等中共早期领导人和理论家的贡献进行了比较充分的论述，但对恽代英的贡献却较少涉及。这与恽代英的历史地位严重不符，也是马克思主义中国化研究领域的重要缺憾。之所以造成这种现象，其重要原因之一，就是长期以来对恽代英遗著的收集、整理与研究工作不尽如人意。1984年人民出版社出版的《恽代英文集》（上、下卷）收录的恽代英著作仅195篇，73万字，约占其生前遗著总字数的1/4。实际上，恽代英遗著共计约300万字，涵盖哲学、政治、经济、军事、文化、教育等各个领域，其中相当一部分属于马克思主义中国化的早期成果，具有重要的理论价值和历史意义。本课题组对恽代英遗著进行了比较充分的收集和整理，于2014年5月正式出版了九卷本《恽代英全集》。本文将以《恽代英全集》中呈现的600余篇文献为依据，尝试就恽代英对马克思主义中国化的贡献进行比较全面的梳理，进而对恽代英在马克思主义中国化进程中的历史地位作出总体评价，以进一步繁荣学术界关于早期马克思主义中国化的研究，为当代推进马克思主义中国化提供历史借鉴。

---

① 李良明、钟德涛：《恽代英年谱》，华中师范大学出版社2006年版，第5页。

一、恽代英与陈独秀、李大钊等先进分子一起，为马克思主义中国化创造了基本前提条件

一个先进的理论体系若要扎根于一个新的地方并发挥指导作用，必须具备一定的社会历史条件。马克思主义中国化的一个基本前提条件就是必须在中国社会上掀起一股生气勃勃的解放思想的潮流，以破除封建专制主义对人们思想的束缚，为马克思主义在中国的传播创造有利的社会环境。发端于1915年9月以《新青年》诞生为标志的新文化运动正是发挥了这样的历史作用。从这个角度而言，要追溯马克思主义中国化的渊源，就不能不考察新文化运动对其产生的影响。

虽然学术界大多将新文化运动的起点确定在1915年9月，但实际上，新文化运动作为社会思想领域的巨变有一个由量变到质变的过程。在《新青年》创刊之前，恽代英于1914年10月在《东方杂志》上发表的《义务论》以及于1915年5月在《优华学报》上发表的《新无神论》，标志着他早已投入到这场批判封建专制、弘扬民主科学的启蒙运动中。之后，恽代英又先后发表《仪明与道德》（1915年12月）、《源分》（1916年3月）、《物质实在论》（1917年3月）、《俄之人生观》（1917年3月、5月）、《论信仰》（1917年6月）、《经验与智识》（1917年10月）等著名论文，成为中国思想界升起的一颗新星、华中地区新文化运动的杰出代表人物。他与陈独秀、李大钊等先进分子一起，为马克思主义中国化创造了基本前提条件。

1.批判孔孟之道和封建礼教，解放人们的思想，为马克思主义在中国的广泛传播扫清思想障碍

恽代英认识到，封建主义思想文化是统治阶级奴役人民的精神支柱，其核心就是被袁世凯等专制独裁者所尊奉的孔教。他从西方怀疑论中汲取反封建文化的营养，用孔孟之徒、墨子之徒、老庄之徒崇拜对象各异的事实挑战孔孟数千年以来的"圣人"地位："吾不为圣人，故吾不知谁为圣人""信圣

人而不疑，即终不能知不能为。"① 恽代英毫不留情地鞭笞吃人的封建礼教，尤其对"男尊女卑"的封建伦理深恶痛绝。他痛斥孟子的"不孝有三，无后为大"这八个字，不但是错，而且是荒谬，大声疾呼"今天自命为孔孟之徒的，亦应该进化些"②。

特别值得指出的是，恽代英批判孔教的过人之处在于他的观点不仅鲜明，而且理性。作为中华大学哲学专业的高材生，他懂得用辩证的态度对待传统文化："一个人必定要争孔子是大圣，没有一句错的。一个人必定要争孔子是大愚，没有一句不错的，若不是为孔子，是为世界人，我看这都错了。"③ 也就是说，恽代英并不否认儒家学说中也有积极正面的因素，他所坚决反对的，是对孔学不加思辨的、盲目的信仰，特别是军阀势力试图利用孔学禁锢人们的头脑。总之，作为华中地区乃至全国新文化运动的杰出思想家之一，恽代英像陈独秀、李大钊等人一样，以无比的热情投入到这场伟大的思想启蒙运动中。他振聋发聩的呐喊和睿智思辨的观点为新文化运动增添了光彩，使长期禁锢国人头脑的封建思想遭到重创，从而为扫清马克思主义在中国广泛传播的思想障碍作出了贡献。

2. 弘扬民主与科学，激发人们追求真理的愿望，为国人认识和逐渐接受马克思主义提供文化思想条件

民主与科学是新文化运动反封建的主要思想武器。陈独秀、李大钊等先进分子就是因为高举民主与科学的旗帜，才从思想文化领域打开了中国现代化的大门，恽代英也是这些先进分子中的一员。

在弘扬民主方面，早在1916年3月，恽代英就在《优华学报》发表的《源分》一文中指出，袁世凯等封建独裁者"夺天下人之脂膏以自享，虑天下人群起而话之"，因此总是用"火生于天，各有其分""生而富贵，则不能为人夺，生而贫贱，则不能夺于人"等谬论来欺骗和麻痹广大人民。恽代英不仅驳斥和批判了封建独裁者君权神授、富贵由天的天命论，而且比较系统地论

---

① 《恽代英全集》第1卷，人民出版社2014年版，第17页。
② 《恽代英全集》第2卷，人民出版社2014年版，第136页。
③ 《恽代英全集》第2卷，人民出版社2014年版，第219—220页。

述了天赋人权、权利与义务相平衡等近代民主思想，指出"只有通过弘扬民主，使得民权日张，才能使封建专制和一切野心家失其势力"①。这些思想与陈独秀、李大钊等人在《新青年》等刊物上发表的观点不仅完全合拍，而且相互呼应，共同推动着新文化运动向纵深发展。

在弘扬科学方面，恽代英的杰出成就突出地表现在哲学领域。恽代英不仅认为世界是物质的，而且认为世界是可认识的。1917年10月，他在《经验与智识》一文中详尽地考察了人的认识能力、认识的来源和认识的具体过程，指出人的认识能力是从实践中获得的；人的一切知识均来源于实践经验；知识是认识的高级阶段，是人类经过反复经验和研究、推理以后得到的。恽代英还一再强调，他"之所以强调知识来源于经验，目的就在于驳斥把知识说成是矢启"的反科学的观点。②

因此，恽代英在中国新文化运动中的贡献是突出的。特别是其以"物质实在论"和认识论为代表的唯物主义哲学思想，在当时已达到相当高的理论水准。正如有学者所指出的，"恽代英的哲学思想代表着当时中国思想文化界在这些问题上达到的最高水平"③。在新文化运动中，恽代英与陈独秀、李大钊等先进分子一道，高举民主与科学的旗帜，唤醒了一代青年，极大地解放了他们的思想，激发了他们追求真理的愿望。没有这个基本前提条件，马克思主义中国化就无从谈起。

---

① 《恽代英全集》第1卷，人民出版社2014年版，第36页。
② 《恽代英全集》第1卷，人民出版社2014年版，第338页。
③ 袁伟时：《恽代英前期哲学思想试探》，载《恽代英学术讨论会论文集》，华中师范大学出版社1985年版，第37页。

二、恽代英是在中国传播马克思主义的先驱之一，促进了马克思主义与中国实际相结合

通过对恽代英遗著的收集、整理与研究，我们可以大致以 1919 年五四运动为界，将恽代英的早期思想划分成两个阶段：从辛亥革命到五四运动、从五四运动到中国共产党成立。恽代英在五四运动以前发表的文章，其内容主要是反对封建专制主义和帝国主义，并已经包含有朴素的唯物主义思想。在这个阶段，作为一个激进民主主义者，恽代英对马克思主义中国化的贡献基本上是无意识的。在五四运动前后，恽代英逐渐接受了马克思主义，并树立起对马克思主义的坚定信仰。这从《敬王光祈信》（1919 年 9 月）、《敬少年中国学会全体同志》（1920 年 4 月）、《怎样创造少年中国》（1920 年 7 月、9 月）、《祥命的价值》（1920 年 10 月）、《论社会主义》（1920 年 11 月）等文章中可以反映出来。在这个阶段，随着他转变为一个马克思主义者，在认定马克思主义是改造中国社会、引领中国进步的科学指导思想之后，他就开始积极主动地将这种科学理论应用于中国革命的具体实践。

1.积极宣传马克思主义，为马克思主义中国化奠定了思想基础

恽代英对马克思主义的宣传与他对马克思主义的探索几乎是同步的。1920 年 2 月，恽代英在武昌创办利群书社，主要经销《共产党宣言》《社会主义从空想到科学的发展》等马克思、恩格斯著作和《新青年》《每周评论》《新潮》《劳动界》等进步刊物。利群书社为当时先进的知识分子学习马克思主义提供了条件，在客观上成为华中地区传播马克思主义新思想的重要阵地。湖北早期共产党组织的成员常在利群书社举行读书报告会，相互交流学习马克思主义的心得体会。

1920 年 4 月，恽代英在致少年中国学会会员的一封信中，将马克思及其学说"唯物史观""布尔塞维克"等列为《少年中国学会丛书》的专题研

究项目。① 在那之后，恽代英发挥自身精通英文、日文和德文的优势，为中国思想界翻译、介绍了不少马克思主义经典著作。其中最著名的就是《阶级斗争》② 一书。由于该书在中国首次比较全面地介绍了马克思主义的阶级斗争学说，因此在马克思主义传播史上影响极大，对毛泽东、周恩来、董必武等一大批先进分子转变为马克思主义者产生过重大影响。毛泽东曾回忆道：有三本书特别深刻地铭刻在我的心中，建立起"我对马克思主义的信仰"③，《阶级斗争》就是其中之一。

1920 年 10 月，恽代英在《东方杂志》第 17 卷第 19、20 号连载发表了译作《英哲尔士论国家的起源》（即《恩格斯家庭、私有制和国家的起源》的节译），科学地阐明了家庭、私有制、阶级的起源与国家产生的关系，进一步宣传了马克思主义的政治学说。他在《译者志》中对恩格斯作了专门介绍，进一步促进了中国人对于马克思、恩格斯生平与思想的了解。

总之，在传播马克思主义方面，恽代英在时间上虽比陈独秀、李大钊等略晚，但仍属于在中国传播马克思主义的先驱之一。恽代英对马克思主义的探索和宣传，使人们对这一科学理论有了更加完整的认识，进一步促进了马克思主义在中国的传播，促使更多的中国人选择和接受马克思主义作为改造社会和拯救国家的思想武器，为奠定马克思主义中国化的思想基础作出了贡献。

2. 努力提高工人阶级的政治觉悟，促进马克思主义与中国工人运动的结合

用马克思主义启发工人阶级觉悟，指导工人运动，促进马克思主义与中国工人运动结合，是马克思主义中国化的必要前提条件。第一次世界大战期间，中国工人阶级的队伍迅速壮大，力量逐渐增强。五四运动期间，中国工人阶级以自己特有的组织性和斗争的坚定性在运动中发挥着主力军作用，开始作为一支独立的政治力量登上历史舞台。工人运动本身也逐步由经济斗争

---

① 《恽代英全集》第 4 卷，人民出版社 2014 年版，第 38—39 页。

② 该书为《考茨基援尔福特纲领解说》的中文摘录译本，译名即《为阶级斗争》，当代一些著述常将其误作《为粉级斗争》，这不符合历史原貌。

③ ［美］埃德加·斯诺：《西行漫记》，董乐山译，生活·读书·新知三联书店 1979 年版，第 131 页。

上升为政治斗争，但是工人阶级斗争的水平总体上仍然处于自在阶段。如何尽快唤醒工人阶级的集体意识，实现从自在到自为的转变，是当时中国工人运动乃至中国革命迫切需要解决的问题。

五四运动后，恽代英认识到工人阶级蕴藏着巨大的力量。他和李大钊、陈独秀等先进分子一样，自觉承担起把马克思主义灌输到无产阶级群众中去的历史使命。在传播马克思主义的时候，恽代英有意识地向工人阶级，努力提高他们的政治觉悟。

1920年4月，恽代英与施洋等成立了湖北平民教育社，共建立起7所平民学校，专门招收贫苦工人及其子女。一时间，"'平民教育'四字，惊破了武汉沉闷的空气"。同年夏，恽代英还组织利群书社成员到武汉、长沙、衡阳等地的工厂、煤矿进行社会调查，了解工人生产、生活状况，并广泛传播马克思主义，促进了马克思主义与中国工人运动的结合。

3.独立探索建立马克思主义政党，为中国共产党储备了一批优秀干部

1921年7月15—21日，恽代英、林育南等召集受利群书社影响的23位进步青年在湖北黄冈林家大湾浚新学校成立了共产主义性质的革命团体共存社。其宗旨是"以积极切实的预备，企求阶级斗争、劳农政治的实现，以达到圆满的人类共存的目的"①。这与中国共产党第一次全国代表大会确定的党的奋斗纲领的基本精神完全一致。共存社虽然名称未称共产党，但从其宗旨、主义及组织原则等方面看，它的确是一个具有共产主义性质的革命团体。共存社的成立与中共一大的召开几乎同时，这充分说明，"恽代英等先进分子在中国共产党成立前后也在独立开展建党活动"②。

当得知中国共产党成立的消息后，共存社很快停止活动。恽代英及共存社的主要成员均先后加入中国共产党，担负起党内的重要工作，为无产阶级的解放事业奉献出自己的全部力量乃至生命。从这个意义上说，恽代英发起成立的共存社为中国共产党培养和储备了一批非常优秀的干部。

---

① 《林育南文集》，人民出版社2014年版，第112页。

② 中共中央党史研究室：《中国共产党历史》第1卷（1921—1949）上册，中共党史出版社2011年版，第70页。

三、恽代英作为中共早期杰出的理论家之一，发表了许多推动马克思主义中国化的理论成果

在 1921 年底正式加入中国共产党之后，恽代英长期承担宣传教育工作和青年运动工作，是党内公认的著名理论家和青年运动领袖，被誉为"我党最善于联系青年和劳动群众的领导人之一"①。恽代英在《中国青年》《红旗》等刊物上发表了大量文章，宣传中国共产党的基本纲领，阐释马克思列宁主义的基本原理，为推动马克思主义中国化作出了重要贡献。郭沫若曾回忆说："在大革命前后的青年学生们，凡是稍微有些进步思想的，不知道恽代英，没有受过他的影响的人，可以说没有。"②

1. 创办并主编《中国青年》等党团机关早期刊物，为推动马克思主义中国化时代化大众化进行了不懈的努力

马克思主义认为，无产阶级及其政党手中的报刊，是重要的舆论工具，是指导人民群众进行革命斗争的有力武器。1923 年 10 月，中共中央和共青团③中央始决定创办《中国青年》周刊。④《中国青年》是当时中共中央规定的 8 种出版物之一，也是共青团中央机关刊物。恽代英是该刊的主要创办者和第一任主编。在主编《中国青年》期间，恽代英将该刊作为向广大群众，尤其是广大青年进行马克思列宁主义教育和宣传中国共产党的纲领、路线、方针、政策的重要阵地，为推动马克思主义中国化时代化大众化进行了不懈的努力。据初步统计，恽代英本人以本名、笔名及记者、编辑名义在《中国青年》上发表的各类文章和通信、按语、跋语等达 210 多篇，约占其一生所发表文章总数的 2/5。由此可见恽代英对《中国青年》所用心力之勤。

---

① 李良明、钟德涛：《恽代英年谱》，华中师范大学出版社 2006 年版，第 6 页。
② 郭沫若：《由人民英雄纪念碑想到的〈人民英雄列传〉》，《中国青年》1950 年第 38 期。
③ 1925 年 1 月之前称中国社会主义青年团，之后改称中国共产主义青年团，本文均简称为共青团。
④ 《马克思恩格斯选集》第 2 卷，人民出版社 1995 年版，第 33 页。

恽代英本人在《中国青年》上发表的 210 多篇文章中，有不少反映出他对马克思主义的深刻理解和阐释。例如，在第 67 期，恽代英撰文《针对于马克思学说的一种误解》，剖析了马克思在《〈政治经济学批判〉序言》中提出的"两个决不会"的论断，即："无论哪一个社会形态，在它所能容纳的全部生产力发挥出来以前，是决不会灭亡的；而新的更高的生产关系，在它的物质存在条件在旧社会的胎胞里成熟以前，是决不会出现的。"[①]恽代英在文中批判一些学者机械地认为照马克思的意思，"经济落后的中国，旧社会的生产力毫未发展"，因此不存在社会主义革命客观条件的错误观点，指出"帝国主义在中国已加于旧社会生产力的影响，而且中国共产党领导的革命事业已是全世界共产主义运动的一部分"，所以中国革命的发生是必然的，也是一定会成功的。恽代英在 20 世纪 20 年代提出的这一科学见解显然已经得到了历史事实的充分证明。

从 1923 年 10 月创刊至 1927 年 10 月第一次停刊期间，《中国青年》共出版 168 期，发行量最高时达 3 万多份，是大革命时期出版时间最长、发行期数最多、影响最大的革命刊物，全面反映了中共中央、共青团中央在复杂局势下对广大青年的宣传指导和思想引导，是早期马克思主义中国化的重要媒体之一，记载了早期马克思主义中国化的许多重要理论成果，印刻下马克思主义中国化时代化大众化的艰辛探索轨迹。这一切成就的取得，都饱含着恽代英的辛勤努力。

2. 探索将马克思主义基本原理与中国国情相结合，对毛泽东思想的形成作出了重要贡献

众所周知，毛泽东思想是马克思主义中国化的理论成果，是以毛泽东为主要代表的中国共产党人根据马克思列宁主义的基本原理，对中国革命和建设实践中的一系列独创性经验所作出的理论概括。恽代英作为中共早期杰出的领导人和理论家之一，一直在不断探索如何将马克思列宁主义的基本原理与中国的具体国情相结合，从而对毛泽东思想的形成作出了重要贡献。

例如，在中共党内，恽代英是最早运用马克思主义基本原理，对中国半

---

① 《恽代英全集》第 7 卷，人民出版社 2014 年版，第 48 页。

殖民地半封建社会中各阶级的经济地位及其对革命的态度进行科学分析的思想家之一。

关于无产阶级，恽代英早在 1925 年 3 月就指出："产业工人确实是革命的主要力量，只有他能做民族革命的主要军队。"① 恽代英对中国无产阶级的经济地位和特点进行了详细的分析，解释了无产阶级最富于革命性的原因并得出结论：中国无产阶级人数虽少，但他们的联合，是中国打倒帝国主义与军阀的唯一可靠的力量。

恽代英同时又指出，在中国单靠无产阶级的力量是不足以打倒帝国主义的，还应该团结一切可以团结的力量共同推动革命进程。他认为，农民占中国人口的绝大多数，是无产阶级的同盟军；小资产阶级，从他们的经济地位来说，也具有倾向革命的可能性，因此也应该尽力促使他们加入革命阵营。

关于中国的资产阶级，恽代英将其划分为幼稚工业资本家（即民族资产阶级）和买办阶级。民族资产阶级具有两面性，"一方面反对帝国主义的压迫；另一方面又惧怕工农运动，在革命中具有妥协性。而买办阶级依赖外国资本主义而享其余沥，所以他对于打倒外国资本主义的国民革命，一定是反革命的"②。因此，我们应当联合世界革命势力，共同打倒帝国主义，同时，并需打倒国内军阀、买办阶级、土豪劣绅，使一切被压迫的中国民众都解放出来。③

恽代英在大革命时期对中国社会各阶级经济地位以及他们在中国革命中基本立场的分析，与毛泽东 1925 年 12 月发表的《中国社会各阶级的分析》的思想在本质上是完全一致的。通过他们的分析，明确了在中国革命进程中"谁是我们的敌人，谁是我们的朋友"这样一个基本问题，为中国新民主主义革命指明了方向。

另外，在中共党内，恽代英最早从战略的高度提出和论证了帝国主义是

---

① 《恽代英全集》第 6 卷，人民出版社 2014 年版，第 402 页。
② 《恽代英全集》第 7 卷，人民出版社 2014 年版，第 90 页。
③ 《恽代英全集》第 6 卷，人民出版社 2014 年版，第 360 页。

"一戳便穿的纸老虎"①，深刻揭示了帝国主义外强中干的本质。

1924 年 11 月，恽代英在《中国青年》第 54 期发表《怎样进行革命运动》，比较具体地分析了帝国主义国家之间的矛盾、帝国主义与本国人民之间的矛盾，以及帝国主义与中国人民之间的矛盾，并指出帝国主义是"一戳便穿的纸老虎"，表明当时中国共产党人对帝国主义本质的认识达到了一个新的高度。

依照恽代英的分析，"第一，帝国主义国家之间存在着尖锐的矛盾，中国的革命势力完全可以集中自己的全部力量各个击破它们；第二，帝国主义与本国革命群众之间存在着尖锐的矛盾，这极大地牵制了帝国主义的对外侵略；第三，苏俄社会主义革命的胜利促使全世界反帝国主义运动蓬勃发展，被压迫的各国人民团结起来，将给帝国主义及其依附势力以致命打击。所以中国的革命一定在世界革命中间完全可以成功"②。

恽代英关于帝国主义是"一戳便穿的纸老虎"的论述在本质上与列宁1919 年 11 月将帝国主义比喻为"泥足的巨人"③ 的论述是完全一致的。尽管其在理论上还存在着不够完善之处，但是显然为毛泽东在 20 世纪 40 年代全面系统地论析"帝国主义和一切反动派都是纸老虎"提供了初步的理论基础。这再次深刻地证明，毛泽东思想作为马克思主义中国化的理论成果，是包括恽代英等早期中共领导人在内的全党集体智慧的结晶。

3. 运用马克思主义经济学的基本原理，对中国新民主主义经济政策提出了科学构想

在第一次世界大战期间，由于西方资本主义列强自顾不暇，中国曾经出现了兴办资本主义工业的高潮。然而好景不长，随着一战的结束，列强卷土重来，中国经济迅速转向萧条。1920—1921 年，大批民族工业企业面临倒闭的危险。此时，在知识界有人提出，"中国并不需要任何制度性的根本改革，而应退回到农本社会"。这其实是以农为本的中国传统经济思想在特定

---

① 《恽代英全集》第 6 卷，人民出版社 2014 年版，第 588 页。

② 《恽代英全集》第 6 卷，人民出版社 2014 年版，第 588 页。

③ 《列宁全集》第 37 卷，人民出版社 1986 年版，第 287 页。

历史背景下的反弹。这种观点立即遭到了包括恽代英在内的先进知识分子的强烈反对，于是形成了 20 世纪以来中国经济思想史上第一次以"农立国"抑或以"工立国"的论争高潮。

1923 年 10 月，恽代英在《申报》上发表《论中国可以不工业化乎》一文，明确指出"中国亦必化为工业国然后乃可以自存"[1]，这标志着他成为中共党内第一个明确指出中国必须走工业化道路的思想家。早在 1848 年，马克思、恩格斯就在《共产党宣言》中指出："资产阶级，由于开拓了世界市场，使一切国家的生产和消费都成为世界性的了……古老的民族工业被消灭了，并且每天都还在被消灭。它们被新的工业排挤掉了。"[2]他们在唯物史观的基础上说明工业化是一种在本质上超越国家或民族疆界的经济形式，以工业化为主导的市场经济在全世界范围内改变自然经济或半自然经济的传统农业国面貌具有客观必然性。因此，任何落后国家都根本不可能通过维持自给自足的自然经济状态来保护本国的传统农业国地位。恽代英提出中国必须走工业化道路，成为工业化国家，实际上是运用马克思主义经济学基本原理对中国经济发展方向作出的科学分析，实践证明是完全正确的，也是经得起历史检验的。[3]

恽代英还对列宁新经济政策进行了认真的研究，并结合中国的具体国情进行了深入的思考，在此基础上对新民主主义经济发展战略和政策提出了科学构想。

恽代英认为，"列宁放弃军事共产主义政策，施行新经济政策给人们的重要启示就是在产业后进的国家不经过相当的资本主义的发展，是不能进于最低度的共产主义的"[4]。通过对列宁新经济政策的研究，恽代英指出："产业后进国家可以实现共产主义，但必须用新经济政策做他们中间一个长的阶梯[5]。共产党……必须酌量的重建资本主义，然而亦必须使资本主义的发

---

[1] 《恽代英全集》第 5 卷，人民出版社 2014 年版，第 128 页。

[2] 《马克思恩格斯选集》第 1 卷，人民出版社 1995 年版，第 276 页。

[3] 《恽代英全集》第 6 卷，人民出版社 2014 年版，第 156 页。

[4] 《恽代英全集》第 6 卷，人民出版社 2014 年版，第 154 页。

[5] 《恽代英全集》第 6 卷，人民出版社 2014 年版，第 155 页。

展，只足以巩固无产阶级的政权，而不致于妨害他才好。"① 恽代英特别强调："解决中国的问题，自然要根据中国的情形，以决定中国的办法；但是至少可以说，伟大的列宁，已经亲身给了我们许多好的暗示了。"② 他实际上已经预见到，像中国这样比俄国更加落后的产业后进国家，必须从自身的实际国情出发，充分借鉴列宁新经济政策的经验，走中国特色的经济建设之路。

关于中国革命胜利后应该施行哪些具体经济政策，恽代英也提出了一系列科学的构想，包括收回全部关税主权、积极引进外资和外国智力、学习西方先进的生产技术、改良租税制度、应用累进税制等。恽代英这些极具前瞻性的观点不仅是马克思列宁主义中国化的重要早期理论成果，而且对于我们今天推进改革开放，建设中国特色社会主义仍然具有重要的现实指导意义。

马克思主义中国化是一个宏伟的、动态的、持续的历史过程。90多年来，无数的中国共产党人不断将马克思主义基本原理与中国实践相结合，推动着中国前进的步伐，而前人的贡献正是后人探索的阶梯。包括恽代英在内的中共早期领导人在马克思主义中国化进程中占有不可或缺的历史地位。在充分学习前人思想和铭记前辈贡献的基础上，我们就一定能够在马克思主义中国化的道路上不断进取，坚定前行，与时俱进，继往开来。

---

① 《恽代英全集》第 6 卷，人民出版社 2014 年版，第 154 页。
② 《恽代英全集》第 6 卷，人民出版社 2014 年版，第 155—156 页。

恽代英在中国工业化思想史上的理论贡献

李天华　李良明

作为中国共产党早期杰出的理论家，恽代英在 1920 年就对中国工业化问题进行过比较系统的论析。他在中共党内第一个提出中国必须实现工业化；他认为要通过市场机制来实现工业化和现代化；他很早就主张要引进外资、外智来推进工业化。恽代英的工业化思想极具科学性和前瞻性，对我们今天探索中国特色新型工业化道路仍然具有重要的启示价值。

所谓工业化，是指以大机器生产为主要特征的生产活动在国民经济中取得主导地位，从而推动传统农业社会向现代工业社会转变的发展过程。工业化是现代化的基础和核心，是经济发展和社会进步的必由之路。习近平总书记 2013 年 7 月在视察武汉重型机床集团有限公司时明确指出："工业化很重要，我们这么一个大国要强大，要靠实体经济，不能泡沫化。"[①]

恽代英是中国共产党早期领导人之一。早在 1920 年就对中国工业化问题进行过比较系统的论析。其工业化思想，不仅是中国近代经济思想史上极具理论价值的思想资源，而且对于当代中国我们推进改革开放事业，实现社会主义现代化仍然有深刻的启示作用。在当前全党和全国人民深入贯彻落实党的十八大和十八届三中、四中全会精神，积极探索中国特色新型工业化发展道路，为实现中华民族伟大复兴的中国梦而奋斗的背景下，进一步深化对恽代英工业化思想的研究，具有重要的理论价值和现实意义。

---

① 习近平：《国家要强大不能泡沫化要靠实体经济》，《京华时报》2013 年 7 月 22 日。

一、党内率先指出中国必须实现工业化

近代以来，如何追赶西方先进国家，实现工业化和现代化，一直是中国面临的基本问题之一。中国共产党作为中国工人阶级和中华民族的先锋队，自 1921 年诞生之日起，始终代表中国先进生产力的发展方向，为中国的工业化和现代化进行了不懈的探索和奋斗。有些学者认为，中国共产党人"第一次提出工业化概念"，源于 1944 年 5 月 22 日毛泽东在陕甘宁边区工厂厂长及职工代表会议招待会上发表的讲话《共产党是要努力于中国的工业化的》。[①] 但是实际上，早在 1923 年 10 月 30 日，作为中共早期杰出的理论家和宣传家之一，恽代英就在《申报》发表论文《中国可以不工业化乎?》，明确提出"中国亦必化为工业国然后乃可以自存，吾以为殆无疑义"[②]。据目前的考证，我们可以确定恽代英是最早提出中国必须实现工业化的共产党人。

恽代英发表这篇论文的背景是 1920 年在中国知识界爆发的关于中国经济发展方向的第一次大论战，其焦点问题即中国究竟应该以"农业立国"还是以"工业立国"，其争论的实质则是以农为本的中国传统经济思想与现代经济发展理论的一次大碰撞。从 1923 年 8—10 月，以章士钊、董时进等为代表的"以农立国"派和以恽代英、孙悼章、杨杏佛等为代表的"以工立国"派相继在报刊上发表文章，对中国的经济发展方向和道路进行辩论，最终"以工立国"派占据了主导地位。

恽代英在这场中国经济思想史上著名的论战中发挥了非常重要的作用。他在《中国可以不工业化乎?》一文中运用马克思主义经济学基本原理，通过引用一系列实证数据，有力地驳斥了董时进、章士钊等人所谓"中国不宜工业化"的观点。恽代英认为，以工立国是关乎国家生死存亡之大事，中国要想改变沦为西方国家原料供给地和产品倾销地的被动局面，要想摆脱殖民

[①] 毛传清：《毛传阳论民主革命时期党的工业化理论的特色》，《理论月刊》2002 年第 1 期。

[②] 恽代英：《中国可以不工业化乎?》，《恽代英全集》第 5 卷，人民出版社 2014 年版，第 130 页。

地的悲惨命运，必须大力发展工业，成为工业化国家。恽代英的观点指明了中国经济发展的正确方向，是将马克思主义经济学基本原理与中国实际相结合的生动体现。

其后，中国共产党人对工业化问题的认识逐步深化。到 1940 年，中国必须实现工业化已成为中共领导人的共识。正如毛泽东所指出的："要中国的民族独立有巩固的保障，就必须工业化。"[①]在党的七大上，他又进一步提出："在新民主主义的政治条件获得之后，中国人民及其政府必须采取切实的步骤，在若干年内逐步地建立重工业和轻工业，使中国由农业国变为工业国。"[②]1956 年，中共八大明确提出了集中力量发展社会生产力，实现国家工业化的战略目标。[③]在中国共产党的领导下，中国人民进行了艰苦卓绝的工业化和现代化建设，不仅使许多重要工业产品的总产量在世界上名列前茅，而且在某些工业领域，例如核技术领域、航天技术领域等，已经达到国际领先水平。邓小平曾经说过："如果六十年代以来中国没有原子弹、氢弹，没有发射卫星，中国就不能叫有重要影响的大国，就没有现在这样的国际地位。"[④]而新中国之所以能够制造原子弹、氢弹，成功发射卫星，从而在世界上拥有重要的影响力和话语权，归根结底，都是因为中国已经建立起独立的比较完整的工业体系。

改革开放以来，中国的工业化发展更是高歌猛进。至 2014 年，中国全年工业增加值已达 227991 亿元，占 GDP 总量的 35.8%，远超同年度农业占 GDP 的比例 9.2%。[⑤]可以说，中国的工业化建设成就斐然，有目共睹。然

---

① 毛泽东：《共产党是要努力于中国的工业化的》，《毛泽东文集》第三卷，人民出版社 1993 年版，第 1946 页。

② 《毛泽东论联合政府》，《毛泽东选集》第三卷，人民出版社 1991 年版，第 1081 页。

③ 《中国共产党第八次全国代表大会关于政治报告的决议》，《人民日报》1956 年 9 月 28 日。

④ 邓小平：《中国必须在世界高科技领域占有一席之地》，《邓小平文选》第三卷，人民出版社 1993 年版，第 279 页。

⑤ 中国国家统计局：《2014 年国民经济和社会发展统计公报》，《人民日报》2015 年 2 月 27 日。

而，根据发展经济学的相关理论，判断一个国家的工业化发展水平，不仅要考察产业结构水平，而且要综合考察人均GDP水平、就业结构、消费结构、外贸结构、城镇化率等多重要素。有学者认为，按照钱纳里的一般标准工业化模型，中国在21世纪初仅仅处于工业化初期阶段。[1]2015年6月，中国科学院中国现代化研究中心发布的《中国现代化报告2015》也显示，如果按工业劳动生产率、工业增加值比例和工业劳动力比例三个指标年代差的算术平均计算，2010年中国工业经济水平仍然比德国、英国落后约100年，比日本落后约60年。[2]尽管有人质疑该报告的结论过于片面和极端，但公认的事实是，与世界先进水平相比，中国工业的确大而不强，在许多方面差距明显，转型升级和跨越发展的任务紧迫而艰巨。这主要表现在以下方面：首先，以企业为主体的工业自主创新能力弱，关键核心技术与高端装备对外依存度高，导致工业产品档次不高，缺乏世界知名品牌；其次，中国高端装备制造业和生产性服务业发展滞后，信息化水平偏低，与工业化融合深度不够，导致中国工业国际化程度不高，企业全球化经营能力不足。简而言之，中国的工业化仍然任重道远。恽代英在将近1个世纪前发出的"中国亦必化为工业国然后乃可以自存"的呐喊对于如今全球化格局下中国民族工业的发展仍然具有振聋发聩的现实意义。

因此，在当前新一轮科技革命和产业变革与我国加快转变经济发展方式形成历史性交汇的背景下，我们必须始终牢记恽代英关于"中国要自己救拔，只有发达机器生产"[3]的教诲，按照"四个全面"战略布局要求，坚定不移地走新型工业化道路，不断促进制造业转型升级，争取早日把我国建设成为引领世界工业发展的强国，为实现中华民族的伟大复兴打下坚实基础。

① 姜爱林：《中国工业化水平的综合考察》，《中州学刊》2004年第3期。
② 张艳：《为什么说中国工业比德国落后100年》，《企业观察报》2015年6月18日。
③ 恽代英：《革命政府与关税问题》，《恽代英全集》第6卷，人民出版社2014年版，第4页。

二、提出要通过市场机制来实现工业化和现代化

像中国这样的落后国家究竟应该通过怎样的机制才能顺利地实现工业化？人类工业化的历史进程表明，工业化与市场化呈孪生状态，因为市场机制可以优化资源配置，提高工业效率。英美等西方国家是依靠市场机制推动工业化发展的典型。世界上第一个社会主义国家苏俄 1917 年建国后，曾一度实行高度集中且完全排斥市场机制的军事共产主义政策，但实践证明其效果并不理想。正如列宁所指出的："我们计划（说我们计划欠周地设想也许较确切）用无产阶级国家直接下命令的办法，在一个小农国家里按共产主义原则来调整国家的产品生产和分配。现实生活说明我们错了。"[1] 从 1921 年开始，列宁在苏俄实行新经济政策，其政策实质就是利用市场机制和商品货币关系发展经济，促进工业化和现代化建设。恽代英对此进行了深入研究，并认为中国在革命胜利后也应像实行新经济政策的苏俄那样，通过市场机制来实现工业化和现代化。

列宁放弃军事共产主义政策，实行新经济政策给恽代英的重要启发就是"在产业后进的国家不经过相当的资本主义的发展，是不能进于最低度的共产主义的"[2]。恽代英意识到，像苏俄这样的产业后进国要建成工业化国家，不可能不利用包括商品竞争、货币交换等因素在内的市场机制。从表面上看，列宁是"在某种程度中重建资本主义"，然而，这是生产力落后的社会主义国家利用市场机制实现工业化和现代化的必然选择。

通过对列宁新经济政策的分析，恽代英指出，"产业后进国家可以实现共产主义，但必须用新经济政策做他们中间一个长的阶梯"，共产党"必须酌量的重建资本主义，然而亦必须使资本主义的发展，只足以巩固无产阶级的政权，而不至于妨害他才好"。这表明，早在 1924 年，恽代英就已经认识

---

① 列宁：《十月革命四周年》，《列宁全集》第 42 卷，人民出版社 1987 年版，第 176 页。
② 恽代英：《列宁与新经济政策》，《恽代英全集》第 6 卷，人民出版社 2014 年版，第 154 页。

到，社会主义国家在革命胜利后，必须通过像新经济政策这样的发展方略"酌量重建资本主义"。也就是说，要充分利用市场机制和不同层次的生产资料所有制形式大力推进工业化进程"以巩固无产阶级的政权"，同时又要在共产党的领导下充分发挥社会主义国家的政府职能，对工业化进程进行科学管理和宏观调控"使资本主义的发展"（即自由市场经济的发展）不至于改变社会主义国家的本质特征。

换言之，像中国这样比苏俄更加落后的"产业后进国"，在革命胜利后，必须实事求是地从中国的实际国情出发，同时借鉴列宁在苏俄进行社会主义工业化建设的经验，实行类似新经济政策这样的战略，利用市场机制来发展经济，才能更快地使国家实现工业化和现代化，这是最终实现共产主义宏伟目标的必由之路。

列宁的新经济政策使苏俄经济得以恢复，社会主义工业化顺利展开。然而，随着列宁的逝世和斯大林的上台，新经济政策逐渐被废止。取而代之的是高度集中的计划经济体制，即所谓斯大林模式。它否定并排斥市场机制的作用，限制商品货币关系，用行政命令配置资源，把一切经济活动置于指令性计划之下。斯大林模式对包括新中国在内的社会主义国家产生了深刻影响。新中国改革开放之前的工业化建设，基本上都是遵循着斯大林模式。尽管在中国建成了门类比较齐全的工业体系，但是从根本上讲，计划经济这种资源配置方式缺乏效率，因为它容易造成资源的错误配置和生产的高投入低产出。计划经济条件下，中国工业规模的显著增长主要是通过资本积累的高额投入而不是生产率的有效提高来实现的。根据世界银行的衡量标准，到1970年后期，中国仍然是一个低收入国家，未能实现真正意义上的国家工业化和经济现代化。其主要原因就在于计划经济体制本身的缺陷。

1978年党的十一届三中全会开启了改革开放历史新时期。对于市场机制的认识，中国共产党经历了一个不断深化的过程。1982年党的十二大提出，"发挥市场在资源配置中的辅助性作用"[①]。1992年党的十四大提出，"要

---

① 胡耀邦：《全面开创社会主义现代化建设的新局面》，《人民日报》1982年9月8日。

使市场在国家宏观调控下对资源配置起基础性作用"①。2012 年党的十八大提出，"要在更大程度、更广范围发挥市场在资源配置中的基础性作用"②。2013 年党的十八届三中全会审议通过的《中共中央关于全面深化改革若干重大问题的决定》则提出，"使市场在资源配置中起决定性作用"③。这是对市场机制作用认识的又一次深化和飞跃。30 多年来，正是在市场机制的激励和引导下，中国的工业化加速推进，取得了举世瞩目的成就。但是，我们必须清醒地认识到，我国一些地区至今依然存在着一定程度的非市场化倾向。一些地方政府"自觉不自觉地沿用计划经济的思维方式和手段"④，试图用非市场化的方式推动工业化和现代化建设，政府职能"越位"、"错位"、过度干预市场运行等现象屡见不鲜，其结果只会适得其反。

恽代英在 90 多年前论述苏俄的新经济政策时曾强调指出："解决中国的问题，自然要根据中国的情形，以决定中国的办法；但是至少可以说，伟大的列宁，已经亲身给了我们许多好的暗示了。"⑤在当前迈向新型工业化道路的进程中，恽代英的上述观点对我们最大的启示就是：一定要认真学习、继承和发扬马克思列宁主义实事求是的思想精髓，以全球化视野研究借鉴先进国家工业化的基本规律和实践经验，充分利用市场机制来引导和促进中国的工业化发展，走出一条既切合中国实际，又符合工业化发展客观规律的新路径。只有这样，才能真正有效地提升中国工业乃至整个国家的综合实力。

---

① 江泽民：《加快改革开放和现代化建设步伐，夺取有中国特色社会主义事业的更大胜利》，《人民日报》1992 年 11 月 4 日。
② 胡锦涛：《坚定不移沿着中国特色社会主义道路前进，为全面建成小康社会而奋斗》，《人民日报》2012 年 11 月 18 日。
③ 《中共中央关于全面深化改革若干重大问题的决定》，《人民日报》2013 年 11 月 16 日。
④ 周柯：《我国新型工业化中的非市场化倾向及其纠正》，《地域研究与开发》2006 年第 6 期。
⑤ 恽代英：《列宁与新经济政策》，《恽代英全集》第 6 卷，人民出版社 2014 年版，第 155—156 页。

三、党内最早主张通过引进外资和外智来推进工业化

制约欠发达国家工业化进程的一个重要因素就是资本稀缺。所谓资本，实际上包括物质资本（资金）和人力资本（人才）两个方面。[①] 第二次世界大战以后在国际上逐渐形成并兴盛起来的发展经济学理论认为，利用外资(包括外国资金、技术和人才）可以有效地助推落后国家的工业化进程。[②] 这个命题在今天已经不属于"学术前沿"观点，可是鲜为人知的是，远在发展经济学正式形成和兴起之前的 1920 年，恽代英就明确指出中国应该引进外资、外智来推进工业化。根据我们的考证，恽代英不仅是中共党内最早主张中国应该引进外资、外智的思想家，也是整个中国近代经济思想史上最早提出相关观点的思想家之一。[③]

1924 年 4 月 27 日，恽代英在上海《民国日报》发表论文《如何方可利用外资》，这是中共领导人论述引进外资的开篇之作。[④] 首先，他从供给和需求两方面进行了分析。从供给角度看，工业发达的西方列强有大量过剩的资金需要寻找出路；从需求角度看，贫穷落后的中国正好亟须大量资金开发富源。其次，他认为在当时的封建军阀统治下，中国其实并不具备引进外资的基本条件；而在中国革命胜利之后，就应当效仿苏俄"建设一个公忠而强固的政府"，"用极严重的条件"（极严格的合同条款）广泛引进外资以促进工业化建设。[⑤]

在主张引进外资的同时，恽代英还主张引进外国的技术人才（外智）为中国的工业化服务。他敏锐地观察到美国、日本等后起的发达国家在工业化进程中都曾大力地引进外智，"美国日本从前都向别国雇请技术家，所以有

---

① 张培刚：《农业国工业化问题》，湖南出版社 1991 年版，第 200 页。

② 张培刚：《新发展经济学（增订版）》，河南人民出版社 1999 年版，第 425 页。

③ 习近平：《国家要强大不能泡沫化要靠实体经济》，《京华时报》2013 年 7 月 22 日。

④ 田子渝：《浅析恽代英的经济思想》，《中共党史研究》1996 年第 3 期。

⑤ 恽代英：《如何方可利用外资》，《恽代英全集》第 6 卷，人民出版社 2014 年版，第 295 页。

今天"，因此"倘若中国的技术家不够用，尽可以请外国的技术家为我们服役"，"只要主权在我们，请外国的技术家，犹如外国人招华工一样"①。

即便用今天的眼光来审视当年恽代英的上述观点，我们也不能不叹服其内涵的科学性和前瞻性。恽代英对中国引进外资和外智以推进工业化进程的可能性、必要性、前提条件和具体操作等问题，均进行了精辟的阐释，代表了当时中国共产党人在经济思想领域的先进水平。

在恽代英之后，由于种种复杂的主客观原因，中国共产党人对引进外资和外智的态度经历了一个曲折的演变过程。1936年7月15日，毛泽东在延安接受美国记者斯诺采访时曾表示"苏维埃政府欢迎外国资本的投资"②。他同时指出，只有等中国获得真正的独立和民主之后，才有可能把外资有效用于工业化建设；也只有自由的中国，才能够偿还外国投资的本金和利息。从这次谈话可以看出，此时毛泽东对引进外资的观点与1924年的恽代英几乎完全相同。1945年4月，在党的七大上，毛泽东代表中共全党公开表达了欢迎外资的态度。③新中国成立之初，以美国为首的西方国家实行对华封锁遏制政策，中国主要面向苏联引进外资和外智。通过中苏两国间的政府协定，在整个1950年代，中国总共从苏联获得约14.27亿美元的贷款，引进了156项重点工程，同时聘请了大量苏联专家指导项目建设，为新中国的工业化奠定了良好的基础。④然而，由于后来中苏关系渐趋恶化，新中国利用外资和外智的实践在1960年代不得不停止。1972年，中国政府明确宣布："中华人民共和国不允许外国人在中国投资，中国也不向外国输出资本。"⑤邓小平后来在回顾这段历史时精辟地总结道："建国以后，人家封锁我们，在某种程度上我们也还是闭关自守，这给我们带来了一些困难。三十几年的经验教训告

① 恽代英：《学术与救国》，《恽代英全集》第5卷，人民出版社2014年版，第221页。
② 《毛泽东和美国记者斯诺的谈话》，《毛泽东文集》第一卷，人民出版社1993年版，第393页。
③ 段科锋：《毛泽东利用外资的思想》，《中国社会科学报》2011年7月19日。
④ 孙国梁、孙玉霞：《"一五"期间苏联援建"156项工程"探析》，《石家庄学院学报》2005年第5期。
⑤ 黎青平：《对党和国家利用外资政策的历史考察》，《中共党史研究》1989年第2期。

诉我们，关起门来搞建设是不行的，发展不起来。"①

改革开放以来，引进外资、外智工作作为中国对外开放政策的重要组成部分，终于成为党和国家长期坚持的战略方针，在促进中国工业化和现代化的进程中发挥了不可替代的重要作用。根据商务部的统计数据，2014 年中国实际使用外资金额达 1290 亿美元，同比增长 4%，首次成为全球第一。②另据国家外国专家局的统计数据，2013 年有超过 61 万人次的境外专家来华工作，为中国经济社会发展作出贡献。③当然，在引进外资和外智的过程中，也不可避免地存在一些问题。例如，一些跨国公司往往通过非法手段转移巨额利润，使我国税收严重流失；一些外商试图把高污染、高能耗的产业转移到中国，导致生态环境破坏；一些单位引进的"海外专家"良莠不齐，甚至名不副实；一些地方引进外智有可能冲击就业市场，造成本地人口失业率上升；等等。

恽代英早就告诫过国人，外国资本家"对于投资的地方，自然有时是不免希望图谋分外的政治经济利益的；然而这只看那地方的政府是不是能防护自国的利益"④。也就是说，在引进外资和外智的过程中，核心问题在于发展中国家自身是否可以采取有效措施捍卫本国的合法权益，从而做到兴利除弊。而要做到这一点，关键在于引进外资和外智的整个过程都必须"受国民的监督"⑤。

因此，我们当前决不能因为存在一些这样或那样的问题就动摇大力引进外资和外智的基本方针，而是应该遵循恽代英当年所提示的思路，继续完善

---

① 邓小平：《建设有中国特色的社会主义》，《邓小平文选》第三卷，人民出版社 1993 年版，第 64 页。
② 徐惠喜：《中国投资魅力十足》，《经济日报》2015 年 6 月 25 日。
③ 张建国：《学习习近平总书记关于引进国外人才和智力的重要论述》，《学习时报》2014 年 11 月 5 日。
④ 恽代英：《如何方可利用外资》，《恽代英全集》第 6 卷，人民出版社 2014 年版，第 293—294 页。
⑤ 恽代英：《如何方可利用外资》，《恽代英全集》第 6 卷，人民出版社 2014 年版，第 294 页。

引进外资和外智的体制机制，不断提高透明度，在切实保障国家和人民合法权益的前提下，广泛利用国外优势资源，使外资和外智在中国的工业化进程中发挥更加积极的作用。

中国的工业化是一个漫长的、动态的、持续的历史进程。90 多年来，包括恽代英在内的无数中国共产党人为了实现中国工业化和现代化的宏伟蓝图，前赴后继，不断探索、不断实践，给我们留下了宝贵的财富。前人的理论贡献正是后人继续前进的阶梯。在充分学习前人思想和铭记前辈贡献的基础上，我们就一定能够在中国特色新型工业化的道路上不断进取、坚定前行、攻坚克难、继往开来。

中国共产党对实现人民尊严的伟大创举与基本经验论析

梅 萍

尊严是人的生命形式所享有的、高于物和其他生命形式的一种特殊的尊贵和庄严，包括生命尊严与人格尊严。马克思说："尊严就是最能使人高尚起来，使他的活动和他的一切努力具有崇高品质的东西，就是使他无可非议、受到众人钦佩并高出于众人之上的东西。"① 作为价值理念或价值目标，人的尊严是社会得以维系的重要黏合剂，是衡量社会进步与人民幸福的重要尺度。

一

中国共产党自诞生以来，就为了维护和实现人民的尊严，不懈努力、艰苦奋斗，经过 28 年的艰苦卓绝的反帝反封建的斗争，建立了人民当家作主的新中国；执政 60 余年，推进我国经济建设取得巨大成就，人民物质和精神生活水平极大提高，在探索"让人民生活得更加幸福、更有尊严，让社会更加公正、更加和谐"② 的路上作出了举世瞩目的创举。

1. 实现了制度奠基、法治保障、政策实施三位一体的整体推进

首先，社会主义经济制度、政治制度与文化制度的建立，为人民尊严的

---

① 《马克思恩格斯全集》第 1 卷，人民出版社 1995 年版，第 458 页。
② 《十七大以来重要文献选编》（中），中央文献出版社 2011 年版，第 582 页。

普遍实现奠定了国家制度层面的基础。新中国成立后，经过社会主义三大改造，我国基本上确立了社会主义政治、经济、文化制度。其中，社会主义公有制的建立，为生产力的发展和人民生活的改善提供了可能，给人民尊严的实现提供了物质基础；人民民主专政制、人民代表大会制、中国人民政治协商会议制等国家制度的确立，给人民尊严的实现提供了基本的政治保障；教育、文化、医疗、卫生等社会制度的建立，给人民尊严的实现提供了各方面的社会支持。所有这些，都在一定程度上保证着公民的尊严的顺利实现。

其次，社会主义法治的不断完善为人民尊严的实现提供了法治保障。尊严从本质意义上说是法定的人权，其基本内涵是每个公民在宪法和法律范围内，都平等地享有宪法和法律赋予的自由和权利。一个人生活得是否有尊严，其根本标志是公民权是否得到落实。列宁说："宪法就是一张写着人民权利的纸。"[1]1982年通过的宪法详细规定了我国公民享有的18个方面的基本权利和自由；第38条明确指出："中华人民共和国公民的人格尊严不受侵犯，禁止用任何方法对公民进行侮辱、诽谤和诬告陷害"；"国家尊重和保障人权"也以宪法修正案的方式于2004年被明文规定在宪法中，使尊重和保障人权由党和政府的意志上升为人民和国家的意志，由党和政府的执政理念上升为国家建设和民主政治的价值要求。为了实现宪法对人权的全面保护，各个部门法也对公民人权予以确认和保障。如《民法通则》第101条规定："公民、法人享有名誉权，公民的人格尊严受法律保护，禁止用侮辱、诽谤等方式损害公民、法人的名誉。"《残疾人保障法》《消费者权益保护法》《监狱法》《国防法》《预防未成年人犯罪法》，新修订的《治安管理处罚法》《妇女权益保障法》《未成年人保护法》《义务教育法》等法律法规也相继规定了对这些特定群体人格尊严的保护条款；2001年最高人民法院《关于确定民事侵权精神损害赔偿责任若干问题的解释》创造性地提出了"人格尊严权"的概念。

近年来，伴随改革深入、体制调整带来的利益差异，我国对人格尊严的法律保护走向深入和细致。新出台的《物权法》《就业促进法》《劳动合同法》等，都从公民的合法权利作出详细规定。特别是2010年新出台的《中华人

---

① 《列宁全集》第12卷，人民出版社1987年版，第50页。

民共和国侵权责任法》《选举法》修正案以及 2011 年出台的《国有土地上房屋征收与补偿条例》具有里程碑式的意义。《物权法》使私有财产与公有财产平等地受法律保护;《就业促进法》《劳动合同法》首次回应了公众对体面劳动、公平就业的强烈诉求;《选举法》修正案率先实现了城乡人口选举同票同权;而《国有土地上房屋征收与补偿条例》废除了强制拆迁,体现了公民参与精神,明确了公平补偿原则。这些修改与规定都是促成宪法规定的平等原则的充分实现,其本质都是法定人权尊严的法理规定。

最后,政策推进促进了人民尊严的真正实现。尊严还是一个实有人权的现实概念,其基本内涵在于对当下公民尊严的现实关怀和提升。要把尊重和保障人的尊严落在实处,还需要具体的政策推进和实施。新中国 60 余年,特别是改革开放 30 余年,中国共产党提出了一系列的富民亲民敬民政策,保障了人民尊严的真正落实。如毛泽东的新民主主义经济政治文化政策让"中国人民从此站起来了",为实现人的尊严打下坚实的民主政治基础;邓小平的改革开放、建立社会主义市场经济体制政策让人民走过"温饱",迈向"小康",为实现人的尊严打下坚实的物质基础;第三代、第四代领导集体的"三个代表"重要思想的提出,以人为本科学发展观的落实,社会主义和谐社会的构建、建设社会主义核心价值体系的倡导,为实现人的尊严打下坚实的理论基础和文化基础。而应对金融危机的"扩内需、保增长;调结构、上水平;抓改革、增活力;重民生,促和谐"的"一揽子"计划;《中华人民共和国国民经济和社会发展第十二个五年规划纲要》提出的"两个 7%"的同步增长(即"十二五"期间国民经济年均增长 7%,城镇居民人均可支配收入和农村居民人均纯收入年均增长超过 7%);以及城乡免费义务教育的全面实现、中低收入家庭与大学生的就业创业帮扶、城镇居民基本医疗保险制度、新型农村合作医疗制度的推进、最低生活保障制度的全覆盖,城乡社会救助体系的基本建立、政务公开、各类公开办事制度和行政复议制度的完善等都显示出从国富到民富的发展思维方式的转变,显示出对老百姓生存权与发展权的最基本的尊重与维护,这些政策落到实处是对人民尊严真正实现的最佳推动。

2.实现了从国家尊严、民族尊严到个人尊严的全面提升

1949 年，当毛泽东同志在天安门城楼上庄严宣告"中国人民从此站起来了"的时候，最重要的意义在于向世界宣示了中国的国家尊严和民族尊严，宣示了中国从此摆脱了半殖民地半封建的被奴役被压迫的地位，成为一个独立自主的社会主义国家；1997 年、1999 年，当香港、澳门回归祖国的时候，意味着中国的发展壮大，中国的领土主权神圣不可侵犯；2008 年，当"神七"上天，太空行走，意味着中国成为继苏联、美国之后的第三个航天大国……可以说，中国的每一步前行、国际地位的每一步提升都与国家尊严、民族尊严紧密联系在一起。我国《宪法》第 54 条规定："中华人民共和国公民有维护祖国的安全、荣誉和利益的义务，不得有危害祖国的安全、荣誉和利益的行为。"把国家尊严、民族尊严置于至高无上的地位，是每个公民应尽的法定义务。皮之不存，毛将焉附？国家的发展壮大，不仅增加了个人的荣誉与自豪，更为个人生存与发展提供实实在在的机会与平台。所以，中国共产党从诞生那天起，就为维护国家的独立、自主、发展、壮大而不懈努力，矢志不移。

而从人性的角度来讲，尊严是指人的尊严，是指个人特有的、独立而不可侵犯的身份和地位。从法律的角度讲，当提到尊严的时候，也是指与每个人联系在一起的尊严，即个体独立存在的价值。国家尊严、民族尊严只有通过每个公民独特的个人尊严才能够展现出来。共产党成为执政党后，坚守"立党为公、执政为民"的信念，"立党为公"维护的是国家的利益、党的事业；"执政为民"追求的是"权为民所用、情为民所系、利为民所谋"，是为了让人民生活的更加幸福、更有尊严。2010 年 2 月 27 日，温家宝在与网友交流时，提及要想实现人的尊严必须做到三点：即国家要保护每个人的自由和人权；国家发展的最终目的是为了满足人民群众日益增长的物质文化需求；要给人的自由和全面发展创造有利条件。这些也都是从个人尊严角度论及实现和保障人权问题的。国家对维护个人尊严有着义不容辞的责任，有着尊重、保障和促进的义务。尊重的义务是指国家自身把人作为人对待；保障的义务是指国家排除妨害个人尊严的行为；促进的义务是指国家适度给付，确保人人有尊严的生活。这三点从我党的法律供给、大政方针的确立和具体

的民生政策实施都可以得到充分体现。总之，从国家尊严、民族尊严到个人尊严的全面提升，意味着中国共产党执政能力正逐步走向成熟与理性。

3. 实现了从公民个人的义务本位到权利本位的历史飞跃

尊严与生俱来，人人平等。每一位公民既有实现自己的人格尊严、生命价值的道德权利，也有尊重他人的生命尊严、独立人格的道德义务。同理，人既是法律上的权利主体，也是法律上的责任主体与义务主体。维护自己的尊严、尊重他人的尊严都是法律的必然要求。长期以来，我们在论及公民的权利与义务关系时，是坚持"义务本位"的。梁启超曾在《国家思想变迁异同论》中指出：中国旧思想"无公法、私法之别。国家对于人民，有权利而无义务；人民对于国家，有义务而无权利"。儒家倡导的仁、义、礼、智、信就是一种"道德人格至上""义务至上"的尊严观。新中国成立后，我国曾一度教条地奉行集体主义，片面强调道德个体对国家、社会和集体的单向的绝对服从和义务，而在一定程度上忽视了对道德个体社会权益的分配与满足。这种"集体至上"和"义务至上"的个体道德取向有悖于人格尊严的本质诉求。从执政党执政的角度讲，如果我们只强调公民的责任而忽视了政府的责任，只明确公民的义务而忘却甚至侵犯公民的权利，那最终会扼杀个人的创造性从而阻断社会的进步。

就尊严的本质来说，尊严是人之为人的固有的权利，社会上的任何人，无论其性别、种族、阶级或国籍，都拥有内在的价值与尊严。人的尊严蕴含着以人为目的的本质，人是主体而不是客体工具。"这个人只有为自己而存在才把自己变成为那个人而存在，而那个人只有为自己而存在才把自己变成为这个人而存在。"①古今中外所有国家政权的合法性基础都必须建立在以人为主体的基础上，否则，国家政权就无法保持稳定发展。中国共产党从准备执政的那天起，就把人的尊严、人民的利益看作是国家政权取得最高合法性的源泉。1945年7月，毛泽东在回答民主人士黄炎培的"历史周期率"的疑问时，就很自信地说："我们已经找到新路，我们能跳出这周期率。这条新路，就是民主。只有让人民来监督政府，政府才不敢松懈，只有人人起来

---

① 《马克思恩格斯全集》第46卷，人民出版社1979年版，第196页。

负责，才不会人亡政息。"① 新中国诞生后，第一部宪法即《中华人民共和国宪法》（1954 年）（以下简称"五四宪法"）就明文规定："中华人民共和国的一切权力属于人民。"人民不仅是参与管理国家社会事务、经济文化事业的权力主体，而且是享有人之为人的一切尊严的权利主体。中国共产党在宪法中对公民权利和人权的详尽规定，对"坚持以人为本，始终把实现好、维护好、发展好最广泛人民的根本利益作为党和国家一切工作的出发点和落脚点"的宗旨的强调；对转变经济发展方式，"做到发展为了人民、发展依靠人民、发展成果由人民共享"的体制的调整；对"努力使全体人民学有所教、劳有所得、病有所医、老有所养、住有所居，推动建设和谐社会"的民生工程的全面启动，都表明了中国共产党对人民权益的尊重与维护。相对于人的尊严，政府和社会只能更多地以"义务主体"的形式出现，它承担着维护人的尊严的使命，保障人的尊严得以实施的义务。为此，政府既要对涉及人的尊严的权利作出合理的安排，也要为保障人的尊严的实现建立相关的制度与法律，更要为实现人的尊严与权利不断付诸努力。总之，新中国成立以来，中国共产党在行使执政权力，保障人民利益方面实现了对人的尊严从个人义务本位向权利本位的历史性飞跃。

4. 实现了从权力政治到权利政治思维方式的重大转变

尊严既是一种法定人权，也是一种价值理念，它与民主、自由、平等、独立、理性等价值理念紧密联系在一起。在新中国，这种价值理念的确立也经历了一个曲折的发展过程。

1978 年开始，一场关于真理标准问题的大讨论开启了思想解放的春天。1980 年 8 月 18 日，邓小平在中央政治局扩大会议上作了题为《党和国家领导制度的改革》的重要讲话。在讲话中，邓小平尖锐提出，我国政治体制中存在的主要弊端就是官僚主义现象、权力过分集中的现象、家长制现象、干部领导职务终身制现象和形形色色的特权现象。他认为，这五种现象广泛存在于我们党和国家的政治生活中，如果现在再不实行改革，我们的社会主义现代化事业就会被葬送，党和国家就会改变颜色。这次讲话是新时期党的文

---

① 《毛泽东年谱》中卷，人民出版社 1993 年版，第 609—610 页。

献中首次提出对政治体制改革的系统的意见，不仅反映出邓小平的远见卓识和革命胆略，而且也开启了人们对权力政治的重新审视，权利政治意识开始萌芽。自 80 年代开始，改革开放的逐步深入，社会主义市场经济的最终确立从根本上启发了人们对于自身权利的思考；而民主政治的推进、依法治国方略的提出、全民的普法宣传教育等，更进一步强化了人们的权利意识。可以说，权利观念在老百姓切身利益的召唤下，在政府的法律政策的推动下，迅速发生、发展和壮大。从权力政治到权利政治思维方式的转变给实现人的尊严带来了新的精神动力。

二

新中国成立以来，中国共产党在实现人的尊严方面，既取得了辉煌巨大的成就，也有认识和实践的误区，客观、公正地总结历史的经验教训，对于我们今天更好地维护人民群众的尊严与权利有着重要的启迪。

1. 完善宪法之治是实现人民尊严的强大根基

人格尊严的保护在公法之治中的地位如何，既是衡量一个国家法治发展进程的尺度，也是一个社会政治文明程度高低的重要标志。我国宪法对公民人权与尊严的规定经历了一个曲折的历程，使得尊严的保护与尊重时起时落。如 1954 年宪法比之于 1949 年的《中国人民政治协商会议共同纲领》，把原来置于总纲之下的"公民的基本权利和义务"单独列为一章，体现了宪法对公民权利的保护。并将"人民"改为"公民"，更加体现了宪法的法律性。从具体内容上看，"五四宪法"首先规定了中华人民共和国公民在法律上一律平等（第 85 条）。这个条文体现了社会主义的优越性，并且至少在形式上保证了公民权利、义务的平等，公民法律上的平等有了宪法的保护。由于宪法首次保障了人的平等公民权，社会主义建设 10 年，我国人权建设取得迅速发展，人民群众真正体会了当家作主的滋味。但是"法律上的这一平等"，在《中华人民共和国宪法》（1975 年）（以下简称"七五宪法"）和《中华人民共和国宪法》（1978 年）（以下简称"七八宪法"）中却被抛弃，公开的以阶级成分为标准把公民划分成三六九等，对公民和外国人权利的保护也由"五四宪法"的15条（第85条到第99条），降之于"七五宪法"的3条（第27条到第29条）和"七八宪法"的12条（第44条到第55条），没有根本大法的确认与保障。"文革"期间，社会主义民主法制遭到破坏。拨乱反正后，我国制定了《中华人民共和国宪法》（1982年）（简称"八二宪法"），第38条第一次明确了保护公民的人格尊严，2004年通过的《宪法修正案》中第24条规定"国家尊重和保障人权"。这些专条规定和概括规定，充分表明了我国对每个公民的尊严权的重视，也使公民尊严权在立法上有了法律保障。然而，由于我国宪法缺少宪法诉讼制度，这些条文规定实际上不具备宪法基本权利的性质，没有明确人的尊严权的义务主体，没有专门的违宪审查程序，也尚未对国家公权力产生约束力。所以保障人权首先要完善宪法之治，只有把人的尊严作为一项独立的公民权利提高到公民基本权利之首，明确维护人格尊严是整个宪法的基本原则，明确规定国家对公民的尊严负有尊重、保护和促进的义务，才能使人格尊严条款对国家公权力具有法定的约束力，避免公权随意践踏人的尊严的情况的再次发生。

2. 满足人民最基本的生存权、发展权是实现人民尊严的第一要务

孙中山先生曾经说过，民生就是社会的生存、国民的生计、人民的生命。要让人有尊严，首先要让人有饭吃、有房住、有衣穿，上得起学，看得起病，养得起老，这是人的起码的生存权。物质上的富足或者至少不匮乏是人的尊严完整实现的前提。1991年10月29日，江泽民在接受美国《华盛顿邮报》原主编博奇格雷夫采访时指出："民主、自由和人权的一个根本问题，是人在社会上的生存权和发展权，也就是人能否真正掌握自己命运的权利。"①"我国是世界上人口最多的发展中国家。这就决定了，实现和保障广大人民群众的生存权和发展权，是我们维护人权最基础、最首要的工作。"②在社会主义改造基本完成以后，我国社会的主要矛盾是人民日益增长的物质文化需要同落后的社会生产之间的矛盾，党和国家的工作重点迅速转移到以

---

① 《江泽民文选》第二卷，人民出版社2006年版，第56页。

② 《十五大以来重要文献选编》（中），人民出版社2001年版，第846页。

经济建设为中心的社会主义建设上来，大力发展社会生产力，并在这个基础上逐步改善人民的物质文化生活。通过十年的社会主义建设，到1965年不仅国民收入达到了1387亿元，而且教育、卫生、文化艺术、体育等项事业的成就也相当可观，这就为当今全面实现人的尊严奠定了重要的物质基础。十一届三中全会后，我党重新转移到以经济建设为中心上来，把是否有利于提高人民的生活水平作为判断改革得失成败的根本标准之一，着力解决广大人民群众最关心、最直接、最现实的利益问题，才使人民生活水平大幅度提高，实现了由贫困到总体小康的历史性跨越，城镇居民人均可支配收入由1949年的不足100元提高到2010年的19109元，农村居民人均纯收入由1949年的44元提高到2010年的5919元。可见，满足人民最基本的生存权、发展权，保障人民基本的医疗卫生、教育、劳动并获得报酬的权利，应是政府重视民生、实现人民尊严的第一要务。

3. 维护社会公正是实现人民尊严的核心诉求

公正是现代文明社会的基本特征，是保障人民尊严感的核心理念，它蕴含着对人的生命价值、独立人格和人性尊严的平等尊重。尊严和公正这两种价值观念互为前提。假如每个人的尊严都得不到保证，那么个人与个人关系上的公正只能是一句空话。反之，假如个人与个人关系上的公正得不到充分保障，那么至少有一部分人的尊严肯定会被损害甚至被侵犯。新中国成立以来，我们党建设社会主义，实现人民群众尊严的一个基本经验，就是维护最大多数人的利益，保障最大的社会公平。毛泽东把公平看作是社会主义社会的内在要求和最大优越性，从分配制度、工资制度、就业制度、医疗保障制度上构筑起社会主义公平的基础平台；邓小平把实现社会公平、共同富裕纳入到社会主义本质要求之中，晚年反复强调要避免收入差距过大，出现两极分化；江泽民把公平问题作为涉及全社会的重要战略问题来看待，强调通过政策、制度及社会保障来逐步实现和满足人民利益，大力推进扶贫工作；胡锦涛把实现社会的公平正义作为社会主义和谐社会的基本特征和重要目标，提出了在发展新阶段要更加注重公平，合理调整国民收入分配格局，加大收入分配调节力度，使全体人民都能享受到改革开放和社会主义现代化建设的成果。新中国60年，尤其是改革开放30年，中国政府通过由政府主导扶贫事业、实行开发式扶贫和集中解决贫困地区贫困问题等强有力的扶贫行动，使中国的农村贫困状况得到很大缓解，中国农村贫困人口从 1978 年的 2.5 亿减少到 2010 年的 2688 万，贫困发生率从 30.7%下降到 2.8%。联合国和世界银行都认为，在消灭贫困方面，中国政府作出了巨大的努力，是发展中国家的典范。但是，由于诸多因素影响，中国共产党在解决人民群众最关心、最直接、最现实的利益问题上，还存在一些不公平现象，诸如贫富差距拉大，教育资源非均衡发展，就业机会和就业条件不均，等等，这些都严重束缚了公民追求幸福和尊严的脚步。对此，我们更要总结历史的经验教训，关注弱势群体，实现公平正义，使改革发展成果为全体人民所共享，让每一个人都能够过上体面的、有尊严的生活。

4. 健全民主法治是捍卫公民尊严的制度保障

"尊严"根本上是个政治概念，其核心是自由。解决了温饱问题，并不是人的尊严的极致，只有在人的物质条件得以改善的同时，给人以一个相对独立、自由的精神空间，才能够激发起人的尊严意识，也才能够为社会提供更多的精神财富。马克思指出："对不希望把自己当愚民看待的无产阶级说来，勇敢、自尊、自豪感和独立感比面包还要重要。"[①] 维护公民尊严，捍卫公民自由，来源于政府权力的节制和民主政治的归位。"在所有国家权力中，行政权力是最桀骜不驯的，因为它是唯一不需要借助程序就能行使的权力，所以它有极大的随意性和广阔的空间。"[②] 从新中国成立 60 年的发展历程来看，公权力的运行若缺乏必要规制就会成为实现人格尊严的严重障碍。如新中国成立的最初几年，党中央一直比较注意实行民主集中制，党内民主生活比较正常。但从 50 年代后期开始，党和国家的政治生活逐渐不正常。邓小平后来指出的："我们过去发生的各种错误，固然与某些领导人的思想、作风有关，但是组织制度、工作制度方面的问题更重要。……领导制度、组

---

① 《马克思恩格斯全集》第 4 卷，人民出版社 1995 年版，第 218 页。

② 徐显明：《论"法治"构成要件——兼及法治的某些原则及观念》，《法学研究》1996年第 3 期。

织制度问题更带有根本性、全局性、稳定性和长期性。"①可以说，制度不健全，政府权力行使不当，一个细节就可能毁掉一位公民的全部尊严。所以维护人民的尊严与自由，就需要健全民主与法治：一方面，在各级组织中逐步扩大民主，保障人民在政治生活和社会生活中的基本权利；加强民主监督，让政府的权力不侵犯人民的合法权益，让人民享有真正的自由。另一方面，完善国家的宪法和法律并使之成为任何人都必须严格遵守的不可侵犯的力量，使社会主义法制成为维护公民人权与尊严的强大武器。

5.加强法制教育是树立公民尊严意识的推动力量

尊严的维护总是与人们的尊严意识紧密联系在一起，没有人的尊严意识的觉醒，尊严被侵犯、被践踏的现象就会变得熟视无睹、习以为常。社会主义制度的建立，消除了使人不成为人、使人受到奴役的制度条件。但是，长期社会生活中形成的等级意识、城乡差别意识、男尊女卑意识、职业高低贵贱意识等，都是形成人们的不同程度的社会歧视的根源。新中国成立后，党内长期存在着轻视法律、忽视法治的"左"的思想，再加上十年动乱时期无法无天的无政府主义现象严重，致使很多干部和群众的法治观念薄弱，随意侵犯人权的事时有发生。在这种情况下，邓小平同志最先提出，既要加快立法，又要严格执法，还要加强法制宣传教育。1985年11月22日，六届全国人大常委会第十三次会议通过了《关于在公民中基本普及法律常识的决议》，由此开始了在亿万人民群众中普及法律常识、开展法制宣传教育的宏大工程。从"一五普法"到"六五普法"，历时25年，宪法和法律得到了广泛的宣传，广大干部群众学法、用法、守法、护法的自觉性不断增强，党和政府依法执政、依法行政意识进一步强化，广大群众的民主参政意识和维权意识也进一步增强。伴随法制教育推进的是人权教育的启动。"文革"中，我党把"人权"等同于资产阶级的法权，予以否定和批判；"文革"后，我党首次积极探讨人权。1991年11月1日，国务院新闻办发布了《中国的人权状况》白皮书，首次以政府文件的形式明确指出人权是"中国社会主义所要求的崇高目标"，强调了人权对政治生活、教育事业的重要意义。2009年

---

① 《邓小平文选》第二卷，人民出版社1994年版，第1333页。

4月13日，国务院新闻办公室颁布了《国家人权行动计划(2009—2010年)》，指出国家将"有计划地开展形式多样的人权教育，普及和传播法律知识和人权知识"。中小学的《思想品德》《品德与生活》课程和高中的《思想政治》都作了适当的修改，加入了一些公民权利和人权思想内容。大学的法学教材中开始出现人权法内容，几十所高校在本科生、硕士生和博士生阶段设置了与人权相关的课程。人权教育与法制教育的推进，使人的尊严逐渐被视为一种人权，得到观念上的认同，公民的尊严权利意识普遍觉醒，有些还运用法律的武器进行抗争。典型的案例有山东齐玉苓"为受教育权而斗争"的公民援用宪法案、"中国乙肝歧视第一案"，等等。历史的经验教训告诉我们：尊严维护，意识先行。只有通过教育提高人们的权利意识、法治意识，人的尊严才会真正得以保护与尊重。

中国共产党对中国现代化的影响

钟德涛　申富强

中国共产党自诞生以来，始终代表着中国先进社会生产力的发展要求，为推动中国的现代化进程而不懈奋斗。80 多年来，中国共产党紧紧依靠和团结全国各族人民，干了三件大事，从而创造了中国现代化的前提条件，决定了中国现代化的道路，创新了中国现代化的建设机制，完善和发展了中国现代化的目标和理念，对中国现代化产生了巨大且深远的影响。

2006 年 6 月 30 日，时任中共中央总书记胡锦涛在庆祝中国共产党成立 85 周年暨总结保持共产党先进性教育活动大会上的讲话中指出："中国共产党 85 年的历史，就是为中华民族的独立、解放、繁荣，为中国人民的自由、民主、幸福而不懈奋斗的历史。这 85 年，是马克思主义基本原理同中国具体实际相结合、不断推进马克思主义中国化的 85 年；是我们伟大祖国结束近代饱受屈辱的历史和长年战乱的局面、战胜各种困难和风险顽强奋进的 85 年；是中国人民自己掌握自己的命运、意气风发地建设新生活的 85 年；是我们共产党经受住各种风浪考验、不断发展壮大、不断开创各项事业新局面的 85 年。"[1] 由此可见，中国共产党成立以来的历史，就是中国共产党对中国现代化产生巨大影响的历史。

第一，新民主主义革命时期，中国共产党领导中国人民经过 28 年艰苦卓越的斗争，推翻了帝国主义、封建主义、官僚资本主义的反动统治，实现了民族独立和人民解放，建立了人民当家作主的新中国，为中国实现现代化

---

[1]　胡锦涛：《在庆祝中国共产党成立 85 周年暨总结保持共产党员先进性教育活动大会上的讲话》，《人民日报》2006 年 7 月 1 日。

创造了前提条件，拉开了中国现代化实质意义上建设的序幕。

从 19 世纪 40 年代初起，先进的中国人为了改变中华民族的命运和国家的面貌，一直在寻找救国图强的道路。但是，在半殖民地半封建的制度条件下，外国资本及其依附者官僚买办资本垄断了国家经济命脉，任何现代化的方案都没有实现的可能性。当时中国的仁人志士、社会精英曾多次奋斗、多次尝试，但不触及根本社会制度的变法图强屡试屡败，科学救国、实业救国、教育救国之类的主张没有一个不破灭。历史告诫人们，没有一个独立、自由、民主和统一的中国，就不可能真正开始中国的现代化建设事业。辛亥革命的结局，更加使中国的先进分子认识到：只有打破中国发展的制度障碍，结束近代以来国家分裂、长期战乱、受制于人的局面，才能真正开拓出通向现代化的现实道路。直到中国共产党人把马克思主义作为观察国家命运的工具，在苦难深重的中国举起新民主主义革命的旗帜，把马克思主义的理论同中国实际相结合，领导中国人民历经 28 年的浴血奋斗，推翻了帝国主义、封建主义和官僚资本主义三座大山，实现了民族的独立与人民解放，建立了中华人民共和国，从而为中国的现代化建设扫除了制度障碍，完成了民族独立和人民解放的历史任务，创造了中国现代化建设的基本社会政治条件。可以说，中国共产党的诞生使中国的现代化事业开始燃起希望之火；而 1949 年中国共产党领导中国人民建立的新中国，为中国实现现代化创造了前提条件，使当代中国的现代化建设事业真正开始了实质性的发展，是真正在中国开创现代化事业的分水岭，没有中国共产党就不可能有中国真正的现代化事业。

第二，社会主义革命和建设时期，中国共产党领导中国人民确立了社会主义基本制度，在一穷二白的基础上建立了独立的、比较完整的工业体系和国民经济体系，使古老的中国以崭新的姿态屹立在世界的东方，决定了中国的现代化道路是社会主义现代化的道路，为中国现代化建立了基本的经济结构。中国共产党领导建立新中国后，中国社会逐步发生了巨大变化。美国学者罗兹曼指出："新生的中华人民共和国继承下来的是一个千疮百孔的烂摊子；1949 年现代工业产值只占全国工农业总产值的 17%，其余 83% 均为分散落后的小农经济和个体手工业。而重工业在现代工业中的比重只占

26.4%，整个工业和其他经济部门所需的机器、设备和原料，绝大部分需要进口。""1949 年以前，中国的现代化没有多少建树，那时的政策是针对短期目标的，而且往往是被证明是无法实施的。"① 罗兹曼的论断是客观的。

使中国由一个贫穷落后的国家变为强大的现代化国家，一直是中国共产党进行革命斗争的奋斗目标，也是这个党的宗旨的必然要求。20 世纪 50 年代初期，中国共产党领导的社会主义改造的成功和"一五"计划的顺利完成，为中国的现代化打开了一个良好的开端。到 1956 年，社会主义工业上升到 67.5%，国家资本主义工业上升到 32.5%，资本主义工业下降到接近零。社会主义社会在中国初步建立。1963 年 1 月，周恩来在上海科学技术工业会议上提出："我们要建设一个富强的国家，实现农业现代化、工业现代化、国防现代化和科学技术现代化。"② 此时，四个现代化的内容已经基本成型。1965 年工农业生产的比例由 1960 年的 36∶1 降为 1.7∶1；重工业的比例由 33∶67 提高到 51∶49。1976 年"文化大革命"结束后，"到 1978 年，全民所有制独立核算工业企业固定资产原值已达 3194.4 亿元。30 年间（1949—1978 年），工业总产值平均增长 10%以上。工业与农业产值之比由 1952 年的 43.1∶56.9 转变为 1978 年的 75.2∶24.8"。③ 我国有了自己的煤炭工业、电力工业、钢铁工业、化学工业以及汽车、飞机、造船、精密仪表和其他机器制造业，已经能够制造国内生产和人民生活所需的近 90%的产品。这表明，我们党在一穷二白的基础上带领全国各族人民艰辛开拓的社会主义现代化道路已经创造了奇迹：初步建立起我国独立的、比较完整的工业体系和国民工业体系，具有现代化标志的核能、电子、航天工业也发展起来了。古老的中国以崭新的姿态屹立在世界的东方。现代化事业第一次得以在中国真正全面展开，这说明中国共产党不仅确立了中国社会主义现代化道路，也开始了对中国现代化道路的探索。

---

① ［美］罗兹曼：《中国的现代化》，上海人民出版社 1989 年版，第 599 页。
② 《〈关于建国以来党的若干历史问题的决议〉参考文献本》，人民出版社 1983 年版，第 625 页。
③ 钱抵千：《邓小平思想研究》第 2 卷，国防大学出版社 1993 年版，第 18 页。

第三，在改革开放和社会主义建设时期，中国共产党领导中国人民开创了中国特色社会主义道路，坚持以经济建设为中心，坚持四项基本原则，坚持改革开放，初步建立起了社会主义市场经济体制，大幅度提高了我国的综合国力和人民的生活水平，为全面建设小康社会、基本实现社会主义现代化开辟了广阔的前景。

中国共产党历经曲折确定改革开放为社会主义中国的强国之路，使中国现代化建设事业的发展获得了直接动力与广阔空间。党在领导中国人民推进现代化建设的历程中，曾出现过"以阶级斗争为纲"的"左"的偏差。党的十一届三中全会重新确立了马克思主义实事求是的思想路线，决定把全党工作的重心转移到社会主义现代化建设上来，并作出了实行改革开放的伟大决策。通过改革开放，我国已初步建立了社会主义市场经济体制的框架，形成了全方位对外开放的新格局，民主法制建设取得长足进步，科技、教育、文化和社会各项事业也得到很大发展，大大推进了中国现代化建设的进程。党在艰辛探索中设计了中国现代化建设"三步走"的宏伟战略，并领导中国人民成功地实现了第二步战略目标，使 20 世纪前半叶衰败的中国在后半叶开始走向振兴。社会主义中国的现代化建设是前无古人的事业，党在艰辛探索中从实现中华民族振兴和跨世纪发展的高度，构建了中国长达百年分三步走基本实现现代化的宏伟战略，即第一步解决人民的温饱问题，第二步到 20 世纪末使人民生活达到小康水平，第三步到 21 世纪中叶基本实现现代化。这个宏伟战略为中国现代化建设指明了方向，为制定短期和中期经济社会发展计划提供了依据。同时表明，中国人民决心用一百年时间艰苦奋斗，走完发达国家几百年走过的路程，体现了中国现代化建设的长期性和中国共产党的执着追求，体现了雄心壮志与实干精神、远大目标与具体措施的有机结合，统一了全党和全国人民推进现代化建设事业的意志。新时期最鲜明的特点是改革开放。从农村到城市、从经济领域到其他各个领域，全面改革的进程势不可挡地展开了；从沿海到沿江沿边，从东部到中西部，对外开放的现代化建设大门毅然决然地打开了。改革开放是党在新的时代条件下带领人民进行的新的伟大革命，目的就是要解放和发展社会生产力，实现国家现代化，让中国人民富裕起来，振兴伟大的中华民族；就是要推动我国社会主义现代化制度的自我完善和发展，赋予社会主义现代化建设新的生机活力；就是要在引领当代中国现代化发展进步中，加强和改进党的建设，保持和发展党的先进性，确保了党始终能合格领导中国的现代化建设事业。党领导全国人民经过长期奋斗特别是改革开放30年的开拓进取，中国经济蓬勃发展、社会稳定进步，在历史跨入新世纪之际胜利地实现了中国现代化建设的第二步战略目标。历史雄辩地证明，"社会主义现代化必须建立在发达的生产力之上"①。社会主义市场经济体制的建立，创新了中国现代化的机制。改革开放是社会主义中国的强国之路，是决定当代中国命运的历史性决策。

进入新世纪，中国共产党坚持以邓小平理论为指导，审时度势，在实践中形成了"三个代表"重要思想，这对于推进中国现代化建设的历史使命，全面加强党的建设，改善党的领导，对中国现代化建设事业产生着积极的促进作用。中共十六大后，以胡锦涛同志为核心的党中央提出了"科学发展观"的重大战略思想，这一重大战略思想，引起了全国各族人民的共鸣，完善和发展了中国现代化的目标和理念，进一步凝聚了全国各族人民的意志，壮大了中国现代化建设事业的队伍，增强了中国社会主义现代化建设事业的力量，使中国现代化事业充满了无限希望。党的十七大是在我国现代化建设关键阶段召开的一次十分重要的大会。胡锦涛代表十六届中央委员会作的报告，描绘了在新的历史条件下继续全面建设小康社会、加快推进社会主义现代化建设的宏伟蓝图，为我们继续现代化事业发展指明了前进方向。胡锦涛指出，继续大力推进中国特色社会主义的伟大事业，必须始终不渝地高举中国特色社会主义伟大旗帜，坚持中国特色社会主义的理论体系，坚持中国特色社会主义道路。十七大对中国现代化事业产生了并将继续产生着深远的影响。

综上所述，中国共产党诞生以来，为中华民族的独立、解放、繁荣，为中国人民的自由、民主、幸福建立了不朽的历史功勋。中国共产党诞生以来的80多年的历史，就是一部中国共产党把马克思主义基本原理同中国具体实际相结合，不断推进马克思主义中国化的历史；就是一部中国共产党经受

① 江泽民：《论"三个代表"》，中共中央文献研究室、人民出版社2001年版，第155页。

住各种风浪考验，不断发展壮大，不断开创各项事业新局面的历史；就是一部中国共产党战胜一个个艰难险阻，奋力推进中国现代化建设的历史。中国共产党与中国现代化息息相关，中国现代化离不开中国共产党的领导，否则，中国现代化就是水中捞月，同样，中国共产党也离不开中国现代化，否则，中国共产党就无从体现其"三个代表"的先进性，就无法完成历史赋予的庄严使命。在当代中国，中国共产党的路线、纲领、方针、政策直接作用于中国现代化。"实现全面建设小康社会的目标还需要继续奋斗十几年，基本实现现代化还需要继续奋斗几十年，巩固和发展社会主义制度则需要几代人、十几代人甚至几十代人坚持不懈地努力奋斗。"① 中国共产党具有强烈的居安思危的忧患意识，始终保持着对马克思主义、对中国特色社会主义、对实现中华民族伟大复兴的坚定信念，一定能够带领人民谱写出中国现代化的新篇章。

---

① 《中国共产党第十七次全国代表大会文件汇编》，人民出版社 2007 年版，第 54 页。

关于马克思主义中国化基本规律
研究的若干思考

李敬煊　张　安

深入开展马克思主义中国化基本规律的研究，深刻把握马克思主义与当代中国实践之间内在、本质、必然的联系，对于我们搞清楚究竟"什么是马克思主义、怎样推进马克思主义中国化"，指导推进中国特色社会主义伟大事业，具有恒久的理论和现实意义。近几年来，学者们从不同视域对这一课题的探究达到了相当高度，其中不乏真知灼见。但毫不讳言，目前关于马克思主义中国化基本规律的认识和把握尚需进一步探索和深化。笔者现简单地谈几点自己的思考，以求教于学界。

一、对马克思主义中国化基本规律内容的梳理与分析

当前，学者们多侧面、多角度地对马克思主义中国化基本规律进行了总结。笔者对其进行了简易的梳理，大体概述如下。

（一）马克思主义与中国实践结合的必然性

纵观马克思主义中国化历史，一条最重要、最基本的规律是，必须始终坚持科学理论同中国具体实际相结合，不断推进马克思主义中国化。对此，学界虽表述不一，视野不同，但都一致公认。整体而言，学界主要是从宏观和微观两方面来论证：宏观上，论述马克思主义与中国实践结合的重大意义；微观上，主要是从理论和实践关系的角度来阐释，认为理论在一国、一地、

一时的实现程度，不仅取决于理论本身，也取决于不同的实践对它的需要程度。所以，对于马克思主义基本原理的实际运用，随时随地都要以当时的历史条件为转移。[①] 此外，论者们还阐述了结合的途径：即完整准确地学习、掌握和运用马克思主义理论，认清中国国情，面向中国实际，坚持理论和实践的辩证统一，等等。[②]

（二）马克思主义与民族化形式间的继承与创新性

理论界系统研究了马克思主义与其中国特色的民族形式间的相互关系，认为后者继承、创新前者。马克思主义中国化是一项承前启后的事业，既要继承前人，又要突破陈规，开拓马克思主义的新境界。中国人不可能照抄照搬其他国家的马克思主义，必须把马克思主义的基本原理与中国的基本国情、民族特点、文化传统结合起来，形成适合本国国情、民族特点、文化传统的中国的马克思主义。但也要正确对待外来文化，广泛借鉴和吸收世界各个国家和民族的一切思想成果和文化成果，坚持"洋为中用、以我为主、为我所用"的原则。

（三）来源于人民群众实践的渐进性与可认知性

学界普遍认为，人民群众推动社会变革和社会发展的实践，既是产生马克思主义的强大动力，也是促进马克思主义结合实际、指导实践的逻辑起点。坚持马克思主义的群众观点和群众路线，必须把人民群众的利益需求与创造精神紧密地结合起来，尊重人民群众的历史主体地位和首创精神，要用马克思主义教育和武装群众，让马克思主义掌握群众和让群众掌握马克思主义，在群众实践中实现科学理论的伟大价值。我们党的领导人毛泽东、邓小平、江泽民、胡锦涛等，一方面把高度抽象的马克思主义理论化为党的正确路线、方针和政策，用以统一全党的思想，指导广大群众实践；另一方面注

---

① 浙闻：《坚定不移地推进马克思主义中国化》，《党建研究》2002 年第 3 期。
② 郭德宏：《马克思主义与中国实际相结合——中国共产党成功的基本历史经验》，《理论学刊》2001 年第 4 期。

意倾听群众的呼声，尊重群众的首创精神，善于总结群众在实践中积累的经验，并把这些经验提升为理性认识。

（四）内容、形式的民族特性

理论界普遍认为，马克思主义中国化就是使马克思主义的理论内容具有中华民族文化的形式，同时整合中华民族传统文化中一切有生命力的因素和成分，使之具有鲜明的民族文化气质，从而使马克思主义具有民族文化意蕴与风采，在中国获得久远的生命力，这就是马克思主义中国化的民族特性。之所以如此，主要由于中国共产党人正确处理了马克思主义普遍性和特殊性、民族性和时代性的关系。①

通过对马克思主义中国化基本规律研究的梳理，结合马克思主义中国化的历史进程，我们不难发现：马克思主义中国化的基本规律与人类社会发展规律、社会主义建设规律以及中国共产党执政规律等三大规律始终结合在一起。众所周知，中国共产党的历史就是马克思主义中国化的历史。中国共产党成立后面临的最重要的任务就是运用马克思主义指导中国的革命和建设，就是推动马克思主义中国化不断谱写出光辉灿烂的华丽篇章。以毛泽东、邓小平、江泽民、胡锦涛为代表的中国共产党人就是在这一进程中以马克思主义普遍原理为指导，把共性与个性统一起来，坚持一切从实际出发、实事求是、理论联系实际，正确处理主观与客观的关系，正确回答了"什么是新民主主义革命、怎样进行新民主主义革命""什么是社会主义、怎样建设社会主义""建设一个什么样的党、怎样建设党"等问题，从而揭示了中国社会发展规律、社会主义建设规律与中国共产党执政规律，使马克思主义中国化出现了两次飞跃，产生了毛泽东思想和中国特色社会主义理论体系两大理论成果。

---

① 陈建坤：《马克思主义的生命力之源——兼论马克思主义中国化的历史经验》，《山东社会科学》2005 年第 4 期。

二、马克思主义中国化基本规律研究方法与
视野的回顾与反思

对马克思主义中国化基本规律的探讨在研究方法与研究视野上既异彩纷呈又具有内在张力。概括起来，主要有以下几种。

（一）研究方法

1. 辩证唯物主义和历史唯物主义。辩证唯物主义和历史唯物主义是研究马克思主义中国化基本规律的最根本方法。研究者基本上都力图用辩证唯物主义和历史唯物主义所提供的世界观、方法论去发现、总结，而不是臆造、杜撰或忽略、无视马克思主义中国化的基本规律，从而向我们很好地展现了把马克思主义与毛泽东思想，以及中国特色社会主义理论体系贯通起来、把马克思主义与中国国情实际结合起来、把马克思主义与中国面临的国际环境和当今时代特征联系起来、把马克思主义与全面加强党的建设统一起来等的重要性。但是，冷静分析之后我们发现，很多论者在研究过程中都会自觉或不自觉地按照一定的理论模式来阐释，还存在意识形态的痕迹，把政治命题与学术命题混同，容易最终陷入教条主义、经验主义的误区，从而导致在学理上能经得起检验的原创性研究有所欠缺。

2. 历史与逻辑相统一的方法。历史和逻辑的统一，就是在错综复杂的历史现象中剥除那些令人眼花缭乱的表象，揭示其本质规定性，从而把握历史发展的真谛。马克思主义中国化正是近代以来中国社会多维历史进程的必然结果，是历史与逻辑的必然有机统一。对马克思主义中国化基本规律进行研究、概括、提炼，首先要对马克思主义中国化的历史过程有完整、详细、准确的了解，掌握不同历史阶段的基本特点；其次要把对不同阶段的理论和实践的考察深入到活生生的、个性化的历史活动中去。因此，不少论者在论证马克思主义中国化基本规律时，坚持理论联系实际，史论结合。这一方法，抽象地看，是没有任何疑问的，人们无论是把它运用于马克思主义中国化历

史探究，还是应用于对基本规律的抽象，都是必须的。但是，进一步思考，我们会发现，即使强调逻辑与历史的统一，我们也面临着一些疑惑，即：逻辑与历史到底如何统一？逻辑与历史究竟统一于什么？

3. 比较与归纳相结合的方法。比较与归纳相结合的方法为探索马克思主义中国化基本规律提供了最重要、最有效的认识手段。综观对马克思主义中国化基本规律的研究，大多把马克思主义中国化的不同阶段、不同领域，以及不同领导人的探求加以纵向或横向的对比，找出共同性、相似性的东西进行比较、分析、概括、抽象。通过比较与归纳，研究者充分发挥主体意识，突破具体史实的局限，从不同角度进行比较对照，从而转换思维，开阔视野，启发思路，产生新思想，提出新观点。但是有些论者易把基本规律与基本经验或基本特点混淆，甚至把二者等同。而且对马克思主义中国化与其他国家马克思主义政党实现马克思主义民族化的共性和个性的比较研究还有待进一步深入，以期找到马克思主义民族化的共同规律。

4. 系统的方法。部分学者把系统论引入马克思主义中国化基本规律的研究，认为马克思主义中国化的基本规律是一个自成体系的系统，各个规律既独立起作用，又有着内在的有机联系。在马克思主义中国化不断向前推进的历史进程中，随着历史、时代、社会、实践的发展，这些规律各自的内涵、作用，以及它们之间的有机联系的内容也会不断发展。这些都为马克思主义中国化基本规律的研究不断注入着新的动力。

（二）研究视野

1. 宏观与微观相统一。对马克思主义中国化基本规律的探究，学者或从宏观的角度进行概述、总结，或从微观的视阈出发，具体探讨了某一领导人对规律的探究，探索某一领域、某一剖面或某一阶段的具体规律。但大多学者或由于学术背景或由于研究路数的差异，只从宏观某一方面阐述，或仅局限于微观个案，即使把宏观和微观相结合，也尚无法做到宏观和微观真正的有机统一。而人们也往往有意无意地把二者的结合误以为是统一，甚至把用某种理论作为指导来解释史实当作是宏观和微观的统一。

2. 动态和静态相统一。学界当前对马克思主义中国化规律的探究基本上按照动态研究或静态研究的思路展开。学者们或动态地考察马克思主义中国化的历史进程，在持续不断的马克思主义中国化的理论和实践动态活动中揭示、探索从中表现出来的规律性，并从规律发挥作用仍需回到历史主体的活动这样一个角度发现动态的历史活动中的规律，在动态的历史活动中遵循规律、利用规律、发挥规律的作用；或由于马克思主义中国化的历史进程是有阶段性的，它的理论成果和实践成果也是以具体的形态存在着的，有些论者就相对静态地研究每一阶段、每一成果，以静态视角深化对历史史料的认识，从中探索出具有稳定性的规律性内容。① 但由于学术素养的差异，有些论者对动态的探索和静态的把握还不够精准，更不用说把二者有机统一。

3. 综合学科研究。当前学界大多还是从单一学科着眼来探究马克思主义中国化的基本规律。整体来说缺乏跨学科的理论支撑。只有少数学者尝试性地从历史学、经济学、哲学、社会学、政治学等多学科角度开展跨学科研究，把历史理论与现实统一起来，把中国传统文化与马克思主义的理论综合起来。如黄友牛就从阐述马克思主义中国化过程中的三大理论成果产生的"三个十三年"的历史出发，进行了哲学反思，总结出马克思主义中国化的时效性规律、实践性规律、认知性规律。②

综上所述，由于研究方法与视野的灵活多变，对马克思主义中国化基本规律的研究正在逐渐向纵深推进，一些具有新的生长点的新问题不断提出。但是我们也应该看到，以往的研究在方法论上存在着不少局限，它们在一定程度上制约了马克思主义中国化基本规律问题研究的广度、深度和创新程度。当前和今后要把这一研究引向深入，必须突破这些方法论上的局限。那么我们该如何突破局限、进一步拓展研究呢？笔者虽深感力所不逮，但也在这方面进行了尝试性的思考和探索。笔者认为，要做到这一点，最根本的就是转变研究范式。

---

① 张小明：《马克思主义中国化历史进程中的规律性研究》，郑州大学硕士毕业论文，2005 年。

② 黄友牛：《"三个十三年"反映了马克思主义中国化的基本规律》，《社会主义研究》2003 年第 5 期。

1.扩展视域。转变研究范式首先是研究视域的转换。马克思主义中国化基本规律的研究既需要对比较充分的实践经验材料进行概括总结，又需要对国内外的马克思主义研究进行比较、分析和论证。因此，突破这一难题，不仅需要深入研读马克思主义经典著作，系统掌握较全面的经验材料，还需要认真吸取国内外的马克思主义理论研究的最新成果，包括各社会主义国家实现马克思主义民族化、本土化的正反面经验。既要重视马克思主义经典文本理论和马克思主义现实运行机制，也不能漠视其他理论文本和社会机制的作用，在必要时，可以适当地借鉴；既要甘于形而下的现实分析研究，也要有人敢于从事纯理论的探讨，真正做到"四个分清"。对马克思主义中国化的基本规律还应放在全球化背景中应对全球化冲击的情况下进行解答。除此之外，还有一个近年来方兴未艾的课题：现代化也是马克思主义中国化基本规律研究不容忽视的领域。笔者长期以来一直主张马克思主义中国化的研究应上升到现代化的高度，认为中国的现代化决定了马克思主义中国化的历史必然性、过程和目的。

2.拓展思路和模式。从某种意义上说，人们的理论视域愈开阔，思路和模式就愈呈现出多样性和丰富性。简单沿袭旧有的研究模式很难产生新的理论成果。而且由于马克思主义中国化理论和实践的复杂性，相关学科无疑会对它的某一侧面或层次提供理论框架，多种研究思路也必然会在马克思主义中国化基本规律的研究中找到适应性。因此，必须进一步拓展研究思路和模式，从而为马克思主义中国化基本规律的研究另辟蹊径，创造一片新的天地。

3.创新方法。对马克思主义中国化基本规律的研究目前还处于初始阶段，使用的研究方法相对来说大多比较传统。因此，要以正确、科学的世界观作指导，重视研究方法的选取与创新，并使这些方法建立有机联系，互相补充、互相佐证，形成方法体系，以便研究工作科学、有序、有效地进行，使之更加接近马克思主义中国化历史进程的真实面目，经得起实践和历史的检验。

关于社会主义价值认识的历史溯源与现实思考

周莉莉

20 世纪以来，社会主义制度的建立彻底改变了世界资本主义一统天下的局面，形成了社会主义与资本主义在价值观以及由此形成的制度实体上的对峙，从而为人们认识、探讨社会主义的价值目标及其实现途径提供了实践基础。其中，在既坚持科学社会主义的基本原则，又根据本国实际和时代特征不断开拓创新的过程中逐步确立起来的中国特色社会主义所进行的成功实践，更是将人们对社会主义价值的认知推进到了新的发展阶段。然而，这并不意味着关于什么是社会主义的认识已经具有了现成的答案。在社会主义面临诸多挑战的 21 世纪，对马克思主义关于社会主义价值的认识进程进行重新梳理和反思，对于我们更深入地认识社会主义、把握中国特色社会主义的基本价值及其实现途径具有重大的理论意义与现实意义。

一、社会主义价值认识的历史溯源

任何社会思潮和制度从来都是一定价值观念的产物，有其特定的价值取向，社会主义也不例外。因此，探讨社会主义的发展规律，必须首先寻找那些不受具体社会体制限制的社会主义的基本价值取向。从历史角度看，社会主义思潮是伴随着资本主义制度性弊端的暴露，作为其否定形式而出现的。众所周知，资本主义生产方式的迅猛发展既创造了空前巨大的生产力、改变世界政治面貌的政治文明和灿烂的资本主义文化，极大地改变了人类的素质与社会价值观念，但与此同时也带来了诸多问题。在此背景下，以莫尔、圣西门、欧文为代表的空想社会主义者先后在不同程度上提出了以社会主义公有制代替资本主义私有制，以工人劳动者当家作主取代资产者统治；消灭剥削制度与剥削阶级，实行按劳分配或按需分配；建立人民政权，通过一个过渡时期达到国家消亡；使物质生产和人的觉悟高度发展，最终实现人的全面发展和彻底解放等基本观点。从这些观点我们不难看出，这些被马克思、恩格斯称为"社会主义的鼻祖"的社会主义创始人对未来社会充满着自由、平等、幸福等价值憧憬。尽管"这种空论的社会主义实质上只是把现代社会理想化，描绘出一幅没有阴暗面的现代社会的图画，并且不顾这个社会的现实而力求实现自己的理想"①，但其中所包含的科学因素，为马克思、恩格斯创立科学社会主义提供了重要的和直接的思想材料。

在科学社会主义中，人类的社会理想以社会主义价值的形式得到了科学表达。马克思、恩格斯批判地继承了 14 世纪文艺复兴运动以后的各种人道主义思潮和 19 世纪空想社会主义的价值取向，科学地分析了资产阶级鼓吹的"自由、平等、博爱"的两面性，最终运用历史唯物主义的方法得出了自己关于未来理想社会的基本价值判断：社会主义和共产主义并非某个天然人物的偶然发现，而是社会生产力和社会矛盾发展的必然结果，这个对资本主义取而代之的新社会存在的基本价值就在于逐步推动人的全面而自由的发展目标的实现。对于上述价值判断，我们可以从两方面来进行认识。一方面，从静态意义上看，人的全面而自由的发展是社会主义和共产主义的最高价值目标。可以说，马克思理论学说的全部使命，就是要对整个社会实行共产主义改造，而这一改造的最高目标就是要"在保证社会劳动生产力极高度发展的同时又保证每个生产者个人最全面的发展"②。在《共产党宣言》中，这一目标被表述为："代替那存在着阶级和阶级对立的资产阶级旧社会的，将是这样一个联合体，在那里，每个人的自由发展是一切人的自由发展的条

① 《马克思恩格斯选集》第 1 卷，人民出版社 1995 年版，第 462 页。
② 《马克思恩格斯选集》第 3 卷，人民出版社 1995 年版，第 342 页。

件。"① 由此可见，只有到共产主义社会，当人类实现了由必然王国到自由王国的飞跃，才能真正成为自然界、生产关系和人自己的主人，也才有可能真正实现人的自由和全面发展。另一方面，人的全面而自由的发展又是一种永无止境的动态发展趋势，它只能在人们改造自然、改造社会的实践中历史地实现，因此应是社会主义和共产主义制度确立和发展过程中的不懈价值追求。马克思在考察资本主义生产方式的过程中指出，现代工业的技术基础是革命的，这将促使社会内部的分工随着生产技术基础的变革而不断发生革命，从而决定了劳动的变换、职能的更动和工人的全面流动性，而对这一点的承认又进而决定了工人尽可能多方面的发展是现代化大工业生产的普遍规律。这一分析说明，人的全面发展是解决资本主义内在矛盾，支撑社会生产发展的必要前提，资本主义在否定自身的过程中已经为社会主义的诞生孕育了价值前提。社会主义的确立为人的自由而全面发展开辟道路；与此同时，只有实现人的全面发展，才能真正发展生产力、消灭私有制，社会主义生机和活力的保持以及共产主义远大目标的实现都需要以不断推进人的自由而全面的发展作为前提。

值得注意的是，科学社会主义观关于社会主义根本价值追求的界定并非仅仅是一个空洞的、不切实际的幻想。我们不能忽略全部马克思学说的方法论基础——辩证唯物主义和历史唯物主义。正是通过对生产力与生产关系之间矛盾运动的分析，马克思为人的自由而全面的发展这一社会主义根本价值的实现确立起了一个基本的前提——社会的全面发展。马克思主张社会的发展与人的发展相统一。一方面，人的发展是社会发展的最终目标；另一方面，人的发展又必须以一定的经济、政治、文化的发展为前提和基础，离开社会历史条件来谈人的发展是不可能的。这种社会历史条件首先体现为生产力的状况。"个人是什么样的，这取决于他们进行生产的物质条件。"② 只有生产力的巨大增长和高度发展，才能壮大无产阶级力量并促使无产阶级和资产阶级的矛盾激化，使社会主义最终代替资本主义，进而为人的全面发展开

---

① 《马克思恩格斯选集》第 1 卷，人民出版社 1995 年版，第 294 页。
② 《马克思恩格斯选集》第 1 卷，人民出版社 1995 年版，第 68 页。

辟更广阔的道路；同样，生产力的高度发展也是保证社会主义成为一个真正富裕社会的绝对必需的实际前提，否则，所谓平等，只能是贫穷的普遍化，而贫穷不是社会主义，也就无法真正实现人的自由和全面发展。其次，除了需要有充分发展的社会生产力并创造出高度发达的物质条件之外，人的全面而自由的发展还需要或直接取决于社会关系的高度发展。在以资本主义私有制为基础的资本主义阶段，由于商品经济和现代生产力的较为充分的发展，人的自主性得到广泛的表现和确证，与之相适应，人的发展也被推进到了一个新的台阶之上。然而，冲破了"人的依赖关系"的人的发展却又落入了"对物的依赖性"的陷阱，仍不得不屈从于货币和资本的统治。因此，在现代生产力较为充分发展之后，冲破资本主义生产关系的桎梏就成为实现人的全面发展的重要方面。只有实现生产关系的革命，废除私有制，才能"把生产发展到能够满足全体成员需要的规模；消灭牺牲一些人的利益来满足另一些人的需要的情况；彻底消灭阶级和阶级对立；通过消除旧的分工，进行生产教育、变换工种、共同享受大家创造出来的福利，以及城乡的融合，使社会全体成员的才能得到全面的发展"①。否则，人的全面发展的理想仍然不能变成现实。总之，只有在不断提升生产力发展效率的物质基础上，在生产资料公有制以及其他确保人与人地位平等的社会制度确立的前提下，使生产力的增长既服从于社会全面发展的需要，又服从于人本身的需要，人的全面而自由的发展才具备现实的可能性。

从根本价值目标出发，马克思、恩格斯对未来社会的特征进行了初步设想。囿于时代的限制，马克思、恩格斯并未就此作出详尽的论述。他们反复强调，自己的研究"提供的不是现成的教条，而是进一步研究的出发点和供这种研究使用的方法"②，从而为后人根据新的事实和过程，对社会主义制度设计作出修正留出了空间。在此基础上，当代社会主义者本应根据当今世界的新事实和新过程，运用唯物史观的分析框架，从马克思提供的深刻思想出发在实践中对社会主义价值及其实现途径作进一步的研究。然而，在很长时

① 《马克思恩格斯选集》第1卷，人民出版社1995年版，第243页。
② 《马克思恩格斯选集》第4卷，人民出版社1995年版，第742—743页。

期里，人们把马克思提供的出发点当成了终极真理和现实应与之适应的理想，似乎社会主义制度的确立本身就意味着其价值的全部实现，而社会主义的发展就是或快或慢地向马克思设计好的共产主义制度过渡，由此导致了实践社会主义的曲折演进历程。

二、苏联模式的社会主义：对社会主义基本价值的背离

尽管社会主义理论与运动兴起于西欧，但作为一种社会制度在一个国家得以确立，并对世界产生深远影响的是苏联模式的社会主义。从总体上看，苏联模式有过重大的历史作用，但也存在着严重弊端，有着极大的历史局限；与之对应的社会主义观，既有向实际的靠近，也有对马克思提出的科学方法和目的性价值的偏离。这种偏离主要表现在以下几个方面。

第一，在生产力发展目的上偏离了社会主义的根本价值目标。马克思是把价值目标放在首位来谈论社会主义的，而苏联模式的社会主义在发展生产力的过程中没有对马克思提出的社会主义价值目标给予足够的重视。为了弥补落后国家未能实现资本主义现代化的过程，苏联等社会主义国家在建国后都曾把发展社会主义的工业化放在重要位置，其经济建设取得过举世瞩目的成就。但社会主义国家的早期建设主要不是用来满足人民群众日益增长的物质文化需要，为人的全面发展创造物质条件，相反其成绩是以抑制人民消费为代价而取得的。在苏联工业化时期，国家集中所有资源来优先发展重工业和军事工业，长期轻视与人民日常生活密切相关的轻工业、民用工业和农业，甚至通过种种方法把农业创造的大量收入转为发展重工业和军事工业的资金，为完成军事任务方面的指令性计划而不计成本代价。在此背景下，人民生活水平提高缓慢，与发达乃至新兴工业国家相比有较大差距，社会主义的优越性没有充分体现出来，最终造成了整个社会的畸形发展：一方面是国家的经济实力迅速提高，军事技术甚至足以与美国争雄；另一方面是人民群众的物质生活却达不到中等发达国家水平，且长期得不到相应改善，生活状况越来越恶化，最终影响到人的全面发展，也损害了人们对社会主义的信

心。20世纪80年代末90年代初发生的苏东剧变原因较多，但这些国家在社会主义建设实践中长期偏离社会主义的价值目标，从而造成人民强烈不满应该是不容忽视的原因之一。

第二，在发展方式的选择上偏离了实现社会主义根本价值目标的科学方法论基础。生产力的高度发展是社会发展的主要内容，也是实现人的全面发展的必要前提。马克思主义认为，推动生产力运动变化的因素有许多。其中，作为生产发展之社会形式的生产关系，是影响生产力运动变化的重要因素。与生产力的水平和性质相适合的生产关系可以极大地推动和促进生产力的发展。结合苏联模式的社会主义建设实践来看，尽管早期的社会主义国家都在不同程度上重视生产力的发展，但却在发展路径的选择上偏离了由马克思所奠定的科学方法论基础。一方面，它们虽重视通过生产关系的变革来推动生产力的发展，但在变革过程中却大多脱离了本国生产力的实际状况。在实践中所确立的过左的急于求成的路线使得生产关系大大超前于生产力发展水平，而过早建立的单一、僵化的所有制结构难以持久地促进社会主义生产力的发展。这种超前、僵化的生产关系同相对落后的生产力的矛盾，使人民群众的生活水平难以更快地提高。另一方面，它们把生产关系的变革当成了发展社会主义生产力的几乎唯一的动力，更多地是单纯地从变革生产关系的角度来确立发展社会主义生产力的现实路径。实质上，除了生产关系之外，人们对满足自然需要和社会需要的追求，以及自然对人需要的否定关系所形成的矛盾的不断产生和解决，也是生产力运动发展的重要内在动力。然而，当时的社会主义体制却未能为人们对满足需要的追求留下多少自由空间，从而使社会主义演变成了"一大二公"式的社会主义和贫穷式的社会主义。

第三，在体制构建上偏离了社会主义的价值目标对于社会全面发展的客观要求。如前所述，实现人的全面而自由的发展除了需要有高度发达的物质条件之外，还需要或直接取决于社会关系的高度发展。这里的社会关系不仅包括作为一个社会经济基础的社会生产关系，还应包括由政治上层建筑和意识形态所构成的社会思想关系。因此，为了实现社会主义的价值目标，除了大力发展社会生产力和实现生产关系的革命之外，还需要建立同生产力的特定发展阶段和特定的经济基础相适应的政治、思想上层建筑。由于现实社会主义国家都未经历资本主义的充分发展而建立，在各方面封建主义落后遗产厚重，资本主义文明成果稀少，因此，在社会主义制度确立起来后必须努力清除渗透到社会主义体制中来的封建主义糟粕，同时充分利用资本主义的文明成果，否则社会主义的价值不可能真正得以体现。然而，苏联模式的社会主义在实践中并未对此有清楚认识，相反却在快速推进公有化的同时，构建了过度集权的政治、文化体制。在政治上，其基本特征主要表现为过度集权的党和国家领导体制，自上而下的干部委任制以及软弱而低效的监督机制。在这种体制下，集体和个人的关系被颠倒，监督机关的角色发生错位，社会主义法治遭到严重破坏。在文化方面，与政治缺乏民主相联系，也实行了过度集中的思想文化管理体制，甚至依赖行政命令、高压手段来解决思想认识问题和学术争论问题。这些脱离马克思主义科学体系和目的价值的做法，严重妨碍了社会的健康发展，给社会主义社会带来了巨大的消极影响。由于在后来的实践中长期没有对上述体制进行实质性的改革和体制创新，决定了它无法实现适应各国正常条件下的发展要求，也无法实现社会主义的基本价值要求，最终导致了一个国家、民族创新精神的泯没和普遍的信仰危机，而这正是导致苏联社会主义模式退出历史舞台的关键原因。

总之，作为实现社会主义价值理想的社会主义制度，本应该给生活在这一制度下的人民带来比资本主义更多的富裕、更高的民主和更加丰富多彩的精神文化生活，从而真正实现社会的全面发展和人的全面发展，然而现实社会主义无一例外地产生于经济文化相对落后的国家，这就使得社会主义价值目标的实现更具有艰巨性和长期性。苏联模式的社会主义长期背离社会主义的基本价值要求，不代表最广大人民群众的经济、政治、文化根本利益，自然也就不能得到人民的拥护，最终不可避免地为历史所淘汰。

三、中国特色社会主义：对社会主义基本价值的 反思与复归

当世界范围内的社会主义出现低潮时，中国却在中国特色社会主义理论

的指引下，取得了社会主义建设的重大成就。究其原因，主要在于中国共产党人能随着社会主义建设实践的发展不断反思并更新关于"什么是社会主义"以及"什么是中国特色社会主义"的认识，同时在此基础上不断推动和逐步实现向科学社会主义关于社会主义基本价值理念的辩证复归。概括起来，中国特色社会主义对社会主义价值认识的继承和发展主要体现在以下几个方面。

一是在对"什么是社会主义"问题的认识上，逐步实现了社会主义发展过程与价值目标的辩证统一。马克思所创立的科学社会主义观凸显了人类的价值目标与历史发展客观趋势的内在统一性，由此出发，必然要求社会主义实践一旦成为现实可能，其制度建构和发展路径都必须内在反映社会主义的价值要求，否则社会主义将丧失其存在依据。中国特色社会主义道路的早期探索深受苏联模式的影响，由于理论上对社会主义结构和制度进行片面推崇，进而演变为在实践中对构筑社会主义基本制度和追求更高级社会形态的主观强调，导致了社会主义价值目标被严重忽视，人民追求提高物质文化水平和当家作主的愿望和要求得不到满足，难以充分感受到社会主义的幸福。正是针对这一问题，邓小平指出，"社会主义最大的优越性就是共同富裕，这是体现社会主义本质的一个东西"①。不难看出，这种反思实际上是对社会主义一度丧失的价值要求的重新唤回。它将我们对社会主义的认识，由过去主要强调公有制、按劳分配等特征，进一步深入到实现共同富裕这一以人民群众为本位的价值目标上，揭示了社会主义区别于其他社会形态在价值目标上的质的规定性，并在此基础上以人民的利益作为实践社会主义的出发点和最终归宿点，从而更为鲜明地揭示和践行了社会主义的价值理想。在邓小平理论的基础上，"三个代表"重要思想把马克思社会主义观的最高价值追求提高到执政党建设的高度，要求中国共产党永远"代表中国最广大人民群众的根本利益"，强调保障工人阶级和广大人民群众的经济、政治、文化权益是党和国家一切工作的根本基点。这一思想被作为党和国家的指导思想写入了党章和宪法，从根本上保证了中国特色社会主义建设永远朝着为实现人的

① 《邓小平文选》第三卷，人民出版社1993年版，第364页。

全面而自由的发展的正确方向前进。十六届三中全会以来，新一届党中央领导集体提出的科学发展观把"以人为本"、为人民谋幸福作为社会主义的最高价值原则，强调把实现好、维护好、发展好最广大人民的根本利益，作为党和政府一切方针政策和各项工作的根本出发点和落脚点，把发展的目的真正落实到满足人民需要、实现人民利益、提高人民生活水平上。由此，人的发展凸显为社会主义的核心价值目标和根本目的。十七大报告坚持并深化了这一价值目标，强调把解决民生问题放在首位，这标志着中国共产党把马克思主义关于未来社会"以每个人的全面而自由的发展为基本原则的社会形式"的价值追求，转化为中国特色社会主义发展的应有目标和基本原则，从而实现了对马克思关于社会主义根本价值认识的具体化和现实化。

二是在认识社会主义价值及其实现途径的理论基础上，实现了向辩证唯物主义和历史唯物主义这一科学方法论的辩证复归。从中国社会主义建设的历史经验看，过去对什么是社会主义的问题之所以没有完全搞清楚，一个重要的原因就在于偏离了马克思所创立的唯物史观，离开生产力水平抽象地谈论社会主义，误以为只要不断改变生产关系，提高公有化的程度，就能推动生产力的发展，甚至在一个时期内用阶级斗争为纲取代发展生产力这个实现社会主义价值目标的根本前提。"文化大革命"结束后，在中国向何处去的重要关头，邓小平首先抓住思想路线的拨乱反正这一关键环节，大力倡导实事求是，把实事求是看作是马克思主义的思想基础和毛泽东思想的精髓，从而突出了马克思主义的方法论特征，为准确把握社会主义的价值目标及其实现途径奠定了理论基础。正是从中国 30 年社会主义建设的实际出发，邓小平将社会主义的本质界定为两个维度：一是发达的生产力，二是通过逐步消灭剥削和两极分化实现共同富裕。这一论断把解放和发展生产力放到了首要位置，强调社会主义只有集中力量发展社会生产力，并在此基础上不断改善人民的物质文化生活，才能巩固自身的存在，从而找到了实现社会主义价值目标的根本途径，体现了对马克思唯物史观理论的坚持与发展。"三个代表"重要思想要求执政的中国共产党始终"代表先进生产力的发展要求"，强调发展是党执政兴国的第一要务，并将大力促进先进生产力的发展，作为中国共产党站在时代前列、保持先进性的根本体现和根本要求，这就使中国特色社会主义建设永远建立在科学的唯物史观理论基础之上，保证了中国特色社会主义理论体系在当代发展的科学性。在 21 世纪中国发展的新阶段所提出的科学发展观以发展作为第一要义，强调离开发展，就无所谓发展观；而坚持科学发展观的根本着眼点是要用新的发展思路实现又好又快的发展。这不仅再次凸显了发展对于实现社会主义价值目标的重要性，而且强调了发展途径科学化的重要性，从而进一步坚持并夯实了实现社会主义价值的唯物主义基础。正是在坚持马克思主义的科学的理论基础和价值目标追求的前提下，中国共产党从中国实际和当今时代的特点出发，创造性地进行了一系列符合唯物史观的合理的制度设计，从而使社会主义的价值得以有效彰显。

三是在探索实现社会主义价值的有效路径方面，实现了由注重单一的生产关系变革到注重全方位的制度变革和社会全面发展的转变。如前所述，中国早期的社会主义建设不顾当时生产力发展的水平和状况，试图单纯地通过对生产关系进行由"私"到"公"的变革来促进经济迅速发展，结果却严重阻碍甚至破坏了生产力的发展，背离了社会主义的根本价值要求。邓小平较早认识到了这种做法的错误，他在中国特色社会主义建设的新时期提出了"改革也是解放生产力"的著名观点，强调"如果现在再不实行改革，我们的现代化事业和社会主义事业就会被葬送"[1]。据此，中国不仅对社会主义的所有制结构和分配关系进行了逐步调整，而且开始对那些束缚生产力发展的经济体制以及与此相适应的政治体制和其他体制进行全面改革。这场至今仍在继续进行的全方位的改革是中国特色社会主义发展的直接动力，其根本目标是要把中国建设成为"富强、民主、文明的社会主义现代化国家""最终实现共同富裕"——实质上就是要推动整个社会的全面发展和社会主义价值目标的逐步实现。江泽民也一再强调全方位改革和社会全面发展对于社会主义的重大意义。他指出："没有改革开放，就没有建设有中国特色社会主义"；"社会主义社会作为人类历史上崭新的社会形态，是以经济建设为重点的全面发展、全面进步的社会。经济、政治、文化协调发展，两个文明都搞

---

① 《邓小平文选》第二卷，人民出版社 1994 年版，第 150 页。

好，才是有中国特色社会主义。"①面对世纪之交国际国内形势发生的深刻变化，中国共产党提出了"三个代表"重要思想。这就是说，中国共产党既要努力提升中国的整体生产力水平，并通过改革不断完善社会主义的生产关系和上层建筑，为生产力的解放和发展开辟更广阔的途径；又要努力发展面向现代化、面向世界、面向未来的民族的科学的大众的中国特色社会主义文化，为我国的经济发展、社会进步提供精神动力和智力支持，由此为构筑实现社会主义价值目标的现实前提提供了更坚实的理论支撑。以人为本的科学发展观和构建社会主义和谐社会的提出进一步深化了对于社会主义现代化建设规律的认识。它把实现社会的全面、协调、可持续发展作为基本要求，并将"五个统筹"作为实现社会发展的基本方略，从而提出了更为现实、更为具体的实现社会主义价值的有效路径。在此基础上，中国特色社会主义的总体布局发展为社会主义经济、政治、文化、社会建设四位一体，人的全面发展与社会全面发展的关系得以进一步厘清，当代中国的社会主义观也由侧重于抽象的原则变为更具可行性的实际操作，标志着人们对社会主义价值的认识更加趋于理性和实际。

---

① 《江泽民文选》第二卷，人民出版社 2006 年版，第 254—258 页。

受众视角下五四时期马克思主义在
中国的传播方式初探

李敬煊　潜　斌

五四时期，19世纪末期传入中国的马克思主义开始得到广泛的传播，对中国社会产生了巨大影响。马克思主义何以在短时期内得以有效传播？根据传播学原理，受众决定传播方式，传播方式决定传播效果，正所谓传播什么很重要，怎么传播更加重要。本文尝试着以受众角度从跨域传播、小众传播、人际传播和组织传播等方面对五四时期马克思主义在中国的传播方式进行探究。

一、跨域传播：走出去，引进来

五四时期，随着留学热潮走出国门的青年知识分子中有不少人在日本、欧洲特别是在法国和俄国接触到和学习了马克思主义学说，成为中国马克思主义的先行者，正是这些先进分子在五四时期混沌迷离的思想界创榛辟莽①，才开启了马克思主义在中国的传播之源。

1. 在留日期间接触到马克思主义的中国留学生

马克思主义在中国的早期传播是以日本为中介的，中国最早接触到马克思主义的人大多为当时留学日本的青年知识分子，其中比较著名的如中国第

---

① 郭圣福、蔡丽、李敬煊等：《中国共产党社会主义认识史》，中国社会科学出版社2004年版，第46页。

一个马克思主义的传播者李大钊和新文化运动的发起人陈独秀及中国共产党的主要创始人李达、李汉俊等人。五四时期，周恩来、杨匏安等也是在留日期间开始接触到马克思主义的。周恩来在 1918 年留学日本时，以极大的热情仔细地阅读了河上肇的《贫乏物语》、幸德秋水的《社会主义神髓》和美国记者约翰·里德反映俄国十月革命的《震撼世界的十日》以及河上肇主编的《社会问题研究》等进步刊物，正是受日本社会主义思潮的影响，他的思想实现了"潇潇雨，雾濛浓"到"一线阳光穿云出"再到"模糊中偶然见到一点光明，真愈觉姣妍"的飞跃①。杨匏安在日本留学期间受到社会主义思潮的影响，五四运动后，他积极参加关于社会主义的讨论，并写下许多宣传马克思主义的文章，其中最著名的就是 1919 年 11 月在《广东中华新报》副刊连载《马克思主义———称科学的社会主义》一文。在这篇堪称李大钊《我的马克思主义观》的姊妹篇的文章中，杨匏安对马克思主义的三个部分作了系统而详尽的介绍。这篇文章的发表，表明杨匏安已经认识到马克思主义的真谛，成为一个马克思主义者了②。

2. 在留法勤工俭学期间接触到马克思主义的中国先进分子

留法勤工俭学可以追溯到 1912 年，但形成运动却是 1919 年到 1920 年，根据约略统计，在这两年之内赴法勤工俭学人数达 1500 余人③。这些在国内深受无政府主义、工读互助运动等影响，有志于改造中国社会的知识青年，在到了产生马克思主义的欧洲后，思想认识产生了飞跃，纷纷转向马克思主义。蔡和森于 1919 年 12 月赴法勤工俭学，利用在法国的有利条件，他收集到许多有关马克思主义、俄国革命的小册子，直接将它们从法文译成中文。在如饥似渴地阅读各种社会学说书籍的过程中，通过推求比较，蔡和森很快确立了对马克思主义的信仰④。1921 年 2 月 1 日，在给陈独秀的信中，他称自己为极端马克思派，极端主张：唯物史观、阶级战争、无产阶级专政，对

① 周恩来：《雨中岚山日本京都》，《觉悟》1920 年第 1 期。
② 刘宋斌、姚金果：《中国共产党创建史》，福建人民出版社 2002 年版，第 397 页。
③ 中国现代革命史资料丛刊：《赴法勤工俭学运动史料》，北京出版社 1979 年版，第 42 页。
④ 刘宋斌、姚金果：《中国共产党创建史》，福建人民出版社 2002 年版，第 398 页。

于无政府主义、工团主义、基尔特社会主义等一律排斥批评，不留余地①。除蔡和森外，同样在留法勤工俭学的过程中走上马克思主义道路的还有周恩来、向警予、李立三、赵世炎、刘清扬、李富春、蔡畅、陈延年、陈乔年、陈公培、陈毅、邓小平、聂荣臻、王若飞、李维汉等人。

3. 在留俄期间接触到马克思主义的中国青年知识分子和赴俄务工期间接触到马克思主义的中国劳工

与留日和留法学生相比，有一批青年知识分子则走的是直接在苏俄这个社会主义国家接受马克思主义教育的道路，这一批人中著名的有瞿秋白、任弼时、刘少奇、萧劲光、罗亦农、彭述之等，瞿秋白是其中的杰出代表。1920年秋，瞿秋白以北京《晨报》通讯员的身份前往苏俄，俄国十月革命的胜利和胜利后劳动人民当家作主的喜悦，使他对马克思主义有了极大的兴趣。利用在俄国的机会，他系统地学习和研究了马克思列宁主义，进行了实地考察，以亲身经历写下了《饿乡纪程》《赤都心史》两本通讯集和许多专题报道寄回国内发表，实现了向马克思主义者的转变，并且成为中国共产党人中一个杰出的马克思主义理论家②。

在俄国直接接受马克思主义教育的除了赴俄学习的青年知识分子，还有一部分是赴俄做工的中国劳工。据有关资料显示，从1906年到1910年流入俄国远东地区的中国劳工达55万人，在这期间虽有40万人相继回国，但仍有15万人左右滞留在俄国③。第一次世界大战爆发后，沙俄政府又强行从中国招募了20余万华工。进入俄国的华工同俄国无产阶级一起，积极投身于反对俄国反动统治阶级的斗争，成为坚定的马克思主义信仰者。在1917年的俄国二月革命及以后的反对资产阶级临时政府斗争的过程中，都有旅俄华工同俄国无产阶级一道参加战斗，其中有70名华工在十月革命的艰苦岁月里还担任了列宁的卫士。十月革命后，大批华工参加了保卫苏维埃政权的武装力量工人赤卫队，在苏俄工农红军中还专门组建了许多由华工组成的红军

---

①　蔡和森：《马克思学说与中国无产阶级》，《新青年》第9卷第4号，1921年8月1日。

②　刘宋斌、姚金果：《中国共产党创建史》，福建人民出版社2002年版，第401页。

③　刘宋斌、姚金果：《中国共产党创建史》，福建人民出版社2002年版，第193页。

队伍，如中国支队、中国连、中国营、中国团、中国红色大队等。1920年
4月随维经斯基来到中国担任翻译的杨明斋即是早年由山东赴俄做工的中国
劳工。

二、小众传播：播下马克思主义的火种

马克思主义作为解决当时中国社会问题的一种方法经当时先进分子引进
到中国后，一开始，传播的区域主要是在北京、上海这样的大城市和部分省
会城市，受众则还只限于少数知识分子范围，但已呈现蓬勃发展的趋势。

1.创办刊物，构建阵地

五四运动前后，随着学生爱国运动的兴起、新思潮的百家争鸣，随着文
化斗争和政治斗争的结合，在教育界和青年学生中涌现出许多新刊物，其中
一些影响较大的刊物都竞相介绍马克思的生平和学说。除了《新青年》《每
周评论》之外，当时有较大影响的北京《晨报》副刊在李大钊的帮助下于
1919年5月开辟了"马克思研究"专栏，专门发表有关马克思主义的介绍
性译著和马克思生平简介。在上海，有国民党人主办的《建设》《星期评论》、
上海《民国日报》副刊《觉悟》等也都或多或少地宣传过某些马克思主义的
观点。在湖南，毛泽东创办了《湘江评论》，凭借着与湖南《大公报》主笔
龙兼公、张平子的密切关系，毛泽东还向他们推荐上海共产党人的重要文
稿，如《布尔什维克史》《俄国共产党的历史》《列宁的历史》等，使湖南《大
公报》也成为宣传马克思主义的一个阵地。此外，周恩来等在天津组织出版
的《觉悟》，恽代英、黄负生和刘子通等在武汉创办的《武汉星期评论》、出
版的《互助》杂志，广州共产主义小组的机关报《广东群报》和《劳动者》《劳
动与妇女》等刊物，山东励新学会中倾向马克思主义的知识分子创办的《济
南劳动周刊》，其他刊物如瞿秋白创办的《新社会》，上海的《时事新报》副
刊《学灯》，南京的《南京学生联合会月刊》，南昌的《新江西》，四川的《星
期日》，浙江的《浙江新潮》，等等，也都不同程度地介绍过马克思主义。

2.翻译原著，播下火种

五四时期，国内翻译介绍马克思主义的著作最有代表性的是 1919 年 5 月发行的河上肇的《马克思主义唯物史观》中译本和《共产党宣言》的全译本。为纪念马克思诞辰 101 周年，1919 年 5 月 5 日的《晨报》译载了日本人河上肇著的《马克思的唯物史观》一文。1920 年 8 月，陈独秀又将由陈望道翻译，陈独秀、李汉俊校对的《共产党宣言》作为社会主义研究丛书的第一种，交由社会主义研究社出版，这是《共产党宣言》在中国的第一个完整的中译本，该书首次印了 1000 多册，以后多次再版，仍然供不应求，在社会上产生较大影响，也为中国共产党的创建奠定了思想基础。此外，恩格斯的《社会主义从空想到科学的发展》、列宁的《从破坏历史的旧制度到创造新制度》和《国家与革命》等全译本及节译本先后出版，考茨基的《马克思资本解说》《阶级斗争》、马尔西的《马克思资本论入门》《马克思经济学说》等介绍马克思主义的著作也被翻译过来和中国读者见面。李大钊、蔡和森、恽代英、陈望道、张太雷、李汉俊等在翻译马列主义经典著作方面作出了重大的贡献。

3.发表文章，利剑出鞘

李大钊是正确地向中国人民传播马克思主义真理的第一人。为了引导人们学习和研究马克思主义，李大钊将 1919 年 5 月出版的《新青年》第 6 卷第 5 号编成马克思主义专号，发表了《我的马克思主义观》长篇论文，介绍了马克思主义唯物史观、阶级斗争学说和经济理论等基本原理，这是我国最早的比较系统地宣传马克思主义的著作。继《我的马克思主义观》之后，李大钊又相继发表了《马克思的历史哲学》《由经济上解释中国近代思想变动的原因》《唯物史观在现代史学上的价值》等宣传马克思主义的文章。在李大钊之后，陈独秀、李汉俊、毛泽东等人也开始学习和传播马克思主义。1920 年 5 月，陈独秀在《上海厚生纱厂湖南女工问题》一文中，通俗地宣传了马克思主义的剩余价值学说，揭露了资本家剥削工人的真相，反对中国走欧、美、日本式的资本主义道路。尤其是为批判以黄凌霜、区声白为代表的无政府主义者，陈独秀在《新青年》上发表了《谈政治》这篇重要文章，突出地宣传了马克思主义的阶级斗争学说，阐述了无产阶级专政的必然性。

李汉俊于 1919 年 8 月在《星期评论》发表《怎么样进化》一文，对资本主义制度的不合理性进行了抨击，强调社会主义取代资本主义的必然性。1919 年 7 月，毛泽东在《湘江评论》上连续发表的《民众的大联合》一文中指出："改造中国的根本办法，就是民众大联合，号召工人、农民、小资产阶级和社会上的各阶层人民，仿效俄国联合起来，革命就会成功。"[1] 通过中国早期的具有共产主义意识的先进分子们不懈努力，奠定了马克思主义在当时各种进步思潮中的主流地位，从而扩大了其在知识分子群体中的影响。

三、人际传播："到民间去!"[2]

五四运动后期，已初步具有共产主义信念的先进分子们坚持理论与实践相结合，克服一切困难，深入工农群众，深入实践斗争，在人民群众中直接传播马克思主义。

1. 在青年学生中传播马克思主义

1920 年秋，李大钊正式担任北京大学教授后，利用高等学校的讲坛，继续扩大马克思主义在青年学生中的影响。在北京大学的史学系、经济系、法律系和北京女子高等师范分别开设了《唯物史观》《史学思想史》《现代政治》《社会主义与社会运动》《社会主义的将来》《女权运动史》等课程，向青年学生讲授马克思主义学说。1920 年 2 月 4 日，陈独秀应邀在武汉文华大学、国立武昌高等师范学校、汉口堤口下段保安会和小关帝庙等处发表演说，鼓吹实行彻底的社会改造，讲演轰动了武汉学界。此外，陈独秀还利用合法地位，通过广东省教育行政委员会创办了广东宣讲员养成所，培养宣传社会主义和马克思主义的骨干，受众主要来自广州各地的革命积极分子。武汉的马克思学说研究会成立后，除学习和研究马克思主义外，还在各学校组织妇女读书会、青年读书会和新教育社等团体来引导广大青年和进步师生学

---

① 毛泽东：《民众的大联合》，《湘江评论》第 2 号，1919 年 7 月 21 日。

② 彭明：《五四运动史》，人民出版社 1984 年版，第 546 页。

习马克思主义。董必武、陈潭秋、刘子通、黄负生、恽代英等都亲自到读书会讲课、作报告，教育学员如何读马克思主义的书。广州共产党小组还创办了注音字母教导团，负责人是陈独秀指定的张毅汉，学员多是在职的中小学教师，学校除讲授注音字母外，陈独秀、谭平山、陈公博、谭植棠等都到校进行过马克思主义宣传。

2. 在工人中传播马克思主义

五四运动后，随着革命形势的发展，一批先进的知识分子纷纷深入工人群众，通过组织讲演团、开展平民教育、组织节日纪念活动、从事劳工现状的社会调查和建立工会组织等方式直接向工人传播马克思主义。1920 年 11 月在上海成立了中国工人阶级自己的第一个工会组织——上海机器工会，会员共 370 多人，随后又成立了印刷工会、纺织工会等 31 个工会组织，还开办了小沙渡劳工半日学校。北京的共产主义小组成立后，于 1921 年元旦创办了长辛店劳动补习学校，通过常驻教员在补习学校里宣传工人为什么受苦，为什么要团结，为什么要向帝国主义、军阀、官僚、资本家作斗争，宣传工人阶级的政党、工会等革命理论，使马列主义在工人中广泛传播。武汉的早期共产党人采取办夜校、识字班的方法接近工人，有组织地到纱厂、铁路、码头，经过同乡或亲戚的关系找工人谈话，讲解工人阶级解放的道理。在他们的努力下，武昌第一纱厂、汉口英美香烟厂、汉阳兵工厂、裕华纱厂、震寰纱厂、纱麻四厂、南洋烟厂以及铁路工人中都办起了识字班，向工人群众宣传马克思主义。在长沙的共产主义分子经常到长沙的纺纱厂工人中、搬运工人中和其他工人中去了解情况、交朋友、开办工人夜校、建立工会，做了大量发动和组织群众的工作。毛泽东还对湖南无政府主义者组织的劳工会做了许多工作，在他的具体帮助下，许多工人抛弃了无政府主义转而信仰马克思主义，劳工会的领袖黄爱、庞人铨也摆脱了无政府主义立场走上了正确的革命道路。各地朝气蓬勃的工人运动和雨后春笋般的工人组织表明马克思主义同中国革命实践已实现了初步结合。

3. 在农民中传播马克思主义

五四后期的马克思主义先行者们也开始注意到了在农民中传播马克思主义，如上海共产党小组一成立就开始注意到农民问题。他们在《星期评论》

上发表《诸暨县劳动界最后的状况》《农工和食米》《农民底苦况》等文章，反映地主对农民的剥削与农民的贫困境况。《觉悟》副刊也发文指出：农民受阶级制度底压迫，也须用社会主义去救济他们。[①]1921年4月，上海共产党小组成员沈玄庐回到家乡浙江萧山县衙前村，通过相识的农民李成虎、李成蛟兄弟，了解到地主收了农民种的油菜籽不付钱的事后，决定把受苦的农民组织起来。经过1921年上半年的筹备，9月，衙前农民协会正式成立，公布了衙前农民协会宣言——《衙前农民协会章程》。在衙前农民协会领导下，有10多万农民参加了抗租斗争，提高了农民的马克思主义阶级觉悟，使观念相对落后的农民阶级也开始接受先进的马克思主义理论教育[②]。

4. 在监狱中宣传马克思主义

先行的中国早期具有共产主义思想的知识分子为了传播马克思主义，利用一切可能的机会和场合进行马克思主义的传播活动。在传播马克思主义的征途上，他们受到了反动当局的野蛮迫害，许多人都有被捕入狱的经历，如陈独秀、张国焘、周恩来等。1920年1月，周恩来在领导天津学生爱国斗争中被捕。周恩来坚贞不屈，大义凛然，团结和领导其他被捕学生和各界代表对反对派进行了顽强的斗争。他们绝食、与警察厅厅长杨以德当面争辩、要求公开审判、要求阅读书报的自由等。最为难能可贵的是，周恩来甚至不顾危险，在被关押的5个月中，他团结同时被捕的20多名青年，与反动当局针锋相对地进行斗争，在狱中给难友系统地讲授马克思传和唯物史观、剩余价值等马克思主义学说，把敌人的监狱变成宣传马克思主义的课堂。

四、组织传播：星星之火渐成燎原之势

五四运动前后，已初步具有共产主义思想的中国人就开始有组织地在中国社会传播马克思主义，受众的范围也扩大了。

---

① 邵力子：《颠倒》，《民国日报》副刊《觉悟》1920年11月24日。

② 刘宋斌、姚金果：《中国共产党创建史》，福建人民出版社2002年版，第422—423页。

1.成立进步社团，为马克思主义在中国的组织传播奠定组织基础

五四运动前后，各地新生的社团如雨后春笋般发展起来，仅五四后一年中，各地社团估计约有三四百个①。许多社团在追求真理、追求社会进步的征途上找到了马克思主义这个改造中国社会的先进武器，他们就满腔热忱，不遗余力地对其进行了宣传。

在北京，邓中夏等于1919年3月在北京大学发起组织平民教育讲演团，利用假期到民众中讲演，大体内容就是传播马克思主义，普及科学文化知识等。1920年3月，李大钊、邓中夏、高君宇等在北京创办了中国第一个学习和研究马克思主义的团体——北京大学马克思学说研究会。在上海，1920年5月，陈独秀、李汉俊、李达等在上海组织了"马克思主义研究会"，为创立中国共产党准备条件而学习马克思主义、研究社会问题。在湖南，新民学会是毛泽东在长沙湖南第一师范求学期间于1917年秋天发起，1918年4月18日在长沙成立的，学会经常讨论学术和时事问题。为推动马克思主义的传播，在毛泽东的带动下，绝大多数学会成员成了马克思主义的信仰者。1920年8月，毛泽东、何叔衡、易礼容等人在长沙创办了文化书社，到1921年3月，文化书社经销的书刊有《共产党宣言》《马克思资本论入门》，以及《新青年》《劳动界》等164种书、50种杂志、4种报纸。在湖北，互助社是恽代英等在1917年10月在武昌创办的，随着革命形势的发展和马克思主义的深入传播，该社的许多社员在认识上都发生了很大的变化，他们抛弃了过去信奉的新村主义和工读主义，接受了马克思主义。1920年2月1日，恽代英、林育南等以互助社等团体为基础，在武昌又创办了利群书社，随着恽代英等人逐渐向马克思主义者转变，该书社便成为武汉地区及长江中上游地区传播马克思主义的重要阵地。天津的觉悟社于1919年9月16日成立后不久，便邀请到北京大学的李大钊来天津作马克思主义学说讲演。在广东，广州共产党小组成立后，建立了马克思主义研究会，会员有80多人，阮啸仙、刘尔崧、杨匏安等是研究会的主要成员，这些人先后参加了党、团组织，成为传播马克思主义的骨干。在山东，山东省议员、国民党人王乐平

---

① 李世平：《中国现代史》，西南师范大学出版社1988年版，第26页。

等在济南创办"齐鲁通讯社"（1920年改为齐鲁书社），在推动马克思主义在山东的传播方面起了积极作用。受齐鲁书社影响，1920年秋，以王烬美、邓恩铭为首的进步青年酝酿成立"励新学会"。为了进一步传播马克思主义，王烬美、邓恩铭等人又秘密成立了康米尼斯特（共产主义）学会，专以收集共产主义理论书籍，研究共产主义为宗旨。各种进步团体的出现标志着马克思主义在中国进入了组织传播阶段。

2. 建立早期共产党组织，为马克思主义在中国的广泛传播奠定组织基础

陈独秀、李达、李汉俊、陈望道、施存统（时在日本）、沈玄庐、俞秀松、杨明斋等8人于1920年8月正式成立中国共产党上海发起组，即我国第一个共产主义小组。1920年10月，李大钊、张申府、张国焘3人决定成立北京共产党组织，取名北京共产党小组。11月底，北京共产党小组召开会议，正式决定将北京党组织命名为中国共产党北京支部，会议推选李大钊为书记，张国焘负责组织工作，罗章龙负责宣传工作并主编《劳动音》，使党组织的各项工作开始逐渐步入制度化轨道。1920年夏，陈独秀派刘伯垂回武汉发展党组织，在上海共产主义小组指导下，同年秋，董必武、陈潭秋、刘伯垂、张国恩、赵子健、包惠僧、郑凯卿在武昌抚院街（现民主路）成立武汉共产党支部。同年秋冬之间，毛泽东、何叔衡发起组织了长沙共产主义小组。1921年3月，陈独秀、谭平山、谭植棠、陈公博以及共产国际代表维经斯基派到广州开展革命活动的米尔诺、别斯林等人组织了广州共产党小组。约在1920年冬到1921年春济南共产党小组宣告成立，小组成员有王烬美、邓恩铭、王翔千等人。在陈独秀的要求下，施存统与周佛海取得联系，共同成立旅日共产党小组，由施存统为负责人。1920年秋，陈独秀委托张申府在法国勤工俭学学生中建立共产党小组，张申府到法国后，发展了赵世炎、周恩来等人，组成了旅居巴黎的共产主义小组。在建立共产主义小组的过程中，中国早期的马克思主义者以马克思主义为武器接连反击了资产阶级改良主义、基尔特社会主义和无政府主义思潮的挑战和进攻，进一步广泛传播了科学社会主义理论。正是通过以上两个方面的工作，到1921年夏，中国建立统一的无产阶级革命政党的条件已经完全

成熟①。1921 年 7 月，中共一大召开，以马克思主义为指导思想的中国共产党的正式成立，也标志着马克思主义在中国的传播也进入了广泛化的大众传播阶段。

往事已逝，来者犹可追。五四时期的中国先进分子们为使马克思主义在中国的广泛传播不遗余力，他们使用当时所能使用的一切传播资源和能够想到的一切传播方式，扩大了马克思主义在中国的受众范围，为促进马克思主义真理与中国革命实践相结合奠定了坚实的基础。

---

① 郭圣福、蔡丽、李敬煊等：《中国共产党社会主义认识史》，中国社会科学出版社 2004 年版，第 56 页。

马克思主义中国民间化的系统语境透析

江峰　吴秀莲

马克思主义中国民间化是马克思主义大众化的一个重要方面，它是指马克思主义以其思想理论、基本原则、根本观点、立场方法、核心价值、语言形式、精神信仰、气质秉赋、认知模式、语境叙事等向中国民间社会不断渗透，对中国民间群众产生深刻影响，并逐渐被中国民间社会所接纳，成为真正的中国民间文化的一个发展演化过程。这一过程与中国共产党把马克思主义作为政党指导思想、以政党为核心对之进行普适化、大众化的过程相结合，共同推动着马克思主义整体中国化。如何才能正确理解和全面推动马克思主义中国民间化？这就必须首先对其系统语境进行分析。换句话说，只有把马克思主义中国民间化放置在其文化历史大背景和社会现实大环境之下进行系统的考量与分析，才能正确地理解从而全面地推动马克思主义中国民间化。对马克思主义中国民间化的系统语境分析，可以从多个维度进行。

一、马克思主义中国民间化与马克思主义中国化

明确马克思主义中国民间化与马克思主义中国化的关系，可以帮助我们从整体上确立马克思主义中国民间化在马克思主义发展演化中的重要地位，体察马克思主义发展在中国所具有的文化历史与社会现实语境。马克思主义的发展不仅需要有深厚的文化历史积淀过程，而且更需要有全面深刻的社会现实发展过程。马克思主义中国化就是这样一个悠久而又深厚的文化历史积淀与全面深刻的社会现实发展相结合的系统发展演化过程。其包括两个

方面的含义：一是马克思主义作为一种特殊文化从内容与形式上不断吸收中国文化要素并逐渐转化为一种中国文化，二是马克思主义作为一种外来文化其内容和形式不断渗透于中国文化并深刻地影响中国文化。这两个方面在中国的基本国情与社会现实情境之下，共时发展，平衡和谐，形成了马克思主义中国化历史和现实的基本样态。而马克思主义中国民间化作为马克思主义的一个特定发展演化过程，是对马克思主义中国化更进一步的深化和延展；马克思主义中国化作为马克思主义的一个整体演化过程，又内在地包含着马克思主义中国民间化的特定演化过程，二者存在着一种不可分割的内在逻辑关系，马克思主义中国民间化离开了马克思主义中国化，就会失去方向与依托，流之于平庸化和荒野化；马克思主义中国化离开了马克思主义中国民间化，就不是完整的中国化，就不能掌握民间群众，失之于空洞化和虚幻化。

从文化历史的大背景来看，马克思主义中国民间化深化、延展着马克思主义中国化的文化历史积淀区域，马克思主义中国化内在地包含着马克思主义中国民间化的文化历史积淀要素。马克思主义在中国已有 80 多年的伟大历程，通过中国共产党的集体探索和发展，在不同的历史时段形成了毛泽东思想、邓小平理论、"三个代表"重要思想、科学发展观等凝聚着党和人民心血与智慧的丰硕成果。这些丰硕成果，是马克思主义中国化的具体体现，昭示着马克思主义中国化的基本规律，也使得马克思主义中国化有了一个深厚的文化历史积淀，而这其中每一次理论飞跃都不仅内在地吸收了中国民间群众的智慧和传统文化的合理要素，推进了马克思主义作为一种中国民间文化的进程，而且内在地促使马克思主义不断渗透于中国民间文化之中，深刻地影响和改变了中国民间群众的社会生活方式，更新了中国民间群众之中诸多不合时宜的传统文化观念和意识，推进了中国民间文化的马克思主义改造过程。如党的"从群众中来，到群众中去"的群众路线；"为人民服务"的基本宗旨；"实事求是"的理论精髓；"解剖麻雀""具体问题具体分析"的马克思主义活的灵魂；"摸着石头过河，走一步看一步"的务实态度；等等，都从内容和形式上有机地融入了中国民间文化的合理要素，又反过来大大地强化了马克思主义对于中国民间社会的影响，由此使马克思主义中国化与马克思主义中国民间化通过中国语境下的文化历史积淀而紧密地关联起来。

从社会现实的大环境来看，马克思主义中国化内在地吸取着马克思主义中国民间化的社会现实要素，马克思主义中国民间化又有利于夯实马克思主义中国化的社会现实基础。随着改革开放的深入发展，中国现代社会的生活方式和思想观念都发生着深刻的变化：快速便利的现代化信息网络使人们的生活世界开始交流；不断升级的现代化拓宽方式拉近了人们生存的时空距离；多元化的现代教育手段拓展了人们潜在的发展空间；等等。然而，新时期也为马克思主义发展提出了许多前所未遇的难题，如在中国现代化高速发展的新情境之下，马克思主义如何融入中国民间文化之中，开辟现代社会的全新境界，实现其更大范围、更深层次的中国化？这就是当前马克思主义中国化的一个不容忽视的问题。我们认为，在中国现代社会的客观条件之下，马克思主义中国化还是一个漫长的过程，必须不断地开创新路。如果能够以人为本，从民间社会的现实文化资源之中寻求马克思主义与中国民间文化发展互动的多个契合点，使马克思主义根植于中国民间文化的沃土，同时又增强马克思主义对中国民间文化的导引、优化作用，使马克思主义成为中国民间文化的精神支点，那么就一定能够在社会现实的大环境之下，通过马克思主义中国民间化有效地推动马克思主义中国化的进程。

二、马克思主义中国民间化与中国现代社会
"和谐文化"建设

明确马克思主义中国民间化与现代社会"和谐文化"建设的关系，可以帮助我们认识与理解马克思主义中国民间化的现实价值，体察马克思主义中国民间化对于未来中国和谐社会尤其是中国未来民间和谐社会发展的重大影响。

"和谐文化"是全体人民团结进步的重要精神支撑，其对于中国民间社会的和谐与稳定，具有不可或缺的作用。在党的十七大推动之下，"和谐文化"建设已经成为中国当代社会发展的强音。而中国民间社会的"和谐文化"，

应是中国现代社会"和谐文化"最重要的组成部分，中国民间群众，也应是中国现代社会"和谐文化"的承载基础。因而，中国现代社会"和谐文化"的整体发展，离不开中国民间社会的"和谐文化"建设，否则其"和谐文化"就是一种缺乏实质内容也不可能是真正和谐的文化；中国民间社会的"和谐文化"建设也不能脱离中国现代社会"和谐文化"的整体发展，否则就只会成为一种缺乏现代价值、盲目无序的荒野文化。

马克思主义作为一种文化形态，具有一系列"和谐文化"的特质：马克思主义具有独特的理论魅力和气质秉赋，具有科学性、实践性、革命性、阶级性，不仅能够成为我党的指导思想和基本信仰，而且也能够凝聚最广大人民群众的意志，是实现社会和谐的重要精神资源，因而在理论品质上具有"和谐文化"的内在特质；马克思主义的唯物辩证法，以联系的观点和发展的观点为总的特征，讲究全面地、联系地、发展地看问题，强调统筹兼顾、协调发展，因而在认识方法上具有"和谐文化"的丰富内蕴；马克思主义以人为本，关注人的全面发展，能够体现最广大人民的利益，强调人与自然和谐、人与社会和谐，认为人的本质从抽象意义上来说，是一切社会关系的总和，因而在诸多重要观念上具有"和谐文化"的核心价值取向。马克思、恩格斯在《共产党宣言》中宣称："代替那存在着阶级和阶级对立的资产阶级旧社会的，将是这样一个联合体，在那里，每个人的自由发展是一切人的自由发展的条件。"[1] 由此可见，《共产党宣言》把自由人的联合体作为共产主义的理想目标，也充满着"和谐文化"的内在精神。正是由于马克思主义具有一系列"和谐文化"的特质，体现出强大的"和谐文化"精神，因而它必然会成为发展"和谐文化"的主导思想。

中国民间文化作为一种文化形态亦具有诸多"和谐文化"的要素：中国民间文化沉积了深厚的传统文化内蕴，尤其是中国传统文化关于和谐的理念，更是通过中国民间文化充分地映现出来。在中国传统文化中，和谐被看作是宇宙天地最高的运行法则，如《周易·乾·彖》强调"保合太和"，认为和谐是事物发展的准则和基础，而和谐的境界就是一种高远的境界。《论

---

[1] 《马克思恩格斯选集》第 1 卷，人民出版社 1972 年版，第 273 页。

语》中谓："和无寡"，"礼之用，和为贵"，"和"是聚合众人的根本路径；和谐的本质即是"和而不同"；《中庸》亦谓："致中和，天地位焉，万物育焉"，把和谐看作天地万物统生统成、发展变化的普遍规律；朱熹在《论语集注》中则说："和者，无乖戾之心；同者，有阿比之意。"强调和谐是不同事物之间的协调统一而不是无原则的同一。怎样才算是达到了和谐状态？《中庸》曰："致中和"，"发而中节谓之和。"认为和谐就是要达到适当的节度，不偏不倚，不过不及，平衡协调。总之，和谐思想在中国传统文化中内涵丰富，哲理深刻。关于和谐的理念，已经内化于中国民间文化的深层结构之中，成为中国民间文化的核心价值观念之一。

通过马克思主义中国民间化，一方面能够使马克思主义所具有的一系列"和谐文化"特质不断投射到中国民间文化的机体上，从而使整个中国民间文化体现出马克思主义"和谐文化"的气质秉赋、焕发出中国现代社会"和谐文化"的精神风貌。如把马克思主义的唯物辩证法精神注入中国民间文化之中，就能使中国民间文化的发展更注重求同存异的和同理念，更明确地建立在多元化、差异化事物之间的同一这样一个高层次的和谐基点之上，获得蓬勃的生机活力。另一方面也能够活化马克思主义的理论创新机制，促使中国民间文化所具有的诸多独特的"和谐文化"观念，不断地充实到马克思主义思想理论体系之中，使马克思主义与中国民间文化相互贯通，融合发展，不断地内化成为中国民间群众的内心信念，影响中国最广大的民间群众，从而能够作为一种特殊的中国民间文化真正地并且永久地流传于中国民间社会之中。

三、马克思主义中国民间化与马克思主义西方民间化

比较马克思主义在中西方民间发展演化的不同轨迹和基本特点，可以帮助我们总结其多元化的理论创新与实践探索经验，从而使马克思主义中国民间化建立在更为科学合理、富于创新的基础之上；可以使我们全面深刻地认识和理解马克思主义中西方民间化的核心主导力量、基本路径、重要内容

等，从而努力开辟一条具有中国特色的马克思主义中国民间化之路。

就马克思主义在中西方民间发展演化的核心主导力量而言，在西方民间社会，并未形成对马克思主义进行理论创新与实践探索的强大的核心主导力量，而其主要表现样态是：不同历史时段某些著名人物尤其是共产党内著名人物企图重新解释马克思主义，提出了一些相关的学术理论观点，以零散的力量从不同的理论向度推动了克思主义西方民间化。如西方马克思主义的创始人、1918 年加入匈牙利共产党的乔治·卢卡奇（Gyotgy Lukacs）把东欧社会主义革命屡屡失败归因于工人运动的"革命意识"不足，企图用黑格尔哲学重新解释马克思主义，以替代列宁、斯大林的马克思主义。他认为"异化"是马克思主义理论的核心，共产主义是真正的人性复归，提出"总体性"概念，认为整体优于部分，而"总体性"是马克思主义的根本方法，是由马克思从黑格尔那里直接继承而来。总体性不仅规定认识的客体，而且规定认识的主体，并且归根到底是由主体的能动性所产生的。由此把马克思主义辩证法主观主义化，把主体与客体对立，违背了马克思主义的总体性原则与方法，否认了马克思主义的客观辩证法。再如，意大利共产党的创始人安东尼·葛兰西（Antonio Gramsci）则关注历史唯物主义问题，强调辩证唯物主义与历史唯物主义的有机统一，提出"文化霸权"的理论，强调人的意识在历史活动中的决定作用，主张用黑格尔精神来重新理解马克思主义，认为与资产阶级争夺文化霸权是无产阶级革命的首要任务。曾加入德国共产党的卡尔·柯尔施（Karl Korsch）则认为，马克思主义的核心是实践，而实践就是人类对"社会自然界"的全面改造活动，他提出马克思主义发展的三阶段学说，强调马克思主义理论是随实践的变化而变化的，要从社会的总体性去认识它的历史发展的总体性。后来他的观点发生变化，认为马克思主义是特殊时代的产物，已过时而失去意义，需建立新的现代西欧工人运动的理论。另一位曾加入德国共产党的哲学家恩斯德·布洛赫则断言马克思主义是一种"希望哲学"，一种"唯物主义的乌托邦"或"具体的乌托邦"，认为马克思主义包含"寒流"与"热流"两个方面，"寒流"即指客观的、冷静的分析，"热流"是主观的、热情的、精神道德的理想，而自己的任务就是发展马克思主义的"热流"。这些西方共产党人对马克思主义的重新解释，有许多值得批判或者存在问题的地方，然而却也或多或少地激活了马克思主义某些内在的活性思想因子，使马克思主义在西方民间社会产生了一定的影响。而比较起来，马克思主义在中国民间社会的发展演化，则具有强大的中国共产党作为其核心主导力量。中国共产党把马克思主义作为全党的核心指导思想和社会主义核心价值体系的基础内容，在全党范围内对之进行集体实践、总结提炼，并且以中国共产党为核心将它向更大范围的民间社会推广、扩散，从而大大地促进了马克思主义中国民间化的过程。当然，如何把以中国共产党为核心的主导力量与民间群众自主的创造力量结合起来，进一步提高民间群众自主学习研究马克思主义学说、创新马克思主义理论的热情，发扬民间群众学术理论批判的精神，提升民间社会群体开创马克思主义新境界的巨大潜能，则是马克思主义在未来中国民间社会发展演化中所要急切解决的难题。

就马克思主义在中西方民间发展演化的基本路径而言，在西方民间社会主要是沿着诸多学者在学术研究中的理论解构或重构之路而向民间社会逐步延展的。特别是作为特殊的西方民间社会群体，一些现代西方哲学家从不同的学术路向研讨马克思主义理论，使马克思主义通过学术研究的方式渗透于西方民间社会之中，从而对西方民间社会产生了深刻的影响。如实用主义是美国社会的文化根基，而在美国，就长期存在着一种"调和"实用主义与马克思主义，或主张建立一种实用主义的马克思主义的倾向。如托洛茨基主义者乔治·诺凡克（George Novack），在其 1975 年出版的《对杜威哲学的评论》中就大力宣扬实用主义与马克思主义的调和论。认为实用主义与马克思主义有诸多一致的地方，尤其是二者都重视"实践"的重要性，因而实用主义能够提供一条通向辩证唯物主义的桥梁，在某种情况下实用主义者可能通过一个内在的革命而走向马克思主义的立场。尽管这种"调和"实用主义与马克思主义，或主张建立一种实用主义的马克思主义的倾向，存在着诸多对马克思主义的错误认识和理论误解，但却客观上推动了马克思主义与美国民间社会文化的沟通。不过，总体而言，马克思主义在西方民间社会的发展尚缺乏一种明确的价值体系作为导引，其各种认知模式、价值理念等都还显得相当零乱，因此作为一种主体文化在西方民间社会的发展仍需一个漫长的过程。而马克思主义在中国民间的发展演化主要是通过中国共产党核心思想指导的方式扩展的。在中国共产党所代表的先进文化的发展机制主导之下，马克思主义渗透于中国民间社会的方式要比西方更多，效果也比西方更好，不仅有理论与实际相结合的学术理论探索，而且也有政府各种文件和报告精神的贯彻、有不同层次学校的教育、有各种类型考试的导引、有电视广播，以及报纸杂志等现代传媒形式的广泛宣传，等等。从历史上来考察，中国共产党所进行的延安整风运动、社会主义教育运动、"三个代表"的学习运动等几次典型的马克思主义教育运动，对于马克思主义与中国民间社会文化的融通更是起到了至关重要的作用。但是由于马克思主义在中国民间的发展演化处于政党思想主导的机制之下，因此总体而言，由中国民间社会群众自主进行的学术理论研究和探索机制还显得相对较弱，需进一步健全和完善，马克思主义在中国民间社会自由开放状态之下与时俱进还有许多潜在的空间需要开拓。

就马克思主义在中西方民间社会发展演化的重点内容而言，在西方民间社会侧重于对马克思主义学术价值的评析、再创或消解，重点就在于对某些马克思主义具体理论尤其是马克思主义人学理论的多元化认识、理解、批判以及重构，并且表现出多种样态。如第二次世界大战后出现的现象学的马克思主义，就是西方现象学运动与西方马克思主义相"结合"的产物。其中著名代表有意大利的恩若·伯奇（Enzo Paci）、马文·法伯（M.Farber）等。伯奇认为，战后科技的大发展造成了人与人之间关系的不断"物化"，认为人的问题一直是马克思主义理论的核心问题，马克思主义强调解放全人类，是一门人学，因此既是有关"生活世界"的理论，也是有关改造现实社会以实现理想的"生命世界"的革命实践学说。但马克思仅仅局限于对外部的物质社会的经济关系与社会关系的精辟分析，却忽视了透过外表对现象背后"生活世界"中的自我生活的真正价值与意义的本质把握。而现象学则注重探索"现象"幕后"自我"的真正生活。如果把马克思主义与现象学"结合"起来，就能够实现人的价值的恢复，克服整个欧洲文明的危机。而马克思主义在中国民间的发展演化则注重在中国共产党领导之下，把马克思主义的发展与中国基本国情结合起来，把马克思主义基本原理和普遍规律与中国社会主义革命和建设的实际结合起来，在中国民间社会的广阔范围内进行马克思主义的实践探索、理论创新和核心价值传输，特别是在社会主义建设的新时期，中国共产党坚持马克思主义的思想路线，不断探索和回答什么是社会主义、怎样建设社会主义，实现什么样的发展、怎样发展等重大理论问题，把马克思主义基本原理同推进马克思主义中国化结合起来，由此不断地推进了马克思主义中国化从而也带动了马克思主义中国民间化。

四、马克思主义中国民间化与其他外来文化中国民间化

比较马克思主义中国民间化与其他外来文化如佛教、基督教等中国民间化，可以帮助我们认清外来文化在中国民间社会的传播、发展规律，从而努力营造、优化马克思主义在中国民间社会发展的文化大环境，培植马克思主义中国民间化的文化深根。以马克思主义与佛教这两种外来文化中国民间化的情况比较为例，它们无论是在传播、发展的历史境遇、主导力量，还是理论品质等诸多方面都存在着较大的差异。

其一，马克思主义与佛教中国民间化最初的历史境遇存在着较大差异。佛教大约在公元一世纪前后从印度传入中国，实际上是当时在国家交往中处于强势地位的中国两汉造神运动的结果。佛法东传，正值中国造神运动方兴未艾之时。"儒家经学的谶纬神学化和道教的产生、分裂和战乱带来的各阶级、阶层儒学理想的崩溃，给了佛教以立足之地；而统治阶级正欲赖此以'坐致太平'，广大劳动人民亦可借此以逃避沉重的剥削和压迫，还可以从宗教中寻求一种精神寄托。这种社会历史条件和内在联系，给了佛教的传入以充分的方便。"① 也就是说，当时不管是统治者还是广大的劳动人民，对佛教文化的接受都存在着一定的心理容纳空间，从而使得佛教文化能够在当时的历史境遇下顺利传入并逐渐在中国民间社会扎下根来；而马克思主义之所以传入中国，则是当时在国家交往中处于弱势地位的中国近代"顺乎天而应乎人"的革命结果。当时帝国主义已通过鸦片战争，用洋枪洋炮轰开了中国的

---

① 罗炽：《中华易文化传统导论》，武汉出版社 1995 年版，第 86 页。

大门，结束了中国闭关锁国的状态，一方面中国社会一步步沦为半封建半殖民地社会；另一方面实际上也为中国人向外国学习、改变中国的落后面貌提供了历史的机遇和条件。许多进步的中国人都热心于向西方学习，希望通过这种学习，寻求一条强国富民之路，不少人提出了许多主张，如"教育救国""科学救国""改造人种"等，但都不能解决当时中国的问题。只有在通过俄国十月革命寻求到了马克思主义之后，中国先进知识分子才有了一种观察国家命运，重新考虑中国问题的一种全新的无产阶级宇宙观。值得注意的是，与佛教文化传入中国的情况不同，作为当时中国社会的统治阶层来说，对马克思主义的传入所持的则是一种拒斥的态度，他们采取了多种方式，极力阻止马克思主义的传入。而马克思主义之所以能够迅速传入并成为当时中国先进知识分子认识中国和改造中国的思想武器，主要就是因为其革命思想和理论适应了迫切要求改变中国半封建半殖民地落后状况的需要，同时从其思想内容来看，也与中国传统文化中丰富的唯物主义思想、辩证法思想和世界大同思想相契合。

其二，马克思主义与佛教中国民间化的主导力量也存在着差异。佛教的传入在很大程度上是与汉朝统治者高层的需要相联系的。当时汉明帝（58—75年在位）的同父异母之弟楚王刘英就极为喜好黄老，这表明，东汉初年，在高层人士中已经有一些信奉佛教和从事佛教活动的人。在中国佛教界内，广泛流行着汉明帝梦见金人而遣使求法的传说，有人以此作为印度佛教正式传入中国的开始。据《四十二章经序》载，汉明帝夜间梦见神人，身带金光，第二天他问群臣，这是什么神？有位叫傅毅的人说，我听说天竺有得道者，名佛，能飞，您梦见的就是这位神了。于是汉明帝遣使者张骞、秦景等十二人，到大月支国去抄取佛经四十二章。这些情况有一定的虚构成分，但总的来说，从中可以看出，佛教传入中国主要是借助于统治者高层的信奉。佛教文化传入的过程，实际上就是一个佛教中国化的过程，统治阶级对佛教的打击与扶持，随着政治斗争的形势不同而交替进行。为了生存和发展，佛教不断地进行自我调适，在教旨上主动向华夏文化靠拢，在教义上改造自身以适应华夏文化，在教仪上打破旧规以迎合统治者，在教规上也进行改革以适应中土居民的习俗，修持方法上也实现了变通，而其中国化的标志则是唐代禅宗六祖慧能的宗教改革。与佛教不同的是，马克思主义传入中国，主要依靠的是十月革命后中国的一些先进知识分子，如李大钊、陈独秀等。他们认真研究和积极传播马克思主义，对马克思主义在中国的传播作出了重大贡献。在中国，马克思主义全面、系统的传入是在对社会问题和社会变革的方法、道路问题的探讨和激烈争论中进行的。而中国共产党诞生后，作为一种马克思主义中国民间化的主导力量，其运用马克思主义理论直接推动群众革命运动，直接与中国社会实际紧密结合，不断实现理论飞跃，形成了毛泽东思想、邓小平理论和"三个代表"重要思想，以及科学发展观等理论成果，不断使之具有"新鲜活泼的、为中国老百姓所喜闻乐见的中国作风和中国气派"①，从而推进了马克思主义中国民间化的历史进程。当然，从长远来看，马克思主义中国民间化还将是一个艰巨而又漫长的历史过程。

其三，马克思主义与佛教中国民间化的理论内质也存在着差异。佛教理论主要侧重于从人的心性、从生死轮回、从灵魂的安顿等诸方面内在地浸染、影响中国民间社会的群众，其与中国传统文化不断中和，由此便消融于中国文化之中。

也就是说，由于其佛理与中国文化的不断中和，佛教中国民间化实际上就是一个内在地长入中国民间社会的过程。尤其是禅宗，"自诞生之日起，就暴露出明显的自我否定因素，它的那种离经叛道，呵佛骂祖、践踏清规的行为，是佛教在长期的压抑下的一种精神变态，其精神却经过升华而渗入了中华文化"②。马克思主义理论则注重以理想、信仰的导引和强大精神的支撑来凝聚中国民间社会的群众，它以开放的体系和与时俱进的理论品质，对中国民间群众产生着深刻的影响。不过，我们仍然需要借鉴其他外来文化某些合理的中国民间化积极因素和有效方式，探讨马克思主义中国民间化的实践经验和基本规律，以进一步促进马克思主义中国民间化进程。

---

① 《毛泽东选集》第三卷，人民出版社 1991 年版，第 844 页。

② 罗炽：《中华易文化传统导论》，武汉出版社 1995 年版，第 79 页。

结　语

透析马克思主义中国民间化的系统语境是相当必要的。一方面，一种理论能否深入传播，一种文化能否不断演进，一种学说能否流转不息，最重要之点就是要看其能在多大范围内掌握民间人群，而对于马克思主义中国民间化系统语境的探究，正好使我们深化了对这一问题的认识，开始注意到一条马克思主义中国化的全新路径，有意识地促使马克思主义的思想指导范围以中国共产党为中心向更深更广的民间社会区域推进，有意识地促使马克思主义理论成果以各种普适的方式自由长入民间社会，内化于民间群众的心灵深处，占领民间思想阵地，引领民间大众生活。这对于马克思主义中国语境的营造与优化、马克思主义在中国民间更大范围内的扎根、马克思主义在未来社会生存发展空间的拓展、马克思主义对中国民间社会的民风民俗、政治态度、财富理念、教育思想、学习观念、科技推广、宗教信仰、艺术创造诸方面的正确导引、民间和谐社会的建构、相关部门的精神文明建设和政策制定。等等，都具有实际意义。另一方面，在新的历史条件下，如何进一步拓展马克思主义中国化新境界，推动马克思主义学术理论研究的不断创新，需要有更多更新的思路。马克思主义中国民间化系统语境的探究，则正好有利于我们有意识地促使马克思主义从中国民间吸收大量的思想养料，又有效地返归于中国民间，从而使马克思主义理论充满生机和活力，对中国民间乃至整个未来社会都能产生深远的影响；有利于我们创建一种向民间自由拓展的普适性的中国化的马克思主义理论创新模式，以突破自上而下强力推进马克思主义中国化进程的理论发展局限；有利于我们主动地以马克思主义中国民间化为思考路向，对马克思主义在民间的基本样态、影响因子、核心价值、理论进路、传输形式、语境营造、能级提升、区域延展，以及其与民间传统文化的有机融合等诸多问题进行深刻的思考，从而拓展马克思主义学术理论研究思路，形成更多更好的马克思主义学术理论研究新成果。并且，马克思主义中国民间化是一个相当复杂和艰难的过程，因而透析其系统语境，还有助于增强马克思主义理论工作者的创新意识和历史使命感、责任感。

下 编

十八大以来马克思主义中国化的发展及其走向

刘宗武

党的十八大以来，以习近平同志为核心的党中央坚持以马克思主义为指导，不断进行理论创新，科学地回答了新形势下党和国家事业发展的重大理论问题和现实问题，在"解决中国问题"方面开启了马克思主义中国化新的历史征程；把中国特色社会主义的实践经验和历史经验加以总结、提炼和升华，在"创造些新的东西"方面形成了马克思主义中国化新的理论成果；将马克思主义植根于中国的优秀文化之中，在使马克思主义"和民族特点相结合"方面提出了马克思主义中国化新的发展思路，不仅推进了马克思主义中国化发展，而且呈现出马克思主义中国化新的发展走向。

一、十八大以来党科学地回答了新形势下党和国家发展的重大理论问题和实践问题，在"解决中国问题"方面开启了马克思主义中国化新的历史征程

马克思主义中国化的首要任务是把马克思主义的基本原理应用到中国具体环境的具体实践中去，使马克思主义在中国具体化，从而用具体的马克思主义来指导中国的具体行动，解决中国的实际问题。党的十八大以来，以习近平同志为核心的党中央坚持以马克思主义为指导，不断进行理论创新，科学地回答了党和国家发展的重大理论问题和实践问题。

1. 在中国特色社会主义内涵上进行理论创新，科学地回答了在新的历史起点上为什么必须坚持和发展中国特色社会主义的问题。党的十八大报告揭示了中国特色社会主义的科学内涵，不仅阐明中国特色社会主义，包括中国特色社会主义道路、中国特色社会主义的理论体系和中国特色社会主义制度，而且阐明了三者之间的关系，明确指出："中国特色社会主义道路是实现途径，中国特色社会主义理论体系是行动指南，中国特色社会主义制度是根本保障，三者统一于中国特色社会主义伟大实践，这是党领导人民在建设社会主义长期实践中形成的最鲜明特色。"这一阐述，从更高、更宏观的角度定义了中国特色社会主义。

党的十八大以后，党在中国特色社会主义的内涵上进行了理论创新。2012 年 11 月 17 日，习近平总书记在主持十八届中央政治局第一次集体学习时的讲话中指出："中国特色社会主义特就特在其道路、理论体系、制度上，特就特在其实现途径、行动指南、根本保障的内在关系上，特就特在这三者统一于中国特色社会主义伟大实践上。"2013 年 1 月 5 日，习近平总书记在新进中央委员会委员、候补委员学习贯彻十八大精神研讨班开班式上发表讲话时进一步指出："中国特色社会主义，是科学社会主义理论逻辑和中国社会发展历史逻辑的辩证统一，是根植于中国大地、反映中国人民意愿、适应中国和时代发展进步要求的科学社会主义，是全面建成小康社会、加快推进社会主义现代化、实现中华民族伟大复兴的必由之路。""坚持和发展中国特色社会主义是一篇大文章……现在，我们这一代共产党人的任务，就是继续把这篇大文章写下去。"为此，他要求全党同志在新的历史起点上坚持和发展中国特色社会主义，不断丰富中国特色社会主义的实践特色、理论特色、民族特色、时代特色，团结带领全国各族人民，努力实现全面建成小康社会各项目标任务。

坚持和发展中国特色社会主义，是改革开放以来我们党全部实践和理论的主题。党的十八大以来，党在中国特色社会主义的内涵上进行的理论创新，不仅为坚持和发展中国特色社会主义注入了新的科学内涵，而且回答了在新的历史起点上为什么必须坚持和发展中国特色社会主义的根本问题，从而开启了马克思主义中国化的新的历史征程。

2. 在全面深化改革重大问题上进行理论创新，深刻地回答了在新形势下如何完善和发展中国特色社会主义的问题。党的十八大以来，习近平总书记围绕全面深化改革发表了一系列重要论述。他说："改革开放是决定当代中国命运的关键一招，也是决定实现'两个一百年'奋斗目标、实现中华民族伟大复兴的关键一招。"因此，我们"必须以更大的政治勇气和智慧，不失时机深化重要领域改革，攻克体制机制上的顽瘴痼疾，突破利益固化的藩篱，进一步解放和发展社会生产力，进一步激发和凝聚社会创造力。"2013年11月，党的十八届三中全会审议通过的《中共中央关于全面深化改革若干重大问题的决定》（以下简称《决定》），更是提出了许多有关全面深化改革的新观点、新要求和新举措。

第一，在全面深化改革总目标上，提出"推进国家治理体系和治理能力现代化"。用"国家治理"这一新的概念取代过去提的"国家管理"，体现了治理主体的多元化，强调各方面制度要更加科学、更加完善，实现国家、社会各项事务治理更加制度化、规范化、程序化，不断提高运用中国特色社会主义制度有效治理国家的能力。

第二，在社会主义市场经济改革方向上，提出"使市场在资源配置中起决定性作用"。将市场在资源配置中起"基础性作用"修改为"决定性作用"意义十分重大，不仅有利于在全党全社会树立关于政府和市场关系的正确观念、转变经济发展方式，而且有利于转变政府职能，抑制消极腐败现象。

第三，在政治体制改革问题上，强调"建设社会主义法治国家"。明确指出，我国政治体制改革的重点是"切实转变政府职能，深化行政体制改革，创新行政管理方式，增强政府公信力和执行力，建设法治政府和服务型政府"。此外，党在《决定》中还对如何深化我国经济、政治、文化、社会、生态文明，以及国防和军队、党的建设等方面的体制与制度改革，提出了一系列新的重大举措。

党在《决定》中提出的新观点、新要求和新举措，充分展示了以习近平同志为核心的党中央敢于冲破传统思想观念的束缚，突破利益固化的藩篱，推动中国特色社会主义制度自我完善和发展的决心和魄力，深刻地回答了在新形势下如何完善和发展中国特色社会主义的问题，表明党在"解决中国问题"方面迈开了马克思主义中国化新征程的一大步。

二、十八大以来党总结、提炼和升华了中国特色社会主义的实践经验和历史经验，在"创造些新的东西"方面形成了马克思主义中国化新的理论成果

马克思主义中国化的第二个任务是运用马克思主义的立场、观点和方法总结中国的实践经验和历史经验，并把这些实践经验和历史经验提升为理论，创造些新的东西，为马克思主义理论宝库增添新的内容。党的十八大以来，以习近平同志为核心的党中央总结了我国坚持和发展中国特色社会主义的实践经验和历史经验，并把这些实践经验和历史经验加以提炼和升华，形成了一些新的理论成果。

1. 深刻阐述实现"中国梦"的重要思想，为坚持和发展中国特色社会主义注入新的内涵和时代精神。2012 年 11 月 29 日，习近平总书记在参观《复兴之路》展览时提出并深刻阐述了实现中国梦的重要思想。他说："现在，大家都在讨论中国梦，我以为，实现中华民族伟大复兴，就是中华民族近代以来最伟大的梦想。这个梦想，凝聚了几代中国人的夙愿，体现了中华民族和中国人民的整体利益，是每一个中华儿女的共同期盼。"习近平总书记不仅提出了"中国梦"的重要思想概念，而且深刻阐述了中国梦的基本内涵和实现"中国梦"的具体途径。他说，实现中华民族伟大复兴，是近代以来中国人民最伟大的梦想，我们称之为"中国梦"，基本内涵是"实现国家富强、民族振兴、人民幸福"。习近平总书记明确指出：实现"中国梦"必须走中国道路，这条道路就是中国特色社会主义道路。实现"中国梦"必须弘扬中国精神，这就是以爱国主义为核心的民族精神，以改革创新为核心的时代精神，实现"中国梦"必须凝聚中国力量，这就是中国各族人民大团结的力量。习近平总书记认为："'中国梦'是一种形象的表达，是一个最大公约数，是一种为群众易于接受的表述，核心内涵是中华民族伟大复兴。"

习近平总书记关于实现"中国梦"的思想，是十八大后党在理论创新中取得的重要理论成果，既体现了马克思主义基本原理同中国的具体实际相结合的原则，又体现了我们党的奋斗目标和根本宗旨的高度统一，生动形象地表达了全体中国人民的共同理想追求，昭示着国家富强、民族振兴、人民幸福的美好前景，为坚持和发展中国特色社会主义注入新的内涵和时代精神，成为凝聚党心民心、激励中华儿女为实现中华民族伟大复兴而奋斗的强大精神力量。

2.领导开展党的群众路线教育实践活动，取得了在新形势下加强和改进党的建设的宝贵经验。2013年4月19日，中央政治局根据十八大关于在全党深入开展党的群众路线教育实践活动的重大决策，决定从2013年下半年开始，用一年左右时间，在全党自上而下分批开展党的群众路线教育实践活动。通过领导开展群众路线教育实践活动，党取得了在新形势下加强和改进自身建设的宝贵经验。第一，群众路线是永葆党的青春活力和战斗力的重要传家宝，必须做到教育和实践两手抓，使马克思主义群众观点深深植根于思想中、真正落实到行动上。第二，理想信念是共产党人的精神之"钙"，必须加强思想政治建设，解决好世界观、人生观、价值观这个"总开关"问题。第三，加强和改进作风建设是保持党同人民群众血肉联系的有效途径，必须聚焦解决群众反映强烈的突出问题，以作风建设新成效汇聚起推动改革发展的正能量。第四，批评和自我批评是清除党内政治灰尘和政治微生物的有力武器，必须以整风精神严格党内生活，着力提高领导班子发现和解决自身问题的能力。第五，讲认真是我们党的根本工作态度，必须做到无私无畏、敢于担当，把认真精神体现到党内生活和干事创业的方方面面。

这些宝贵经验是十八大后党的建设理论创新中取得的一个理论成果，不仅是党对自身建设历史经验的继承和创新，是对新形势下自身建设规律探索和认识的升华，而且为马克思主义执政党建设的思想理论宝库增添了一些新的内容，标志着党的建设进入了一个新的、更高的境界与阶段。

三、十八大以来党高度重视弘扬中国优秀传统文化，在使马克思主义"和民族的特点相结合"方面提出了马克思主义中国化新的发展思路

马克思主义中国化的第三个任务是把马克思主义根植于中国的优秀文化之中，使马克思主义"和民族的特点相结合"，并经过一定的民族形式表现出来。党的十八大以来，以习近平同志为总书记的党中央高度重视弘扬中国优秀传统文化，在使马克思主义"和民族的特点相结合"方面作出了新的努力。

2013 年 12 月 30 日，习近平总书记在十八届中央政治局第十二次集体学习时的讲话中指出："中华文化是我们提高国家文化软实力最深厚的源泉，是我们提高国家文化软实力的重要途径。要使中华民族最基本的文化基因与当代文化相适应、与现代社会相协调，以人们喜闻乐见、具有广泛参与性的方式推广开来，把跨越时空、超越国度、富有永恒魅力、具有当代价值的文化精神弘扬起来，把继承传统优秀文化又弘扬时代精神、立足本国又面向世界的当代中国文化创新成果传播出去。"2014 年 2 月 24 日，中央政治局举办主题为"培育和弘扬社会主义核心价值观、弘扬中华传统美德"的集体学习，习近平总书记提出"优秀传统文化是社会主义核心价值观的重要思想源泉"，强调"培育和弘扬社会主义核心价值观必须立足中华优秀传统文化"。

以习近平同志为核心的党中央如此高度重视弘扬中国优秀传统文化，特别是提出"优秀传统文化是社会主义核心价值观的重要思想源泉""培育和弘扬社会主义核心价值观必须立足中华优秀传统文化"，表明党在使马克思主义"和民族的特点相结合"方面，提出了马克思主义中国化新的发展思路。

四、十八大以来党的理论创新不仅推进了马克思主义中国化的发展，而且呈现出了马克思主义中国化新的特点与发展走向

1.在理论指导上更加坚持科学性，强调以马克思主义哲学的历史唯物主义基本原理和方法论为指导。习近平总书记认为，我们党自成立起就高度重视在思想上建党，其中十分重要的一条就是坚持用马克思主义哲学教育和武装全党。学哲学、用哲学，是我们党的一个好传统。推动全党学习历史唯物主义基本原理和方法论，能够更好认识国情，更好认识党和国家事业发展大势，更好认识历史发展规律，更加能动地推进各项工作。他总结了党的历史和现实经验，强调指出："历史和现实都表明，只有坚持历史唯物主义，我们才能不断把对中国特色社会主义规律的认识提高到新的水平，不断开辟当代中国马克思主义发展新境界。"因此，习近平总书记要求"党的各级领导干部特别是高级干部，要原原本本学习和研读经典著作，努力把马克思主义哲学作为自己的看家本领"。

2.在与中国实际结合上更加突出实践性，紧紧围绕中国国情进行探索，并将探索中的实践经验及时上升为马克思主义科学理论。要实现马克思主义中国化，必须了解和懂得中国的历史状况和社会状况、中国的特点、中国社会的发展规律等基本国情，达到对于马克思主义的理论和中国的实践之完整的、统一的、深入的理解和把握。党的十八大以来，习近平总书记多次发表讲话，对这些问题进行了深刻的论述。

2014年4月1日，习近平主席在比利时布鲁日欧洲学院发表重要演讲时透彻地分析了中国的五大特点：第一，中国是有着悠久文明的国家；第二，中国是经历了深重苦难的国家；第三，中国是实行中国特色社会主义的国家；第四，中国是世界上最大的发展中国家；第五，中国是正在发生深刻变革的国家。在讲到中国是世界上最大的发展中国家时，习近平主席指出：中国发展取得了历史性进步，经济总量已经跃升到世界第二位。同时，我们也

应清醒认识到，中国经济总量虽大，但除以 13 亿多人口，人均国内生产总值还排在世界第八十位左右。所以，让 13 亿多人都过上好日子，还需要付出长期的艰苦努力、中国目前的中心任务依然是经济建设，并在经济发展的基础上推动社会全面进步。

正是因为十八大以来党对中国的历史状况和社会状况、中国的特点、中国社会的发展规律，特别是对于当代中国的实际有清醒的认识和把握，并能紧紧围绕当代中国实际问题进行探索，将探索中的实践经验及时上升为马克思主义科学理论，因而形成了马克思主义中国化新的理论成果，为马克思主义理论宝库增添了新的内容。

3.在表现形式上更加注重民族性，肯定中国特色社会主义要以中华文化为基础，强调中国化的马克思主义就是要和中华文化紧密结合。党的十八大以来，习近平总书记把对中华优秀传统文化的重视推向了的新历史阶段，认为"中华民族伟大复兴需要以中华文化繁荣发展为条件""培育和弘扬社会主义核心价值观必须立足于中华优秀传统文化""中华文化代表着中华民族独特的精神标识"，这些论断极大丰富和发展了中国特色社会主义理论。

习近平总书记把中华文化与民族复兴及社会主义道路高度统一起来，肯定了中国马克思主义与中国优秀传统文化之间继承发展的正向联系，确立了中国文化传统作为中国特色社会主义文化之"根基"与"精神命脉"的地位。习近平总书记认为，实现中华民族伟大复兴的"中国梦"，不是简单地追求强国富民，而是中华文化的繁荣复兴，因此"中国梦"的实现同时也是中华民族价值观、价值理念追求仁爱、正义、大同等理想的实现，这就把"中国梦"的内涵提高到了一个新的高度、特别是习近平总书记在关于中华文化的讲话中肯定了中国特色社会主义要以中华文化为基础，强调中国化的马克思主义就是要和中华文化紧密结合，意味着马克思主义中国化就是要确立中华民族和中华文化在中国特色社会主义建设中的基础地位、这无疑是马克思主义中国化的重大发展，也是中国特色社会主义理论的重大创新，对未来马克思主义中国化的发展走向具有重要的方向性指导意义。

十八大以来中国共产党关于发展问题的理论创新与升华

刘从德　郭彩星

中国特色社会主义发展道路是在总结社会主义国家建设经验教训、把马克思主义发展观与时代特征、本国国情相结合的基础上形成的。党的十八大以来，以习近平同志为核心的党中央坚持以中国特色社会主义为发展方向，积极适应和引领经济发展新常态，用中国的话语体系对我国目前的发展目标、发展内涵、发展路径、发展保障等维度进行了新论述，把马克思主义发展观推进到一个新境界。它是党关于发展问题的经验集成和理论结晶，集中体现了新一届党中央治国理政新理念。

以习近平同志为核心的党中央为了获取中国特色社会主义事业新的胜利，立足于经济发展新常态的时代和实践新要求，从解决我国发展面临的突出矛盾和问题出发，用中国的话语体系对我国目前的发展目标、发展内涵、发展路径、发展保障等多维度进行了新判断、新诠释，继承和创新了马克思主义发展观，集中体现了新一届党中央治国理政理念和工作思路，为新的历史条件下社会主义现代化建设提供了具体的理论指引与实践要求。

一、历史经验：社会主义国家对发展问题的艰辛探索

科学的发展理念是在深刻总结社会主义国家历史发展经验的基础上形成的。马克思、恩格斯虽然提出了社会主义发展的方向、原则和基本特征，但由于历史局限并没有付诸实践。俄国社会主义革命胜利后，对"介于文明西

欧和落后东方之间"的俄国如何向社会主义过渡，列宁没有僵化地教条式的对待马克思、恩格斯这些结论，而是结合本国的实际对它进行具体的运用和创造，带领全党探索出了一条适合俄国国情的社会主义发展道路。列宁尊重群众的实践，大胆创新，对战时共产主义政策及时作出调整，提出了新经济政策，首次把马克思主义关于发展的一般规律转变为"俄国特色"层次；在新经济政策实践中，列宁逐渐认识到社会主义建设条件下社会基本矛盾不同于以往阶级社会中的对抗性矛盾，应该实现矛盾对立双方"和谐地结合起来"①。因此，他认为在俄国无产阶级夺取并掌握政权之后，整个社会可以通过改良、渐进、迂回的方式逐步向社会主义过渡，已经不需要再进行激烈的阶级斗争和进行第二次、第三次革命，开始把马克思主义关于以革命、阶级斗争等手段促进社会形态质变、飞跃意义的发展转变为以改良、科技等手段促进社会形态量变意义的发展；社会主义"首先在一个或者几个国家内获得胜利"后②，如何在"一球两制"条件下实现生存与发展，列宁认识到在世界历史条件下，社会主义和资本主义除了对抗斗争外，还有"相互做生意"的一面。他领导苏俄调整了对资本主义"对抗取代"战略，提出了"和平共处"的发展思想。

列宁逝世后，经过斗争成为领袖的斯大林虽然对苏联社会主义的发展和巩固作出了贡献，但他没有完全深刻认识到列宁对"社会主义社会看法根本改变了"的含义，没有从传统教条化的社会主义发展观中走出来，他以"阶级斗争尖锐化"理论为指导，用革命的惯性思维去处理和平建设条件下遇到的发展问题，过早停止了以"新经济政策"为主要内容的社会主义建设探索，推进工业化和农业集体化，最终形成了以单一的生产资料公有制为经济基础，以高度集中的指令性计划为主要调节手段，以发展重工业为重点的发展模式，并且将这一特定历史条件下形成的发展模式固定化、绝对化，对各国共产党和其他社会主义国家产生重要的影响，也为此后苏联解体和东欧剧变埋下了祸根。新中国成立后，毛泽东虽然告诫全党要"以苏为鉴"，主张

---

① 《列宁选集》第 4 卷，人民出版社 1995 年版，第 376 页。
② 《列宁全集》第 28 卷，人民出版社 1990 年版，第 88 页。

进行马克思主义与中国实际的"第二次结合",还撰写了《论十大关系》《关于正确处理人民内部矛盾的问题》等关于社会主义发展问题的光辉文献,但他始终没能跳出斯大林模式的窠臼,仍然坚持"以阶级斗争为纲"作为发展的动力,逐渐形成了"无产阶级专政下的继续革命理论",过分地强调上层建筑中政治因素和精神因素的"反作用",扭曲了唯物史观的基本原则,使中国社会主义发展事业遭遇了严重挫折。

十一届三中全会后,以邓小平同志为代表的共产党人在总结社会主义国家建设成败经验教训基础上认为:"社会主义究竟是个什么样子,苏联搞了很多年,也并没有完全搞清楚。可能列宁的思路比较好,搞了个新经济政策。但是后来苏联的模式僵化了。"①邓小平继续列宁当年的理论和实践探索,并实现了超越。邓小平带领全党坚持马克思主义基本原理的指导,解放思想,把工作中心由"以阶级斗争为纲"转移到经济建设的轨道上来,提出中国的发展道路是"建设有中国特色的社会主义",发展阶段是中国"还处于并将长期处于社会主义初级阶段",发展动力是改革开放和科学技术等,发展的内涵是"两手都要抓,两手都要硬",发展的目标是实现共同富裕和社会主义现代化,把中国的社会主义事业发展调整到一个正确的轨道上来。此后的历代中央领导集体都不断坚持这一发展方向,以为广大人民群众谋福祉为奋斗目标,根据时代的变化和阶段性发展新要求,对这一发展观不断进行丰富与发展。

二、现实回答:十八大以来关于发展问题的新思想新观点新论断

党的十八大以来,以习近平同志为核心的党中央站在时代和治国理政全局的高度,从"经济发展新常态"的发展阶段实际出发,围绕实现中华民族

---

① 《邓小平文选》第三卷,人民出版社 1993 年版,第 139 页。

伟大复兴的中国梦的发展目标，对于目前的经济社会发展问题提出许多新论断新思想。它集中体现了新一届党中央关于社会主义发展的新理念，是马克思主义发展观的最新成果。

（一）对发展道路方向的坚持与发展

1982 年，邓小平在党的十二大上提出，"把马克思主义的普遍原理同我国的具体实际结合起来，走自己的道路，建设有中国特色的社会主义"①，为中国发展确立了新方向。随后历代中央领导都坚持和发展这一思想。十八大召开前夕，国内外对中国发展前途议论纷纷，2012 年习近平在刚当选为中共中央总书记时就对此立场坚定地回应："我们必须坚定不移高举中国特色社会主义伟大旗帜，既不走封闭僵化的老路子、也不走到改旗易帜的邪路上去。"他进一步指出："走中国特色社会主义道路，是全面建成小康社会、加快推进社会主义现代化、实现中华民族伟大复兴的客观要求，是创造人民美好生活的必由之路。"同时，他认为："发展中国特色社会主义是一项长期的艰巨的历史任务，全党要毫不动摇地坚持、与时俱进地发展中国特色社会主义"②。习近平总书记不仅再次为我们坚定了发展方向，而且要求我们进一步增强中国特色社会主义道路自信，向我们提出了发展中国特色社会主义的历史任务。2012 年习近平总书记在国家博物馆参观《复兴之路》展览时说，我们在改革开放后"终于找到了实现中华民族伟大复兴的正确道路，取得了举世瞩目的成果。这条道路就是中国特色社会主义"，并且深刻指出："落后就要挨打，发展才能自强；道路决定命运，我们必须要坚定不移地走下去"③。在这里，习近平总书记将发展问题和中国特色社会主义有机统一在一起，他认为中国特色社会主义道路是我们今后发展的方向，发展是中国特色社会主义的中心战略任务。在 2013 新年之初，习近平总书记用马克思主义立场、观点和方法对中国特色社会主义的发展历史进行分析总结时指出：

---

① 《邓小平文选》第三卷，人民出版社 1993 年版，第 3 页。
② 《习近平谈治国理政》，外文出版社 2014 年版，第 6—20 页。
③ 《习近平谈治国理政》，外文出版社 2014 年版，第 35—37 页。

"中国特色社会主义是科学社会主义理论逻辑和中国社会发展历史逻辑的辩证统一""只有中国特色社会主义才能发展中国……我们要有这样的道路自信、理论自信和制度自信",并且强调"坚持和发展中国特色社会主义是一篇大文章……我们这一代共产党人的任务就是继续把这篇文章写下去"[①]。他在第十二届人大第一次会议上再次强调"实现中国梦必须走中国道路,继续把中国特色社会主义事业推向前进"。这实际指出了中国特色社会主义是马克思主义普遍原理与中国具体发展实际的辩证统一、是历史发展客观规律与中国人民主体选择的辩证统一、是时代主题变换与自身发展需要的辩证统一。

(二) 对发展阶段的新判断

客观世界发展是一个量变质变辩证统一的螺旋式上升的过程。社会主义初级阶段也是一个量变中有部分质变的动态发展过程。我们既要认识社会主义初级阶段是一个长期历史发展过程,又要深刻体会它在长期发展过程中必然要经历若干具体阶段,不同具体阶段会呈现出新的特点。只有这样我们才能正确地把握时代特征和我国改革开放实践新要求,才能实事求是地制定正确的发展策略。党的十三大对我国社会主义发展阶段和基本国情认识达到一个新的高度,对"社会主义初级阶段"理论和党在社会主义初级阶段的基本路线进行了详细的论述。此后历届党的全国代表大会都不断强调并丰富发展了社会主义初级阶段理论及其基本路线。在新的时代条件下,习近平总书记仍然指出:"强调总依据,是因为社会主义初级阶段是当代中国的最大国情、最大实际。我们在任何情况下都要牢牢把握这个最大国情,推进任何方面的改革发展都要牢牢立足这个最大实际。"[②]

当前由于国际经济危机和国内经济结构调整的影响,我国经济发展进入了"增长速度换挡期、结构调整阵痛期和前期刺激政策消化期三期叠加"的阶段;全面建成小康社会进入决定性阶段,由于发展的不平衡和体制机制的

[①] 《习近平谈治国理政》,外文出版社 2014 年版,第 21—21 页。

[②] 《习近平谈治国理政》,外文出版社 2014 年版,第 10 页。

不完善，先富起来之后的发展成果受惠不均对共同富裕的挑战、经济总量领先下的人均落后、资源环境约束下的发展方式转变压力等一系列重大问题，并带来社会矛盾增加、国际压力变大以及环境污染加剧的严峻挑战；改革步入攻坚期和深水区，人民群众物质文化生活的需求日益呈现多样化的特点；对外开放日益扩大，面临的国际竞争日趋激烈。中国经济社会发展出现的新的阶段性特征，要求中央统筹国内外发展的具体实际提出新论断。2014年5月，习近平总书记在河南考察时论述发展新阶段特征时第一次用了"新常态"这一概念："我国发展仍处于重要战略机遇期，我们要增强信心，从当前我国经济发展的阶段性特征出发，适应新常态，保持战略上的平常心态。"①2014年11月，习近平主席在北京亚太经合组织工商领导人峰会上比较系统地阐述了经济新常态的特点、它给我们带来的发展挑战和机遇、我们应该如何适应新常态等问题。② 在2014年底召开的中央经济工作会议上，习近平总书记结合我国经济发展的形势指出："认识新常态、适应新常态、引领新常态，是当前和今后一个时期我国经济发展的大逻辑。"随后2015年习近平总书记到浙江、贵州、吉林等省市调研，多次强调要适应和把握我国经济发展进入新常态的阶段性特征，要看清和适应形势，"善于运用辩证思维谋划经济社会发展"。虽然这是习近平总书记主要对经济发展新阶段的重大战略判断，但这也是他运用马克思主义立场观点方法分析我国当前发展实际而作出具体阶段性特征的新定位，为中国的发展战略和发展政策的制定提供了依据。

（三）对发展目标和战略步骤的新规划

对当代中国发展方向和发展基本依据有了清醒的认识后，就需要制定切合实际的发展目标来凝聚发展力量，制定战略步骤来有计划地实现发展目

---

① 习近平：《深化改革发挥优势创新思路，统筹兼顾确保经济持续健康发展社会和谐稳定》，《人民日报》2014年5月11日。

② 《习近平首次系统阐述"新常态"》，新华网，见 http://news.xinhuanet.com/politics/2014-11/10/c-127195118.htm。

标。实现共产主义是无产阶级的最高理想目标。但共产主义的目标需要通过若干阶段的具体目标有步骤地实现。对于中国人民和共产党来说，以共产主义理想为引领，实现中华民族伟大复兴和社会主义现代化是梦寐以求的夙愿。在社会主义建设探索时期毛泽东领导全党就根据本国实际提出了"四个现代化"奋斗目标和"两步走"战略步骤。改革开放后，邓小平进一步思考如何根据时代发展要求和我国具体国情，实现中国式的现代化，他用了"小康之家"这个概念来描述我们的发展目标。党的十三大根据邓小平关于现代化的战略构想，提出了"三步走"发展战略。在发展战略第一步、第二步目标顺利实现情况下，党的十五大对"三步走"战略的第三步进一步进行筹划，提出三个阶段性目标。在此基础上，党的十六大提出了"全面建设小康社会，加快推进社会主义现代化"的发展目标。党的十七大把全面建设小康社会由倡导变为刚性要求，第一次提出"确保到 2020 年实现全面建成小康社会的奋斗目标"，党的十八大对这一目标内容工作作出全面战略部署。

在这些战略规划基础上，习近平总书记在 2012 年 11 月第一次提出要实现中华民族伟大复兴的中国梦目标。随后他在不同场合强调实现中国梦是"共同愿景""战略目标"，是"党和国家工作大局"。为了实现这一发展目标，习近平总书记提出了具体性的战略步骤："到中国共产党成立 100 周年时全面建设成小康社会，到新中国成立 100 周年时建成富强民主文明和谐的社会主义现代化国家，努力实现中华民族伟大复兴的中国梦。"[①] 他指出："中国已经进入全面建成小康社会的决定性阶段。实现这个目标是实现中华民族伟大复兴中国梦的关键一步。"[②] 这些重要论述，清楚地表明以习近平同志为核心的党中央也规划了一个新的发展目标和新的"三步走"战略步骤，即第一步，到建党一百年周年时候要实现全面建成小康社会的目标；第二步，到新中国成立一百年要实现社会主义现代化；第三步，在以上基础上，实现中华民族伟大复兴的中国梦。这里，实现"两个一百年"目标是实现"中国梦"的基础，实现"中国梦"是对以前现代化目标和战略步骤的升华。

---

① 《习近平谈治国理政》，外文出版社 2014 年版，第 11 页。
② 《习近平谈治国理政》，外文出版社 2014 年版，第 311 页。

（四）提出了走和平发展道路的新思维

中国的发展离不开世界。目前世界仍处于"一球两制"的格局，要实现上述发展目标，我们需要与世界各国尤其是资本主义国家和平共处、互利共赢、和平竞赛。邓小平运用马克思主义"世界历史"和"和平共处"理论，对世界形势进行深入研究，提出了当今世界性战略问题是和平和发展两大问题的论断。随后党的十三大提出了和平和发展是当今世界两大主题的战略判断。邓小平带领全党逐渐走上了一条与本国国情和时代特征相符合的和平发展道路。随后历代党中央都坚持了这一战略判断和发展道路。

以习近平同志为核心的党中央用全球化眼光和辩证思维来把握目前"新常态"下的机遇和挑战，认为世界各国是一个相互联系相互作用的"命运共同体"，需要携手应对发展问题和经济全球化进程中的各种挑战。他明确向世界提出"中国将始终不渝地坚持走和平发展道路，始终不渝奉行互利共赢的开放战略。不仅致力于中国自身发展，也强调对世界的责任和贡献；不仅造福中国人民，而且造福世界人民。实现中国梦给世界带来的是和平，不是动荡；是机遇，不是威胁"[1]。针对有些国际人士担忧中国迅速崛起后将与美国等现存大国发生冲突的危险，2014年1月习近平在接受国际媒体专访中表示："我们都应该努力避免陷入'修昔底德陷阱'，强国只能追求霸权的主张不适用于中国，中国没有实施这种行动的基因。"不仅如此，新一届党中央还积极参与全球治理，致力为全球发展作出力所能及的贡献。2015年9月，习近平主席在联合国发展峰会上给目前全球发展问题开出了药方，提出了"公平、开放、全面、创新"的世界发展观，主张未来全球"要争取公平的发展，让发展机会更加均等""要坚持开放的发展，让发展成果惠及各方""要追求全面的发展，让发展基础更加坚实"，"要促进创新的发展，让发展潜力充分释放"[2]。这一发展观符合当今世界未来的发展方向，有利于优化国际发展环境，增强各国尤其是不发达国家的发展能力，是对马克思主义世界历史

---

[1] 《习近平谈治国理政》，外文出版社2014年版，第57页。

[2] 习近平：《在联合国发展峰会上的讲话》，《人民日报》2015年9月27日。

理论的丰富和发展。

（五）确立了五大发展理念

对于走向社会主义道路的国家采取什么样的发展方式，马克思主义认为生产力是人类社会发展和进步的最终决定力量，创造出比资本主义更高的劳动生产率、大力发展社会生产力对经济文化比较落后国家的社会主义制度巩固和发展具有极其重要的战略意义。邓小平继承这一思想，提出"发展才是硬道理"的论断，坚持社会主义建设"两手抓、两手都要硬"。江泽民根据当时实际提出"发展是党执政兴国的第一要务"，强调"我们要在发展社会主义社会物质文明和精神文明的基础上，不断推进人的全面发展。"胡锦涛提出"科学发展观第一要义是发展"，并要求我们"坚持以人为本、树立全面、协调、可持续的发展观"。

在现阶段，党的十八届三中全会仍然强调："必须立足于我国长期处于社会主义初级阶段这个最大实际，坚持发展仍是解决我国所有问题的关键这个重大战略判断。"虽然目前中国发展取得了重大成就，但是我国发展面临的主要社会矛盾没有变，中国梦的实现，需要坚实的物质基础，更需要奠定这一条件的生产力的发展。发展仍是解决我国一切问题的关键。因此，习近平总书记要求"我们要坚持发展是硬道理的战略思想，坚持以经济建设为中心，全面推进社会主义经济建设、政治建设、文化建设、社会建设、生态文明建设，深化改革开放，推动科学发展，不断夯实实现中国梦的物质文化基础"①。同时，当前我国经济发展已经具有新常态的阶段性趋向，再也不能沿袭过去的发展旧模式，必须针对发展中存在的突出矛盾和问题，适应新的发展环境、条件、要求等变化，提出新的发展理念，从根本上转变和完善经济社会发展的道路、模式和战略，避免陷入"中等收入陷阱"。习近平总书记认为："发展必须是遵循经济规律的科学发展，必须是遵循自然规律

---

① 《习近平谈治国理政》，外文出版社 2014 年版，第 11 页。

的可持续发展，必须是遵循社会规律的包容性发展。"①在这些科学认识基础上，党的十八届五中全会正式提出："实现'十三五'时期发展目标，破解发展难题，厚植发展优势，必须牢固树立并切实贯彻创新、协调、绿色、开放、共享的发展理念。"②这五大发展理念是一个有机的整体，既相互区别、各有侧重又相互贯通、相互支撑。其中，创新理念着力解决经济发展动力问题，协调理念着力解决发展不平衡问题，绿色理念着力解决人与自然关系和谐问题，开放理念着力解决发展内外联动问题，共享理念着力解决社会公平正义问题；同时，这五大发展理念共同组成了中国未来发展的顶层设计，统一于中国特色社会主义的实践中，适应了经济发展新常态的新要求，致力于实现中国梦的发展目标，致力于实现最广大人民群众的根本利益。习近平总书记对此深刻指出："这五大发展理念，是'十三五'乃至更长时期我国发展思路、发展方向、发展着力点的集中体现，也是改革开放 30 多年来我国发展经验的集中体现，反映出我们党对我国发展规律的新认识。"③

（六）对发展路径和保障条件作了新阐释

从"新常态"实际出发去实现"中国梦"的发展目标，就要走合适的发展路径和可靠的保障。党的十八大召开以来，习近平总书记在治国理政实践中发展方略逐渐形成和完善。他运用马克思主义世界观和方法论对当前纷繁复杂发展问题进行轻重缓急的权衡分析，逐渐将关系到目前经济社会发展全局的小康社会建设、改革开放、法治和党建四个关键方面分别赋予了全新的意义，并将其整合为一个有机统一体，十分具有目标性、系统性、全局性及可操作性，成为实现中国特色社会主义现代化和中华民族复兴的战略性顶层设计，是我们适应和引领新常态的治国理政新方略，为实现中国梦提供思想

---

① 《中共中央政治局召开会议决定召开十八届四中全会，讨论研究当前经济形势和下半年经济工作》，《人民日报》2014 年 7 月 30 日。

② 《中共中央关于制定国民经济和社会发展第十三个五年规划的建议》，《人民日报》2015 年 11 月 4 日。

③ 习近平：《关于〈中共中央关于制定国民经济和社会发展第十三个五年规划的建议〉的说明》，《人民日报》2015 年 11 月 4 日。

引领、重点突破和战略保障作用。

2014年12月，习近平总书记在江苏考察时第一次提出了"四个全面"："协调推进全面建成小康社会、全面深化改革、全面推进依法治国、全面从严治党，推动改革开放和社会主义现代化建设迈上新台阶。"①2015年初在中央党校习近平总书记说："党的十八大以来，党中央从坚持和发展中国特色社会主义全局出发，提出并形成了全面建成小康社会、全面深化改革、全面依法治国、全面从严治党的战略布局。这个战略布局，既有战略目标，也有战略举措，每一个'全面'都具有重大战略意义。全面建成小康社会是我们的战略目标，全面深化改革、全面依法治国、全面从严治党是三大战略举措。"②他把这"四个全面"定位于我国社会主义现代化发展的战略布局，并集中阐述了四者之间的逻辑关系，为实现中国梦这一奋斗目标指明了路线图。第一，全面建成小康社会"是实现中华民族伟大复兴中国梦的关键一步"，它为实现社会主义现代化和中华民族复兴打下坚实基础。第二，全面深化改革是发展的动力和路径。习近平总书记深刻指出："改革开放是决定当代中国命运的关键一招，也是实现'两个百年目标'、实现中华民族伟大复兴的关键一招。"③当前我国的改革开放已经进入深水区和攻坚期，这就要求我们对改革开放"加强顶层设计"，切实为发展扫清障碍，为撬动中国梦提供有力杠杆。第三，全面依法治国是改革开放的法治保障，是实现发展目标的基石。党的十八届四中全会提出："全面建成小康社会、实现中华民族伟大复兴的中国梦，全面深化改革、完善和发展中国特色社会主义制度，提高党的执政能力和执政水平，必须全面推进依法治国"，习近平总书记在2015年新年贺词中又进一步把全面深化改革和全面推进依法治国在全面建成小康社会中的作用比喻为"鸟之双翼、车之双轮"的关系，缺一不可。第四，全面从严治党是实现发展目标的组织保障。中国共产党是社会主义经济

① 习近平：《主动把握和积极适应经济发展新常态，推动改革开放和现代化建设迈上新台阶》，《人民日报》2014年12月15日。
② 习近平：《在省部级主要领导干部学习贯彻十八届四中全会精神全面推进依法治国专题研讨班上的讲话》，《人民日报》2015年2月3日。
③ 《习近平谈治国理政》，外文出版社2014年版，第71页。

社会发展的领导核心，要想完成这些艰巨的历史任务，"打铁还需自身硬"。党的十八大以来，中国共产党以中央八项规定为突破口，以坚持"老虎""苍蝇"一起打、遏制腐败蔓延趋势为强劲动力，深入进行党的群众路线教育实践活动和作风建设，还强调要把"权力关进制度的笼子里"，要依法依规管党治党，发挥人民群众监督作用。把解决发展中的突出问题和解决党自身的问题结合起来，从而为经济社会发展提供坚强的组织保障。

三、全面升华：马克思主义发展观的时代创新

虽然一个理论的形成要经过实践、认识的循环反复螺旋式上升的发展过程，新一届党中央关于发展问题的新思想还要经由实践的进一步完善和检验，也还需要进一步的理论总结和深化。但是，毋庸置疑的是，新一届党中央的发展观实现了对马克思主义发展观的全面发展与升华。

（一）它将马克思主义发展观推进到一个新境界

自从列宁通过新经济政策探索把马克思主义发展观由革命的发展观转换为建设的发展观之后，邓小平对列宁的探索模式实现了继承和超越，他在改革开放实践基础上对中国的发展道路、发展阶段、发展动力、发展目标、发展战略等作出一系列判断和回答，创立了中国特色社会主义发展观。以江泽民、胡锦涛为代表的共产党人根据时代的阶段性发展要求不断坚持和完善这一发展观。以习近平同志为核心的党中央坚持历史发展的正确方向，积极适应和引领新常态，确立了新的发展目标和战略步骤，在国际上坚持走和平发展之路，主张"公平、开放、全面、创新"的发展，促进世界各国实现互利共赢和共同发展，为中国发展创造一个良好的发展环境；在国内主张"创新、协调、绿色、开放、共享"的五大发展理念，以"四个全面"战略布局为发展路径和发展保障，对邓小平所创立的中国特色社会主义发展道路、发展阶段、发展动力、发展目标等与时俱进地进行了丰富和完善，是党关于发展问题的经验集成和理论结晶，以全面性、创新性和深刻性升华了党对经济社会

发展规律的认识，从而将马克思主义发展观推进到一个新境界。

（二）它是对无产阶级政党执政规律的再深化和新飞跃

新一届党中央的发展观不仅是一种发展理念，还是一种执政新思路。以习近平同志为核心的党中央坚持科学社会主义的基本原则，针对我国经济社会发展面临的突出矛盾和关键问题，创造性地回答了新形势下我们要实现什么样的国家治理，怎么进行国家治理，实现什么样的发展、怎样发展的许多重大理论和实践问题。它彰显了无产阶级政党的执政使命和执政能力；以习近平同志为核心的党中央不仅立足于国内发展，而且还积极参与全球治理，努力掌握我国在国际上的规则制定话语权，为全球发展作出自己的贡献，从而提升中国的国际地位，构建广泛的利益共同体。它是无产阶级政党对国内外发展大局的一种统筹把握；以习近平同志为核心的党中央认为"人民对美好生活的向往，就是我们的奋斗目标"①，始终把"发展为了人民，发展依靠人民，发展的成果由人民共享"作为治国理政的出发点和落脚点。这集中体现了无产阶级政党的宗旨意识和价值趋向，充分体现社会主义本质要求和发展方向。

---

① 《习近平谈治国理政》，外文出版社 2014 年版，第 4 页。

在解放思想中发展中国特色社会主义

刘士才

发展中国特色社会主义，必须坚定不移地解放思想。这是中国共产党人对中国革命、建设和改革历史经验作出科学分析的必然选择，是党的思想路线的本质和要求。新世纪新阶段我们必须进一步解放思想，努力发展中国特色社会主义。

中国特色社会主义伟大旗帜，是当代中国发展进步的旗帜，是全党全国各族人民团结奋斗的旗帜。中国特色社会主义具有双重含义：一是坚持科学社会主义的基本原理；二是根据我国具体实际进一步解放思想，赋予社会主义鲜明的中国特色。

发展中国特色社会主义，必须坚定不移地解放思想，这是中国共产党人对中国革命和建设历史经验的科学总结做出的必然选择。20世纪20年代末30年代初，党内以王明为代表的"左"倾教条主义者，把马列主义绝对化，把共产国际决议和苏联经验神圣化，几乎使中国革命陷入绝境。如何使人们从教条主义的桎梏中解放出来，运用马克思主义正确指导中国革命实践，毛泽东同志做出了开创性的贡献，他具体分析了中国革命的国情特点，把马克思主义与中国革命具体实践相结合，创立了毛泽东思想，为马克思主义在中国的新发展开辟了广阔的空间。在毛泽东思想的指导下，中国共产党人找到了一条适合中国国情的农村包围城市、武装夺取政权的革命道路，建立了新中国。新中国成立后，毛泽东又提出以苏联经验为借鉴，我们党开始探索一条有别于苏联模式，适合中国国情的社会主义建设道路，在党的工作重心转移到现代化建设目标、工业化道路，以及经济体制改革、社会内部矛盾、民主政治和执政党建设等问题上，提出了许多正确的观点，形成了许多关于中国特色社会主义建设正确理论原则和经验总结。但是后来由于对国情的错误判断和对阶级斗争形势的错误理解，把这种探索和研究引入了歧途，给党、国家和人民带来了重大灾难。在建设社会主义的实践中，我们或是以教条主义的态度对待马克思主义，或是全盘照搬照抄苏联社会主义经验，以至于社会主义在中国这片土地上越走越窄，直到"文革"爆发之际，社会主义在中国几乎陷入绝境。对此，邓小平同志曾十分深刻地总结道："一个党，一个国家，一个民族，如果一切从本本出发，思想僵化，迷信盛行，那它就不能前进，它的生机就要停止，就要亡党亡国。"可见，解放思想对建设发展中国特色社会主义何等重要。

发展中国特色社会主义，必须坚定不移的解放思想，这是因为邓小平开创、江泽民巩固发展的中国特色社会主义伟大事业，在一定意义上讲，都是坚持解放思想、实事求是、与时俱进的结果。在"文革"结束后的重大历史转折关头，邓小平号召全党解放思想、实事求是。他率先批判了"两个凡是"，指出"两个凡是"不符合马克思主义。通过批判"两个凡是"的错误思想和真理标准的大讨论，极大地解放了人们的思想，党的解放思想、实事求是的思想路线得以重新确立，我们党开辟了中国特色社会主义事业的崭新历史时期。十三届四中全会以来，以江泽民同志为代表的党中央面对世情、国情、党情的新变化，敏锐把握时代脉搏，坚持解放思想、实事求是、与时俱进，在建设中国特色社会主义伟大实践的经验基础上，创立了"三个代表"重要思想，进一步回答了什么是社会主义、怎样建设社会主义的问题，回答了建设什么样的党、怎样建设党的问题，深化了对中国特色社会主义的认识，全面开创了中国特色社会主义事业的新局面。

发展中国特色社会主义，必须坚定不移地解放思想，这也是党的思想路线的本质要求。从一定意义上讲，改革开放以来，我们所取得的所有成就，都是坚持党的思想路线的结果，是解放思想、实事求是、与时俱进的结果。党的思想路线是，一切从实际出发，理论联系实际，实事求是，在实践中检验真理和发展真理。贯彻党的思想路线，必须坚持解放思想、实事求是、与时俱进。实事求是是党的思想路线的核心，实事求是内在地包含着解放思想。只有解放思想，我们才能正确地以马克思主义为指导，解决出现的一系列新问题，改变同生产力发展不相适应的生产关系和上层建筑。根据我国现代化建设发展的实际，确立正确的道路、方针和措施，离开了解放思想、实事求是就会受到主观上的干扰和阻碍，就会成为一句空话。同时解放思想也不是脱离实际的胡思乱想，实事求是是解放思想的根本目的，离开了实事求是，解放思想就会走入主观幻想和盲目蛮干的歧途。二者辩证统一，不可分割。解放思想作为党的思想路线的本质要求，进一步深化了对党的思想路线的认识。回首建设有中国特色社会主义的二十多年，可以说是全党全国各族人民贯彻落实解放思想、实事求是思想路线的二十多年，是人们不断冲破"左"的羁绊，走出姓"公"姓"私"的疑虑，使主观符合客观、生产关系适合生产力发展的二十多年，因此，也是我国发展速度最快，取得成就最大的二十多年。这二十多年，无论国际风云如何变幻，无论前进道路多么艰难，全党全国各族人民以邓小平理论和"三个代表"重要思想为指导，坚持解放思想、实事求是、与时俱进，坚持党的基本路线不动摇。

发展中国特色社会主义，必须坚定不移地解放思想，在全面建设小康社会，努力开创中国特色社会主义事业新局面的今天，解放思想显得仍然必要和紧迫。当今世界正在发生广泛而深刻的变化，从一定意义上讲，我们正在干我们前人所从来没有干过的事业。我们党从来没有领导过市场经济，也从来没有像现在这样与国际资本直接、全面地打交道。国际上，世界多极化和经济全球化趋势深入发展，国际环境复杂多变，影响和平与发展不确定、不稳定因素增多，我们仍将面对发达国家在经济科技等方面的压力。在国内，经济体制深刻变革，社会结构深刻变革，利益格局深刻调整，思想观念深刻变化。我们有着难得的发展机遇，但也面临着许多可以预料或难以预料的严峻挑战。我国正处在一个大发展、大变革的时期，这也必然是矛盾的凸显期。要清醒地认识到，我们在前进中还面临不少困难和问题，突出的是：经济增长的资源环境代价过大；城乡、区域经济社会发展仍然不平衡；农业稳定发展和农民持续增收难度加大；劳动就业、社会保障、收入分配、教育卫生、居民住房、安全生产、团结和社会治安等关系群众切身利益的问题仍然较多，部分低收入群体生活比较困难；等等。这就要求我们进一步解放思想，自觉地把思想认识从那些不合时宜的观念、做法和体制的束缚中解放出来，从对马克思主义的错误的和教条式的理解中解放出来，从主观主义和形而上学的桎梏中解放出来。从旧的、传统的发展观的思想束缚中解放出来，树立和落实科学发展观。转变思想观念，解决影响和制约科学发展的突出问题，把科学发展观落实到经济社会发展的各个环节，坚定不移地解放思想、实事求是、与时俱进，继续深化对中国特色社会主义以及科学发展观的研究和探索，中国特色社会主义道路必将越走越宽广，展现在世人面前的必将是人类社会主义事业更加辉煌的明天。

中国特色社会主义制度自信的社会心理分析

屠静芬　岳奎

中国社会主义的制度自信是生成于民族传统、全球化背景下政治文明冲突和交融之中，经过几代人艰辛的理论探索和实践，在总结现代中国政治文明建构过程"得与失"的基础上形成的，既是中国与世界交往过程中逐渐自觉确立自身主体性地位的重要表征，也是在当下中国经济、社会、政治、文化、生态文明等全面发展过程中执政党对中国人民民族自豪感、民族自信心，以及身份归属感的主动回应。党的十八大深刻阐述了中国特色社会主义的一系列重大理论问题，鲜明提出了坚定中国特色社会主义道路自信、理论自信、制度自信的基本要求。这三个自信是夺取中国特色社会主义新胜利的重要保障。其中制度自信尤为重要，不仅关系到社会主义事业的成败，也关系到中国特色社会主义的发展方向和价值取向。因此，探讨中国特色社会主义制度自信生成的社会心理逻辑，对坚持中国特色社会主义道路自信、理论自信、制度自信，以及实现中国梦有着重要的理论价值和现实意义。

一、自信与制度自信生成的实践逻辑

政治制度是一国在政治生活中调整政治主体关系的正式规范，属于实践范畴，自信属于社会心理范畴，二者通过社会实践统一起来。

自信首先来自社会主体的实践活动。自信是社会主体对自己的肯定，自信并非与生俱来，它是社会主体实践活动的结果。列宁在《哲学笔记》中指出："世界不会自动满足人，在人以自己的行动改造世界的实践活动中，存在着作为规定的主体对自己的确信，就是对自己的现实性和世界的非现实性的确信。"①依照列宁的表述，自信首先是社会主体对自身的肯定态度。社会主体在实践活动中会形成实践经验，主体实践活动的成功或实践活动中成功大于失败的经验就在主体意识中积淀为关于自信的心理结构，作为心理机制的自信就在社会主体意识中形成。

自信也来自他人对于社会主体的评价。主体总是处在一定的社会中，社会主体的实践活动对他人有着直接或间接的影响。因此，他人必然会出于自身的利益，对主体实践活动的过程进行评价，尤其会对主体实践活动的成功与失败的结果进行评价。他人对主体的评价，会对主体的心理产生影响。自信形成于他人对主体积极的评价，否定则会对主体自信的形成产生消极的影响。由此就可以理解，主体的自信作为一种心理积淀的结果一开始就是社会的产物。

自信也来自主体对自身能力的评价。自信是主体对自身能力的积极肯定，是主体对自我正面的心理认同。主体生存和发展的需要是主体进行评价活动的出发点。"主体通过实践活动的方式，以建构物质形态或精神形态的为我之物来满足自身生存和发展的需要，在此过程中展现的是主体的能力，由此主体对自身能力的评价就以建构为我之物的实践活动作为评价中介，建构为我之物的实践活动成功与否，同作为实践活动的主体目的合理与否以及方法的得当与否联系在一起。"②

制度自信是政治主体在实践活动中获得的对政治制度的积极评价态度。在自信产生的实践逻辑中，政治制度作为政治主体进行政治实践建构的为我之物，起到规范政治主体、实现政治功能的作用。政治制度最终通过是否满足政治主体的利益和愿望而影响到政治主体的心理，使政治主体对政治制度产生积极或者消极的评价。政治主体对政治制度的积极评价最终会转换为制度自信。

在现实的政治生活中，政府或政党充当了制度供给者的角色，其他的政

① ［苏］列宁：《哲学笔记》，人民出版社 1974 年版，第 229 页。

② 陈新汉：《自信的哲学意蕴》，《江西社会科学》2010 年第 3 期。

治主体可以看作是政治制度的消费者。在这样一组关系中，制度自信体现的
是制度供给者的一种心理认知。具体就是在这样的供给—消费关系中，作为
制度消费者一方的主体能够在政治实践中乐意接受并遵从制度，并产生对制
度的信任和支持，而作为制度供给方则会获得积极的心理体验，对他们所供
给的制度产生满足感或者充满自信。可以说，制度自信是制度供给方通过制
度实践获得自我成功以及制度消费方积极评价基础上的一种客观成功和自我
肯定。

制度会产生相应的治理效果，即制度绩效。良好的制度能够产生好的制
度绩效，制度绩效反过来会影响到政治主体的心理。对于普通的政治主体来
讲，良好的制度绩效会使他们产生对制度的正面评价，或者产生出强烈的制
度自豪感；对于制度供给者来讲，普通政治主体的正面评价会使他们产生自
信。由此可见，制度自信来源于普通政治主体的社会评价和制度供给者的自
我评价。

制度自信如何产生，这是对制度本身的要求，也是对制度供给者的要
求，这就需要作为制度供给方的政党、政府在制度供给中既要满足政治经济
社会发展的需求，也要供给优良且有效的制度。在制度供给—消费过程中，
制度绩效的发挥、制度供给的成功实践和普通政治主体对制度的拥护都可以
转化为制度供给者的制度自信。因此制度自信就成为政治主体对政治制度支
持与否、对自身政治制度供给能力肯定与否的一种社会心理反映。当下，党
的十八大提出的增强制度自信的论断，就是党和政府对社会主义政治制度的
肯定和对自身制度供给能力的肯定，同时也昭示了进一步增强社会主义制度
优越性、吸引力、凝聚力的信心和决心。

二、制度自信是制度供给成功实践的心理反映

自信是主体成功的实践活动逐步积累的结果，是对自身及其能力整体的
积极评价和肯定。中国特色社会主义制度自信对制度供给者的中国共产党而
言，是其制度供给成功实践的必然心理反映。

（一）新民主主义革命时期是中国特色社会主义制度自信积累的起点

中华文明在进入近代之前创造了灿烂辉煌的文明成果，其中也不乏优秀的政治文明成果，在未与近代欧洲文明发生激烈碰撞之时，中华文明一直保持了自身一贯的发展路径。西方资本主义文明的兴起和强势扩张，使中国被动加速向现代转变。如何突破传统政治文明，推进中国社会从传统走向现代，从衰落走向复兴，成为国人的共识。觉悟的先贤们在对中国传统进行认真审视和对西方文明进行全方位解读中，主张进行政治制度变革，以实现中国的现代化和经济社会发展进步。

但是，早期中国先进分子企图移植西方政治制度的尝试均遭到失败，其缘由在于这种制度移植缺乏科学的理论依据和广泛的民众基础，直到有了中国共产党，这种面貌才发生改变。中国共产党从成立起就在马克思列宁主义的指导下，承担起了中国政治变革的历史任务，承担这一历史任务成为中国共产党积累政治制度供给自信的实践起点。早期中国共产党人在探索中国政治制度现代化转型的过程中，认识到了中国半殖民地半封建社会的特殊性，提出以马克思恩格斯描绘的科学社会主义为中国社会进步的蓝图。

中国共产党人在追求社会主义革命、建设和改革事业时，始终坚持把马列主义与中国实际相结合的方针，与时俱进地提出了马克思主义中国化的命题，在中国政治制度建构的领域也贯彻了这一原则。党的第一代领导集体把马克思主义基本原理与我国社会实际相结合，带领全党全国各族人民完成了新民主主义革命，进行了社会主义改造，确立了社会主义的基本制度，成功实现了中国历史上最深刻最伟大的社会变革，为当代中国的一切发展进步奠定了根本政治前提和制度基础。新民主主义革命是中国特色社会主义制度自信积累的起点。

（二）社会主义建设和改革时期是中国特色社会主义制度自信强化的过程

社会主义基本政治制度在我国完全确立后，党开始着手探索完善社会主义政治制度。党的十一届三中全会后，在新的历史时期又提出了保障人民民主、加强社会主义法制、民主制度建设等任务。在探索社会主义政治制度建设的过程中，十二大又明确宣布把马列主义的普遍真理同我国的具体实际结合起来，走自己的道路，建设有中国特色的社会主义政治制度。

党的十七大报告指出，要着重加强社会主义民主政治制度建设，实现社会主义民主政治的制度化、规范化、程序化，继续推进政治体制改革，通过制度设计、创新来保证人民充分行使民主选举、决策、管理、监督等权利，并建立和完善健全的权力制约机制和监督机制。十七大后，在党的领导下，中国社会主义政治制度建设在实践中取得了许多重大进展，"不断完善党和国家领导制度、人民代表大会制度、中国共产党领导的多党合作和政治协商制度、民族区域自治制度、基层民主制度、行政管理体制、司法制度、决策机制、权力制约监督制度，取得了显著成效"①。党的十八大进一步指出要坚持走中国特色社会主义政治发展道路和推进政治体制改革，决定将把制度建设摆在突出位置，充分发挥我国社会主义政治制度的优越性，积极借鉴人类政治文明有益成果，绝不照搬西方政治制度模式；支持和保证人民通过人民代表大会行使国家权力，健全社会主义协商民主制度，完善基层民主制度，全面推进依法治国，深化行政体制改革，建立健全权力运行制约和监督体系，巩固和发展最广泛的爱国统一战线；等等。

总结经验可以发现，中国共产党在马克思主义理论指导下经过长期奋斗和实践探索逐步形成了中国特色社会主义政治制度体系，取得了社会主义政治建设的一系列成果。中国特色社会主义政治制度，是中国共产党领导中国人民多年奋斗、创造、积累的根本成就，也充分展示了中国共产党对中国特色社会主义的制度自信。这种自信既是党在社会主义革命、建设和改革过程中制度供给的成功实践和不同历史阶段对中国社会发展规律科学把握的结果，是对制度建设的根本性作用及在规律深刻认识的结果，也是中国特色社会主义政治制度的成功实践在民众的社会心理上积极反映的结果。

---

① 中共中央文献研究室编：《十七大以来重要文献选编》上册，中央文献出版社 2009 年版，第 237 页。

三、制度自信是制度绩效在社会心理层次上的积极反映

从社会心理机制的形成来看，自信并非与生俱来，而是社会主体在社会实践中逐步形成的。在自信形成的过程中，实践环节是自信形成的基础。"从人类历史看，成功或成功大于失败的实践活动为自信机制的形成提供了本体论基础。"① 中国特色社会主义制度自信来自当下政治制度的成功实践，正是有了这种成功实践，才积淀了党和广大人民群众的制度自信。中国特色社会主义制度的自信主要体现在制度的吸引力、有效性和适应性等方面。

（一）制度自信在于制度价值产生出的吸引力

当代中国的政治价值的主体根源是最广大人民，人民的主体性是当代中国政治制度的价值所在。因此在中国共产党的政治实践中，不断强调中国特色社会主义政治制度是在经济发展的基础上不断保障人民的各项政治权利，使民主法治建设与经济社会发展的现实和人民的需求同步。党在政治制度建设方面的成功实践，使得"我国的政治制度在不断发展和完善中展现出了对内的凝聚力和对外的影响力，形成了一个经济社会发展的成功范式，并不断转化成文化软实力，这说明我国政治制度正在形成国际吸引力和影响力"②。

同时，作为制度供给者的党和政府在具体的执政和社会管理过程中，注重发挥中国特色社会主义政治制度的价值导向作用，坚持不懈地用马克思主义中国化的最新理论成果武装全党、教育人民，用中国特色社会主义共同理想凝聚力量，用以爱国主义为核心的民族精神和以改革创新为核心的时代精神鼓舞斗志，用社会主义荣辱观引领风尚，巩固全党全国各族人民团结奋斗的共同思想基础；坚持广大人民群众在政治发展、政治建设中的主体性地

---

① 陈新汉：《自信的哲学意蕴》，《江西社会科学》2010 年第 3 期。
② 田湘波：《政治制度与文化软实力的关系》，《湖南大学学报》2010 年第 6 期。

位，畅通诉求表达和信息传递渠道；不断健全和完善社会主义基本政治制度及其体制机制，坚持政治制度为民所用，政治成果为民所享。这些都直接或间接地提高了中国特色社会主义政治制度对全国各族人民的凝聚力、吸引力和向心力。

（二）制度自信在于制度实践凸显出的有效性

制度自信还来源于政治实践中体现出的有效性。利普塞特认为，"有效性是指实际的政绩，即该制度在大多数人民及势力集团眼中满足政府基本功能的程度。有效性关系到政治合法性，有效性长期缺乏必将危及政治制度的稳定"①。

中国特色社会主义政治制度的有效性体现在对实际问题的解决上。人民代表大会制度、中国共产党领导的多党合作制度、政治协商制度、民族区域自治制度和基层民主制度，有效地解决了人民当家作主的问题，维护了国家统一和民族团结，形成了以爱国主义为核心的团结统一、自强不息的伟大民族精神和开拓创新的时代精神。社会主义事业始终保持着改革、发展、稳定三者协调统一的良好势头。特别是在国际金融危机爆发后，西方社会治理模式或碰壁或搁浅，不少国家面临着不稳定和不确定的未来。相反，中国特色社会主义制度则为中国经济社会的快速健康发展保驾护航。同时，中国政治制度体系形成的稳定的政局和治理理念、模式也影响着世界；政治发展的实践模式和经验原则也丰富着人类政治发展的内涵和理念。"这种带来中国崛起的制度模式的优点在于：长远思维、规划和管理的延续性，但西方政治制度不具备这些政治能力。"②中国特色社会主义政治制度在实践中焕发的生命力和体现出的有效性，不仅为我国的经济社会发展提供了根本制度保证，也为世界政治制度发展提供了成功范例，也奠定了我们制度自信的实践基础。

---

① ［英］利普塞特：《政治人：政治的社会基础》，刘钢敏等译，商务印书馆1993年版，第53页。
② ［美］加德尔斯：《中美制度互动将催生新发展模式》，《参考消息》2010年1月29日。

（三）制度自信在于制度变迁表现出的适应性

制度的适应性是指制度应对客观环境变迁时体现出的弹性和张力。制度的适应性是制度生命力的体现，也是制度自信的基本前提条件。自党成立之日起，由于革命、建设和改革的需要，党面临的政治形势不断发生变化，这就需要党与时俱进地调整党的相关政策。特别是改革开放以来，我国的政治制度改革与社会变迁的互动性进一步增强。"这集中体现为利益结构变迁与宪法制度的进步、阶层结构嬗变与政党制度的完善、组织结构变化与基层民主制度的成长等。政治制度的适应性成长与社会结构变迁形成了一种互强的格局和态势。"① 比如，党为适应改革开放的需要，通过法律程序多次修改宪法，吸收最新的马克思主义中国化理论成果、确立私营经济的合法地位、保护私有财产等，增强宪法对社会变迁和利益结构调整的适应性和灵活性；通过修改党章，"把承认党的纲领和章程、自觉为党的路线和纲领而奋斗、经过长期考验、符合党员条件的社会其他方面的优秀分子吸收到党内来"②，对新生社会阶层的政治诉求作出积极回应，将其视为有效执政的社会基础；通过实施《中华人民共和国农民专业合作社法》等制度，肯定社会组织结构变迁的方向。

可以说，我国的政治制度为了更好地坚持党的领导，满足社会主义现代化事业发展需要，在基本性质、框架不变的前提下，与时俱进，多次进行修改和完善，使得政治制度对利益结构、社会结构等的变迁有着非常强的适应性和灵活性。这种互动式的发展不但对政治制度起到了完善与创新作用，也增强了政治制度的权威性和适应性。

---

① 上官酒瑞、程竹汝：《中国特色政治制度成长的适应性分析》，《华东理工大学报（社科版）》2012 年第 1 期。

② 江泽民：《在庆祝中国共产党成立八十周年大会上的讲话》，人民出版社 2001 年版，第31—32 页。

四、提高执政合法性是制度自信生成的根本

制度自信的根本来源于党的正确领导，来源于制度实际效用的发挥，最终是人民群众的认同和支持。制度自信并不意味着制度本身完美无缺，它必须在党的领导下，与时俱进根据客观条件的发展变化而不断发展完善；必须在坚持人民主体性的前提下，不断提高党的执政能力和执政水平，不断增强党的执政合法性。

（一）保障人民的主体地位是制度自信生成的源泉

中国特色社会主义制度在价值层面体现为中华人民共和国的一切权力属于人民；在政治权力配置层面体现为以实现人民权利的人民代表大会制度作为我国的根本政治制度。"坚持人民主体性原则，保障人民主体地位，既是社会主义制度优越性的集中体现，也是社会主义社会健康发展的重要条件"①，这也是制度自信的产生源泉。

保障人民的主体地位就是要在社会主义民主政治建设中坚持人民主体地位，支持和保证人民通过人民代表大会行使国家权力，要健全社会主义协商民主制度，完善基层民主制度等建设任务来体现人民的主体地位。保障人民的主体地位就是要让人民共享改革发展成果，让人民生活得更加幸福、更有尊严；要以改革发展成果共享促进社会公平正义、实现最广大人民的根本利益；要以发展和解决广大人民群众关注的热点、难点等民生问题为主线，推动发展，实现发展，共享发展成果。只有这样，才能提高人民的主体性地位，才能增强制度自信的民生基础。

"中国特色社会主义制度在建设中国特色社会主义实践中起着根本保障作用，为我国实现广大人民群众自由和全面的发展奠定坚实的制度基础。"②

---

① 罗文东：《人民主体观与中国特色社会主义》，《江汉论坛》2011 年第 5 期。

② 肖贵清、周昭成：《中国特色社会主义制度自信的学理分析》，《马克思主义与现实》2013 年第 4 期。

党的十八大提出，在夺取中国特色社会主义建设新胜利的过程中，要继续坚持人民主体地位、解放和发展社会生产力、推进改革开放、维护社会公平正义、走共同富裕道路、促进社会和谐，体现了最广大人民的根本利益和迫切愿望。这就要求我们一切以人民利益为出发点，坚持人民主体地位，激发广大人民实现中国梦的积极性、主动性和创造性；要坚持党的群众路线，深入基层，深入群众，倾听群众呼声，关心群众疾苦，做到权为民所用、情为民所系、利为民所谋；要把人民拥护不拥护、人民赞成不赞成、人民高兴不高兴作为制定方针政策的根本尺度。只有这样，我们才能奠定制度自信的群众基础，夯实执政合法性的基础。

（二）增强制度的实效性是制度自信生成的重点

树立制度自信，关键是要排除那些会影响我们制度自信的问题。事实证明，好的制度如果得不到执行必然会在某种程度上消解公众对制度的自信。因此制度自信建立的关键在于确保各项制度能够真正落到实处、收到实效，让好的制度在有效的执行基础上转换为制度自信。改革开放30多年来，党在建设和完善中国特色社会主义制度的基础上，依托这一制度的坚强保障，卓有成效地推进了社会主义现代化建设，取得了巨大成就，不仅保障了经济社会的快速发展，也保证了社会主义现代化建设的社会主义性质。中国特色社会主义制度既为实践所创造，其巨大的成效更为实践所检验。

中国特色社会主义制度价值取向的人民性、顶层设计的系统性以及功能作用的优越性确保了其实效性的发挥，从根本上保障了中国的发展和进步，也得到广大人民群众的普遍认同。

党的十八大报告中明确指出："必须继续积极稳妥推进政治体制改革，发展更加广泛、更加充分、更加健全的人民民主。必须坚持党的领导、人民当家作主、依法治国有机统一，以保证人民当家作主为根本，以增强党和国家活力、调动人民积极性为目标，扩大社会主义民主，加快建设社会主义法治国家，发展社会主义政治文明。要更加注重改进党的领导方式和执政方式，保证党领导人民有效治理国家；更加注重健全民主制度、丰富民主形式，保证人民依法实行民主选举、民主决策、民主管理、民主监督；更加注重发挥法治在国家治理和社会管理中的重要作用，维护国家法制统一、尊严、权威，保证人民依法享有广泛权利和自由。要把制度建设摆在突出位置，充分发挥我国社会主义政治制度的优越性。"① 这就要求我们要进一步在改革中不断提高和增强政治制度的实效性，只有制度有效、管用，体现出社会主义制度的优越性，彰显出人民地位的主体性，才能增强社会主义政治制度的凝聚力和吸引力。增强制度的实效性也需要我们立足于国情和实际，在解决中国问题的前提下，不断完善符合中国实际的中国特色社会主义制度，"吸收我们可以从世界各国吸收的进步因素，成为世界上最好的制度"②。

（三）提升党的执政能力是制度自信生成的关键

中国共产党是中国特色社会主义事业的领导核心，是制度自信生成的倡导者、践行者，也是中国特色社会主义制度的领导者和建设者。在执政实践中，党担负着团结带领全国各族人民全面建成小康社会、推进社会主义现代化、实现中华民族伟大复兴"中国梦"的历史重任。在实践过程中，党的执政能力会直接影响党的执政绩效、执政合法性基础，影响到广大人民群众对制度的评价和信任，进而影响到人民对制度的自信和肯定。因此，提升党的执政能力和执政水平是强化制度自信的关键。

提高党的执政能力和执政水平，要认真贯彻落实党的十八大精神，以中国特色社会主义理论为指导，在执政实践中全面贯彻党的基本路线、基本纲领、基本经验；坚持党的群众路线，始终保持同人民群众的血肉联系为核心；建设一支高素质的干部队伍，加强党的基层组织和党员队伍建设，使党的工作体现时代性、把握规律性、富于创造性。"坚持权为民所用、情为民所系、利为民所谋，为群众诚心诚意办实事，尽心竭力解难事，坚持不懈做

---

① 胡锦涛：《坚定不移沿着中国特色社会主义道路前进　为全面建成小康社会而奋斗——在中国共产党第十八次全国代表大会上的报告》，人民出版社 2012 年版，第 25 页。

② 《邓小平文选》第二卷，人民出版社 1994 年版，第 337 页。

好事"①，使党始终成为立党为公、执政为民的执政党，成为科学执政、民主执政、依法执政、勤政高效、清正廉洁的执政党。坚持制度自信的人民性，"始终把实现好、维护好、发展好最广大人民根本利益作为党和国家一切工作的出发点和落脚点，尊重人民首创精神，保障人民各项权益，不断在实现发展成果由人民共享、促进人的全面发展上取得新成效"②。同时，还要按照推动社会主义物质文明、政治文明、精神文明协调发展的要求，不断提高驾驭社会主义市场经济的能力、建设社会主义民主政治和社会主义先进文化，以及社会主义和谐社会的能力，提高应对国际局势和处理国际事务的能力。只有通过加强党的建设，不断提高党的执政能力、执政水平，才能进一步凝聚人心，在制度自信中不断开创社会主义建设的新局面，在实现"中国梦"的实践中提升对中国特色社会主义制度的自信心和自豪感。

① 中共中央文献研究室编：《十六大以来重要文献选编》下册，中央文献出版社2011年版，第371页。
② 《中国共产党第十八次全国代表大会文件汇编》，人民出版社2012年版，第8页。

中国特色社会主义二元所有权制度构建研究

——马克思所有权理论的当代启示

李　芳

马克思认为所有权是个历史范畴，不同的生产方式和交往方式决定了不同的社会所有权的内容与具体实现形式。马克思主义的立场就是最广大劳动人民的立场，这种立场具体在所有权上就是要坚决维护公有制生产资料所有权的核心地位。我国宪法确立了公共所有权优先于私人所有权的差别保护原则，我国《民法》《物权法》等法律确立的关于各类所有权的平等保护并不意味着对宪法规定的国家所有权特殊保护的否定。要以马克思所有权理论的基本原理为指导，超越所有权上的左右激进主义，构建并完善以公共所有权为主体、公私所有权共同发展和一体保护的有中国特色的二元财产所有权制度。

一、马克思所有权理论的基本观点

马克思认为财产的核心是所有，保护所有权就是保护财产权，所有权是一切财产权利的核心和基础。所有权是所有制的法律表达。不同的生产方式和交往方式，决定了不同的社会所有权的内容与具体实现形式。原始社会，生产力水平低下，人们屈从于大自然的威胁，人既是自身存在的主体，又是自然的客体，与人的双重存在相适应的财产关系只能是部落成员共同占有生产资料。随着生产力水平的提高，剩余产品的出现，原始共同体下的生产方式和交换方式发生解体，原始共同体本身也发生解体，阶级和国家形成，占有生产资料的统治阶级为了维护有利于自身的利益格局，就把现存的私人所有制以法律上所有权的形式固定下来，并宣布这种权利神圣不可侵犯。有了以国家政权力量为保障的所有权的保护，现存的所有制会得到进一步巩固和维护，并能在很长时期内保持相对稳定，如资本主义宣扬的私人财产神圣不可侵犯，使得有产者对劳动者的剥削合法化且成为常态，从而长期保持了资本主义私有制的稳固。当新生阶级力量处于弱小状态时，只能在统治阶级的法律环境下通过合法的手段争取自身的经济利益，随着生产力的不断发展，社会分工的不断深化，会产生新的阶级和新的所有制形式，新生阶级力量一旦壮大到能够与统治阶级抗衡时，就会要求改变现存的政治法律制度，建立与本阶级所有制形式一致的新的所有权体系。

马克思认为，所有权具有阶级性，表面上是人与物的关系，实质上体现的是人与人的关系，是经济、政治上占统治地位的阶级占有他人劳动或产品的权利，但是采取了"虚幻共同体的形式"即国家意志形式，因而掩盖着阶级统治的实质。剥离所有权的阶级属性，把它看作是纯粹经济意义上的产权，作为"一种独立的关系、一种特殊的范畴、一种抽象的和永恒的观念来下定义，这只能是形而上学或法学的幻想"[①]。洛克的劳动财产权理论认为，劳动不仅是获得所有权的必要条件，而且，作为劳动成果的财产也是个人独有的所得，是不可侵犯和剥夺的。马克思一方面肯定了劳动对所有权生成的作用；另一方面又通过对国家形成以来不同社会的财产取得方式的考察发现，劳动不再支配所有权，而是生产资料的所有支配所有权。马克思将人们在生产过程中围绕生产资料所形成的关系称为所有制关系，所有制关系既决定了生产的结果，也决定了生产的性质。当生产资料的所有者参与财产的分配时，决定财产所有权的就不是劳动而是所有制了。[②] 在资本主义社会，资本家拥有生产资料的所有权，劳动者唯一拥有的是自己劳动力的所有权，生产资料所有权和劳动力所有权具有不同的经济性质，生产资料的所有权居于

---

① 《马克思恩格斯文集》第 1 卷，人民出版社 2009 年版，第 638 页。
② 《中国宪法中财产权的理论基础》，《当代法学》2005 年第 1 期。

核心地位，资本所有权是对无偿占有他人劳动及其成果的保障和维护，体现的是资本对劳动的剥削关系。工人阶级只有掌握了生产资料所有权，雇佣劳动制度才会失去存在的基础。马克思主义的立场就是最广大的劳动人民的立场，这种立场具体在所有权上就是要坚决维护公有制生产资料所有权的核心地位，也就是维护社会主义基本经济制度的核心产权，为广大劳动人民的经济利益服务，摆脱人奴役人、人剥削人的状态，实现人的全面而自由的发展。

二、我国社会主义初级阶段的所有权保护制度

我国宪法在 2004 年修改前，只保障作为财产权核心的所有权，在宪法文本中，所有权条款一直紧随所有制条款，属于国家的基本经济制度，放在宪法"总纲"部分。这种安排既与马克思对所有权的理解相关，也与当时我国的社会现实相适应。在马克思生活的时代，有形的物权占主导地位，物权的核心是所有，马克思认为保护所有权就是保护财产权。所有权条款紧跟所有制条款，是因为马克思认为不能离开经济关系考察所有权，法律上的所有权不过是作为生产关系的所有制的反映；另外，改革开放以前，我国的财产权形态主要是以物的形式表现出来的，债权、知识产权、股权等还没有成为社会经济的主流，因此，当时的物权形态主要表现为所有权。况且，新中国成立以后很长一段时间内，我国实行的是计划经济，为保证国家计划的实现和社会主义建设的顺利开展，必须强调国家财产的神圣不可侵犯性，反映在法律上，就是对不同所有权实行差别保护，强调国家所有权的神圣不可侵犯。改革开放以后，财产种类不断丰富，公有制为主体、多种所有制并存的局面逐渐形成，社会主义市场经济体制不断发展和完善，为适应社会发展现实的客观需要，2004 年宪法修正案，将对所有权的保护转为对财产权的保护。由于宪法依据的马克思主义理论渊源并没改变，仍是从所有制意义上规定所有权，因此，财产权条款仍属于总纲部分，且紧随所有制条款，仍然体现了差别保护的原则。

我国现行宪法确认的是公有制为主体、多种所有制并存的经济制度，这种所有制决定了我国所有权分为公共所有权和私人所有权。公共所有权是公有制的法律表现，私人所有权是私有制的法律表现。由社会主义公有制所决定的公共所有权是社会主义的经济基础，关系着社会主义的前途和命运，关系到国家政权的稳固，是全体人民的根本利益之所在，是实现国民福祉的保障，是社会主义宪法保护的重点和核心，公共所有权必然优先于私人所有权，实行差别保护。这种差别保护在我国历部宪法中都得到了宣示，新中国成立以来的历部宪法都明确规定了国营经济的主导地位和社会主义公共财产不可侵犯的原则。现行宪法第 6 条、第 11 条的规定说明，国家允许多种所有制经济共同发展，但社会主义公有制是我国社会主义初级阶段经济制度的主体，国家对公有制经济是"巩固和发展"，对非公有制经济则是"引导、监督和管理"，这一用语上的差别，隐含着国家对公有制经济和非公有制经济的价值评判倾向，坚持公有制为主体，决定了经济发展的社会主义方向，非公有制经济的发展是在坚持公有制为主体这一前提条件下的发展。

对于私人所有权，2004 年修宪前，只对列举的若干生活资料进行宪法保护，没有对私人所有权的全面保护。2004 年通过的宪法修正案确认"公民的合法的私有财产不受侵犯"。"社会主义的公共财产神圣不可侵犯"和"公民的合法的私有财产不受侵犯"表明在建立公、私财产的保护体系的指导思想上存有本质区别，"神圣"意味着公有制经济的主体地位受到宪法的特别保护。保护私有财产是在坚持社会主义公有制前提下的保护，不能以否定社会主义制度为代价。但是，公共财产的神圣地位并不意味着对私人所有权可以随意侵犯。无论是公共所有权还是私人所有权，受到侵犯，都必须获得救济，没有救济就没有权利。

我国经济体制改革的目标是建立和完善社会主义市场经济体制。既然是市场经济，就要遵循市场经济的规律和要求，而平等是市场经济的根本要求。我国目前制定的一系列单行民事法律都贯穿了平等保护的基本原则。1986 年制定通过的《民法通则》沿袭宪法的有关规定，采取了国家、集体、个人所有权的"三分法"，赋予国家财产"神圣不可侵犯"地位，规定了其他民事主体平等的所有权保护原则。随着社会主义市场经济的不断发展和完善，这种平等保护在 2007 年通过并施行的《中华人民共和国物权法》中得到了最明确的体现。该法第三条、第四条、第五十六条、第六十三条、第六十四条、第六十五条、第六十六条都明确规定了公共所有权和私人所有权的平等保护原则。

另一方面，我国的市场经济不是建立在单一私有制基础上的市场经济，而是建立在公有制经济和非公有制经济并存基础上的市场经济，是社会主义市场经济。我国经济发展的社会主义方向决定了我国民法对公、私财产所有权的平等保护是"以国家、集体在财产占有方面事实上占据了优越的宪法地位为前提的，是以国家、集体事实上占有或垄断了社会的全部财产中的基础性部分为前提的；这种平等是全局不平等格局下的局部平等，是宪法上不平等前提下的法律上的平等，是实质不平等条件下的形式平等"①。我国《物权法》第四十六条到第五十二条，列举了国家所有权范围，根据规定，矿藏、水流、城市的土地、森林、山岭、草原、野生动植物资源等重大自然资源以及无线电频谱资源、文物、国防资产、电力设施、电信设施和油气管道等重大社会资源，属于国家所有。可见，国家在资源类型和财富数量的拥有上，与其他主体差别很大，国家通过对重大自然资源和社会资源的控制，牢牢掌握了国家的经济命脉。因此，在重大的自然资源和社会资源均被国家占有的情况下，所谓的平等保护只能是实质不平等前提下的形式平等。

因此，我国宪法对公私所有权实行的是差别保护制度，赋予公有制经济和公共财产比之个体私营经济和私有财产更重要的宪法地位，保护公有制经济的主体和核心地位；民法物权法等其他部门法律，则实行平等保护制度，但这种平等只是形式上的平等，它是在公有制经济和非公有制经济享有不平等宪法地位前提下的形式上的平等，是实质上的不平等，与宪法的公私所有权区别保护并无冲突。

---

① 童之伟：《〈物权法（草案）〉该如何通过宪法之门》，《法学》2006 年第 3 期。

三、构建有中国特色的二元财产所有权制度

中国特色社会主义实行的是公有制为主体、多种所有制经济共同发展的基本经济制度。公有制为主体决定了经济制度的社会主义性质，发展多种所有制是因为我国还处于社会主义初级阶段，需要集中力量解放和发展社会生产力。"公有制为主体、多种所有制经济共同发展"的所有制结构决定了中国特色社会主义在所有权上实行的是公共所有权为主体、公共所有权和私人所有权共同发展和一体保护的二元所有权制度。公共所有权包括国家所有权和集体所有权。

国家所有权是社会主义的重要物质基础，是实现共同富裕的主要物质保障。学术界关于国家所有权主体的理论，有全民论、政府论、国家论、综合论、缺位论等观点。笔者认为，国家所有权的主体非常清晰，就是全体人民，国家所有就是全民所有，在全民之外并不存在其他所有权主体。全国人民代表大会是国家所有权的代表人，政府只是在人大通过的法律的授权范围内行使国家财产权利，并不存在所有者缺位的问题。我国现行立法也充分体现了这一点。《宪法》第九条、《民法通则》第七十三条、《物权法》第四十五条、《企业国有资产法》第三条都明确规定"国家财产属于全民所有""国家所有即全民所有"。

国家所有权的主体只能是单一的，一物只能有一个所有权，并不存在多重所有权主体。只要存在代理关系，就存在代理权异化的可能性，并不会因为所有权主体是国家、政府或者私人而有任何不同，更何况，在当前民主法治化程度尚低的情况下，国家所有权主体的政府论、国家论、综合论等都将易导致人民对国有财产监督的法理基础的缺失，使国家所有权进一步"偏离公共目标，异化为私人所有权或者侵害私人所有权"[1]，从而加剧国有财产的流失。因此，在国家所有权构建时，必须进一步强化主体的全民性观念，肯

---

① 张建文：《转型时期的国家所有权问题研究：面向公共所有权的思考》，法律出版社2008年版，第138页。

定国家所有权的合理性和合法性，通过理论上的不断创新，探索国家所有权的有效行使方式，进一步加强人民对国有财产的管理权和监督权，通过法治建设、民主监督、政治参与等多途径有效实现国家所有权的全民性。

对国家所有权客体，学者高富平曾撰文指出："可以借鉴罗马法中公有物和社会自治体自有财产相分离的做法，将全民财产分为全民公产和国家财产，建立分类规范的法律体系。土地、水源、矿产等自然资源属于全民所有，动产和资金或者以企业形态存在的经营性资产，属于国家财产。国家财产在法律上与私人财产没有本质区别，国家对此类财产享有完全的所有权，这类财产靠在市场上平等竞争实现保值增值。"[1]笔者认同高富平对全民财产的分类规范，但不认同他主张的所有权主体的人民与国家的二分法和所有权范畴的划定。在笔者看来，将全民财产分为全民公产和全民私产更为恰当，因为在社会主义国家，国家和人民是同一的，无论是全民财产还是国家财产，所有权主体都是全体人民，终极目的都是为社会公共利益服务。行政事业性财产和资源性财产应划归为全民公产，因为行政事业性财产是国家履行管理职能、提供公共服务的物质基础，资源性财产属于非劳动产物或自然存在物，二者应属于生存于该国土的全体人民，人人都有平等且自由的使用权。经营性财产应划归为全民私产，靠市场竞争实现保值增值。

全民公产适用公法规范，以维护社会公共利益、保障和改善民生为主要目的，是为全民或国家整体利益而存在的，原则上不进入流通领域，其运行基础靠国家财政而非市场收费，所有权主体能够普遍平等地公平分享，受到法律特别保护，具有不可转让、不可强制执行和征收、不可因时效取得等罗马法公有物具有的法律特征。《物权法》第五十七条规定的国有财产管理、监督部门负有"促进国有财产保值增值"的义务应该只针对全民私产，全民公产的管理、监督部门作为全民公产的"非营利性维护者"[2]，其主要职责是

---

[1] 高富平：《中国物权法：制度设计和创新》，中国人民大学出版社 2005 年版，第 70、71、89 页。

[2] 张九：《国家所有权的异化及其矫正——所有权平等保护的前提性思考》，《河北法学》2010 年第 1 期。

确保公民能自由、平等地享用全民公产，不得进行市场化、资本化运作。全民公产的管理者，属于国家公务员或"准公务员"，由组织部门任命，应对全国人民代表大会负责，按照公务员标准享受工资福利待遇，或者在享受公务员工资标准的前提下，根据其工作业绩，设定一个限制性的奖励标准。

全民私产是按照建立社会主义市场经济体制的要求，进入市场领域，平等参与市场竞争的财产。既然要参与市场竞争，在市场运作中就要遵循相同的产权规则，遵循平等、等价、自愿有偿等原则，此时的全民所有权和自由主义模式下的私人所有权二者的财产权利原则上应该是平等的，法律应当保障主体各方享有平等的竞争机会、遵循平等的竞争规则、给予平等的法律保护。不同的是，私人所有权的主体是私人，私人有任意处分自己财产的权利，而全民所有权的主体是全体人民，因此，它的处分权必须遵循所有权主体的授权且经过法定的程序。全民私产的经营管理，可借鉴《信托法》的制度框架，合理构建我国国有资产信托法律制度，分割财产的利益属性和管理属性，明确受益人的终极支配权，依法完善受托人的激励机制，强化受托人的诚信义务和责任追究机制。全民私产的管理者，可通过市场竞争产生，根据权、责、利一致的原则，按照市场化标准享受工资福利待遇。

美国学者克里斯特曼指出，市场经济中个人对财产的自由所有权必然会导致收入和财富的极大不平等，甚至会导致公民之间的奴役，因此，一个公正的社会，不应让自由所有权成为占统治地位的财产制度。他主张所有权的二分法，把所有权视为两组权利：控制所有权和收入所有权。自主权益是人之为人的首要权利，自主权益与控制所有权有直接联系。收入所有权与自主权益的实现没有普遍的联系，因为来自收入所有权的利益缺乏可预测性，要"视其他当事人的存在和偏好而定"①。既然自主权益是由控制权提供的，人们就应拥有那些使他们成为自主的人所必需的资源的控制权，使自主权益得到应有的供给。国家必须采取积极行动，以非市场手段直接而普遍地向所有公民提供保障最低限度自主所需的资源，保证每个公民具有过一种最低限

---

① [美] 克里斯特曼：《财产的神话——走向平等主义的所有权理论》，广西师范大学出版社 2004 年版，第 229 页。

度体面自主生活所必需的基本资源。因此，社会主义国家，为了维护基本的平等，阻止公民之间的剥削和奴役，应以全民公产作为控制所有权的客体，由国家实行特别保护，以保障每个公民最低限度自主权益的实现。另外，以全民私产作为收入所有权的客体，平等参与市场竞争，以促进社会生产力的发展，为个人自主权益的实现奠定物质基础，最终实现马克思所主张的人类的自由而全面的发展。

集体所有制（包括农村集体所有制和城镇集体所有制）是我国社会主义公有制的组成部分。集体所有权是集体所有制的法权表现，是集体组织对其财产享有的占有、使用、收益、处分的权利。在集体所有权的构建中，当前最为紧迫的是要切实维护和保障集体成员集体资源合理共享的机制。土地是农民集体的财产而且是最重要的财产，切实维护和保障农民的土地财产权益是农民走向共同富裕的可靠保障和物质基础。温家宝在 2011 年年底召开的中央农村工作会议上指出，推进集体土地征收制度改革，关键在于保障农民的土地财产权，分配好土地非农化和城镇化产生的增值收益。党的十八大报告也强调，要壮大集体经济实力，改革征地制度，提高农民在土地增值收益中的分配比例。

个人所有权在 2004 年已获得宪法保护，但在城市化过程中，由房屋拆迁、煤矿重组等引发的侵犯公民私有财产权的暴力事件却频频爆发，严重影响社会和谐与稳定。私有财产是否受保障，不在于民间个人之间能否侵犯财产，而在于公权力能否侵犯私有财产。只有在权力保障下的权利，才是真正的权利。如果不经私人同意，公权力可以不支付对价或不支付完全对价就可获得私人利益，那么这种对私有财产的保护就只是一种表象。据报道，中国已出现了自 20 世纪 70 年代和 90 年代之后的第三波移民潮，这一波以财富新贵和知识精英为主的移民潮，已经使中国成为世界上最大的人口输出国。移民的原因或许多样，但不可否认的一点是，在中国贫富差距急剧扩大的情况下，富人们越来越缺乏财富的安全感。在个人所有权的构建中，当前最为紧迫的是要防止公权力假借社会公共利益之名对私人所有权的侵犯。我国《宪法》和一些单行法律都规定为了社会公共利益的需要，可以对私有财产进行征收、征用，但法律对公共利益的内涵和外延没有做任何界定，这就为政府借口公共利益而滥用行政权力侵犯私有财产权打开了缺口。当前，可以通过确立正当法律程序规则来从根本上约束和制衡公权力，保障公民私有财产权。因为"权力的划分相对稳定的……而职权的行使却是经常性的，若无程序规则约束，则会时时构成对人民权利、自由的威胁"①。而正当程序"意味着政府只能按照法律确立的方式和法律为保护个人权利对政府施加的限制进行活动"②，它"包括了所有对政府干预财产权的行为所作的来自宪法的明示和默示的限制"③。

四、超越所有权上的左右激进主义

中国特色社会主义所有权制度的构建，必须以马克思所有权的基本原理为指导，既强调所有制对所有权的决定作用，也承认所有权的相对独立性，即所有制与所有权不是简单的一一对应的线性关系，同一所有制下可以有不同的所有权形式。改革开放以前，我们将所有权当作所有制的同义语，简单地认为只要改变了生产资料的所有权就改变了所有制，国家所有制的实现形式只能是国家所有权，国家所有制是社会主义公有制的最高形式，形成了国家所有权高于集体所有权，集体所有权又高于私人所有权的"所有权等级论"，且把它推向了极端，认为公共所有权和私人所有权之间存在长期、根本的对抗和冲突，抑制甚至消灭私人所有权。改革开放以后，在所有权问题上似乎又走向了另一个极端，某些人片面夸大所有制与所有权的相对独立性，认为所有权性质无论发生任何变动，都不会动摇或改变所有制性质。根据马克思对所有权的分析，所有权虽然独立于所有制，但这种独立是有限度、相对的，当所有权主体状况数量变化达到一定程度，必然导致所有制性

---

① 姜明安：《健全行政程序立法是完善民主政治和市场经济体制的需要》，《中国法学》1995 年第 5 期。

② ［美］伦斯特洛姆编：《美国法律词典》，中国政法大学出版社 1998 年版，第 15 页。

③ ［美］施瓦茨：《美国法律史》，中国政法大学出版社 1990 年版，第 117 页。

质的变化。随着生产力的发展，现实的财产占有关系发生了变化，相应的所有权关系应该且必须反映这种变化，但若以为所有权性质无论发生如何变动，都不会动摇或改变所有制性质，则是错误的。

同一所有制下虽然可以有不同的所有权形式，但最终决定社会形态的是该社会中占统治地位的所有制形式。我们是社会主义国家，必须坚持公有制为主体，实现共同富裕。要坚持公有制的主体地位，必须在巩固和发展公有资产量的优势的基础上，进一步注重质的提高，发挥质的优势。所有权维护、巩固着所有制，要保持公有制的主体地位，就必须从法律上保障公有产权的主体地位，没有社会主义的公共财产权，生产资料公有制就丧失了存在的基础。中国与世界上任何国家不同的、最具特色的在于中国拥有世界上最为庞大的国有资产，这是我们实现共同富裕的最为坚实的物质基础。如果这一基石破坏了，那社会主义事业也就被架空并被瓦解了。必须高度警惕各种改头换面的新自由主义，反对各种私有化倾向，坚持中国特色社会主义经济的发展方向。俄罗斯及其他国家私有化的恶果我们应引以为戒。

党的十八大报告强调："建设中国特色社会主义，总依据是社会主义初级阶段。"在所有权问题上，我们同样要牢牢把握社会主义初级阶段这个最大国情。一方面要高度警惕以宪法中确认的所有权差别保护、公共利益为借口，以侵犯、掠夺私有财产的方式搞国有化，化私为公，侵犯私人所有权；另一方面又要防止以宪法中确认的市场经济的自由竞争为借口，以侵害、掠夺公共财产的方式搞私有化，化公为私，侵犯公共所有权。一切以"左"的方式搞国有化，和以"右"的方式搞私有化的做法，都会侵害私人所有权和公共所有权。要立足于中国是一个超大型发展中国家的现实，以马克思所有权理论的基本原理为指导，超越所有权上的左右激进主义，构建并完善以公共所有权为主体、公共所有权和私人所有权共同发展和一体保护的有中国特色的二元所有权制度。

中国特色社会主义理论体系研究的几个焦点问题

刘从德　杨　光

近年来，围绕"中国特色社会主义理论体系"的研究成了国内学界聚焦的热区，但总的来看，研究成果还缺乏系统性和完整性。由此，文章从中国特色社会主义理论体系的"世界意义""在马克思主义发展史上的地位""与科学社会主义基本原则的关系""与毛泽东思想的关系"，以及是否"包括以后不断创新的理论"几个方面进行了总结和分析。

党的十七大报告的重大理论贡献之一，就是将作为对中国特色社会主义道路实践经验总结的理论概括为"中国特色社会主义理论体系"，并对其科学内涵、历史发展、理论精髓、重大意义、显著特征、基本要求等进行了精辟概括和论述。这一新范畴的提出也引起了学界的研讨热潮，近年来，围绕"中国特色社会主义理论体系"的研究成了国内学界聚焦的热区，主要涉及的方面包括：其科学内涵、历史地位及重要意义、与马克思列宁主义和毛泽东思想的关系、与科学社会主义基本原则的关系、基本特征、理论框架和主要内容等，但总的来看，研究成果还缺乏系统性和完整性。本文拟对其中一些值得我们关注和进一步从理论上深入回答的问题进行简要总结和分析。

一、中国特色社会主义理论体系的世界意义

关于中国特色社会主义理论体系的世界意义这方面的专门研究文章较少，有人认为，从党的十三大到党的十七大，从"理论"到"理论体系"，

科学地回答了毛泽东思想和中国特色社会主义理论体系两大理论成果之间的关系问题，回答了邓小平理论、"三个代表"重要思想、科学发展观在理论创新上的关系问题。这充分体现我们党是一个理论上更加成熟的党，体现我们党对"三大规律"的认识和把握达到了新的高度。党的十七大提出这一理论体系，不仅将继续指导我国改革开放的伟大实践，坚定我国人民走中国特色社会主义道路的信心和决心，而且也向世界宣示，在人类社会的发展中，中国特色社会主义将以其科学的理论体系和发展道路成为人类社会发展的重要规律之一。还有学者指出：这个理论体系既反映了世界社会主义的普遍性，又体现了中国社会主义的特殊性；既是当代中国的马克思主义，又必定越出一国的范围而对世界社会主义产生广泛而深远的影响。

我们认为仅有这些分析还远远不够，对于其世界意义的研究还有不少方面值得深化：如（对内）和谐发展和（对外）和平发展的关系；中国的话语体系在世界上能得到多大程度的认同，等等。从根本上而言，我们强调其世界意义坚守的原则是，"尊重各国人民自主选择发展道路的权利，不干涉别国内部事务，不把自己的意志强加于人"。各国都有权选择自己的发展道路和发展模式，要根据自己的历史背景、文化传统、现实国情和人民意愿决定自己的发展道路，世界上不可能也不应该只有一种文明、一种社会制度、一种发展模式、一种价值观念。我们强调其世界意义其实还在于"中国的前途命运日益紧密地同世界的前途命运联系在一起""中国的发展离不开世界，世界的繁荣稳定也离不开中国"，和平与发展的难题要"集中各国人民的智慧和力量来解决"①。

---

① 上述观点参阅 2007 年 11 月 7 日，原中共中共党史研究室副主任石仲泉做客人民网，以中国特色社会主义理论体系相关话题与网友进行在线交流以及两篇文章《中国特色社会主义理论体系：当代中国创新理论的科学体系》和《中国特色社会主义理论体系没搞"非毛化"》。参见《毛泽东思想、邓小平理论和"三个代表"重要思想概论》，高等教育出版社 2007 年版，第 263 页。

二、中国特色社会主义理论体系在马克思 主义发展史中的地位

党的十七大报告指出，中国特色社会主义理论体系"是马克思主义中国化最新成果"。有学者认为，"最新成果"界定了它在马克思主义发展史中的历史地位①。还有学者撰文谈到，早在1938年中共六届六中全会上，毛泽东就提出"马克思主义中国化"的命题。他明确指出："马克思列宁主义的伟大力量，就在于它是和各个国家具体的革命实践相联系的。对于中国共产党说来，就是要学会把马克思列宁主义的理论应用于中国的具体的环境。离开中国特点来谈马克思主义，只是抽象的、空洞的马克思主义。"将马克思主义中国化，使之在每一表现中带着中国的特性，"按照中国的特点去应用它，成为全党亟待了解并亟须解决的问题"②。

所谓马克思主义中国化，从内容上讲，就是要运用马克思主义的立场、观点和方法，研究和解决中国的实际问题，丰富和发展马克思主义的理论宝库；从形式上讲，就是要运用中国人民喜闻乐见的民族语言来阐述马克思主义理论，揭示中国革命和建设的本质规律，使之成为具有中国风格和中国气派的马克思主义。历史已经证明：坚持马克思主义的指导地位，解放思想、实事求是、与时俱进，不断开拓马克思主义中国化的新境界，是我们党始终保持先进性、不断推进事业发展、胜利完成历史使命的一个决定性因素。

有学者认为，中国特色社会主义理论体系比较系统地初步回答了像中国这样经济文化落后国家如何建设社会主义、如何发展社会主义这一历史性课题，从而丰富和发展了马克思主义。众所周知，社会主义在由理论变为现实的过程中，并不像马克思所预言的那样，首先发生在先进发达的资本主义国家，而是发生在经济文化落后的国度里。这就要求共产党人既坚持科学社会

---

① 刘海涛：《马克思主义中国化的最新成果》，《人民日报》2007年11月27日。

② 《毛泽东选集》第二卷，人民出版社1991年版，第354页。

主义基本原则，又从各个历史时期和各国具体国情出发，探索社会主义有效的实现形式。列宁没能来得及解决这个难题，但他已经意识到社会主义在发达资本主义国家"开始困难，继续比较容易"；反之，在经济文化落后国家，则"开始容易，继续比较困难"①。斯大林同反对在经济文化落后国家建设社会主义的错误倾向进行斗争，并在实践中构建了第一个社会主义体制模式。这种体制模式对苏联的强大和世界格局的转变发挥过积极作用，有其历史的必然性和合理性，但随着时代主题的变化和社会主义建设实践的发展，越来越阻碍社会主义国家生产力的进一步发展和人民生活水平的提高，其历史的过渡性和局限性日益显露。新中国成立以后，以毛泽东为代表的中国共产党人就开始探索中国自己的社会主义建设道路，既取得了巨大成就和宝贵经验，又出现过严重的曲折和失误。直到党的十一届三中全会以后，随着改革开放和社会主义现代化建设的全面展开和不断推进，我们党才正式提出建设中国特色社会主义的概念范畴和理论体系，才真正自觉地解决经济文化落后国家如何建设社会主义、如何发展社会主义这个当今时代的重大课题。这是我们党对马克思主义理论和社会主义事业作出的新的重大贡献。

关于"最新成果"的定位，国内目前的研究似乎并未完全清楚地回答这一问题，以往认为"十六大以来党中央提出一系列重大战略思想，是马克思主义中国化的最新成果"②，不同的表述说明了什么？有的研究成果还认为"科学发展观等重大战略思想是中国特色社会主义理论体系的最新成果"③，以此来进行区分。实际上，十七大报告中的"马克思主义中国化最新成果"概括的是"第二次飞跃"的理论成果，"最新"等同于"当代"。时期和阶段的划分亟待从理论上统一和阐释。

---

① 《列宁全集》第 34 卷，人民出版社 1985 年版，第 343 页。

② 《马克思主义中国化最新成果读本》，红旗出版社 2007 年版，第 2 页。

③ 韩振峰：《试论中国特色社会主义理论体系的几个基本问题》，《大连干部学刊》2007年第 11 期。

三、中国特色社会主义理论体系与科学社会主义基本原则的关系

党的十七大报告指出："中国特色社会主义道路之所以完全正确、之所以能够引领中国发展进步，关键在于我们既坚持了科学社会主义的基本原则，又根据我国实际和时代特征赋予其鲜明的中国特色。"伟大的实践催生科学的理论，科学的理论指导伟大的事业。现有的研究成果更多地从"道路"与"理论体系"的有机统一来进行分析，并以此类推认为，"中国特色社会主义理论体系既坚持科学社会主义的基本原则，又结合我国实际和时代特征赋予其鲜明的中国特色，它以严格的科学性、强烈的现实性和高度的开放性反映了当今时代发展的潮流和中华民族振兴的要求"。

目前需深入研究的核心问题在于：科学社会主义的基本原则包含哪些内容？如何理解科学社会主义基本原则与中国特色社会主义理论体系间的关系？目前可以借鉴的主要研究成果有三：一是袁贵仁的文章《坚持科学社会主义的基本原则具有鲜明的中国特色》认为，科学社会主义理论是马克思主义经典作家在深刻分析人类社会基本矛盾和历史发展一般规律的基础上创立的。社会主义成功还是挫折，从根本上说，在于是否毫不动摇地坚持科学社会主义的基本原则。中国特色社会主义道路之所以正确、之所以能够引领中国发展进步，关键就在于我们坚持了科学社会主义的基本原则：(1) 生产力是人类社会发展的最终决定力量，发展生产力是社会主义的根本任务。(2) 生产资料公有制是社会主义制度的基础，是社会主义与资本主义的一个根本区别。(3) 实现共同富裕，不搞两极分化，这是体现社会主义本质的一个重要方面。(4) 无产阶级专政是科学社会主义的核心内容，无产阶级专政思想的诞生是科学社会主义思想体系形成的重要标志之一。(5) 坚持工人阶级政党领导。科学社会主义是和工人阶级政党密不可分的。(6) 马克思主义是社会主义意识形态的灵魂，社会主义离不开马克思主义的科学

指导①。二是赵曜的文章《高举中国特色社会主义伟大旗帜坚定不移地走中国特色社会主义道路》认为，对科学社会主义基本原则的分析主要从十个方面展开：关于社会主义社会的生产力、关于社会主义社会的所有制、关于社会主义社会的分配原则、关于社会主义社会的富裕问题、关于社会主义社会的经济体制和经济运行机制、关于社会主义社会的国家政权、关于社会主义社会的领导力量、关于社会主义社会的意识形态、关于未来社会的本质特征、关于共产党的最低纲领和最高纲领②。三是韩振峰的文章《试论中国特色社会主义理论体系的几个基本问题》认为，科学社会主义基本原则为中国特色社会主义理论体系奠定了坚实的理论基础，第一，中国特色社会主义理论体系坚持了科学社会主义的基本经济理论和原则：高度重视发展生产力、坚持生产资料公有制、坚持按劳分配原则、坚持共同富裕原则；第二，中国特色社会主义理论体系坚持了科学社会主义的基本政治理论和原则：坚持无产阶级专政、坚持人民代表大会制度、坚持工人阶级政党的领导；第三，中国特色社会主义理论体系坚持了科学社会主义的基本文化理论和原则：坚持马克思主义指导、必须吸收人类文化发展的一切优秀成果、坚持人的全面发展原则③。

同时，从另一方面来看，科学社会主义的基本原则只有同客观实际、具体实践、时代特征相结合，才能产生改造世界的无尽力量，才能获得强大的生命力。中国革命、建设和改革的实践反复证明，什么时候从国情出发、与实际相结合，就取得成功；什么时候照抄本本、照搬外国模式，就遭受挫折。因此，我们必须把科学社会主义的基本原则同中国实际紧密结合起来，必须体现中国特色。第一，社会主义基本制度确立之后，我们还要从根本上改变束缚生产力发展的体制性障碍，建立起充满生机和活力的社会主义经济

---

① 袁贵仁：《坚持科学社会主义的基本原则具有鲜明的中国特色》，《人民日报》2007 年 9 月 3 日。

② 赵曜：《高举中国特色社会主义伟大旗帜坚定不移地走中国特色社会主义道路》，《中共中央党校学报》2007 年第 6 期。

③ 韩振峰：《试论中国特色社会主义理论体系的几个基本问题》，《大连干部学刊》2007 年第 11 期。

制度，促进生产力发展。第二，在社会主义初级阶段，不能搞私有制，也不能搞单一公有制。公有制为主体、多种所有制经济共同发展，是社会主义初级阶段的基本经济制度。公有制为主体、多种所有制经济共同发展的基本经济制度，要求确立劳动、资本、技术和管理等生产要素按贡献参与分配的原则，坚持按劳分配为主体、多种分配方式并存的分配制度。第三，逐步实现共同富裕。共同富裕是社会主义的根本目标。第四，实行人民民主专政，是马克思列宁主义关于无产阶级专政的理论同我国具体实际相结合的产物，是中国共产党人的一个创造。实行人民代表大会制度，是中国社会主义民主政治最鲜明的特点。第五，中国共产党是中国特色社会主义事业的领导核心。在中国共产党的领导下实行多党合作和政治协商，这是社会主义民主政治制度的重要形式。第六，中国共产党从诞生之日起，就把马克思主义确立为自己的指导思想。必须坚持用马克思主义中国化最新成果武装全党、教育人民，以社会主义核心价值体系为根本建设和谐文化，最大限度地形成社会共识，打牢全党全国各族人民团结奋斗的共同思想基础。

综上所述，普遍认为在发展中国特色社会主义的伟大历史进程中，我们始终坚持的科学社会主义的基本原则是：以马克思主义理论为指导、坚持工人阶级政党的领导、无产阶级专政的思想、解放生产力发展生产力、建立生产资料公有制、人的全面发展。而建立在中国国情基础上具有鲜明"中国特色"的中国特色社会主义理论体系，既坚持了科学社会主义的基本原则，又根据我国实际和时代特征赋予了其鲜明的中国特色，中国特色社会主义理论体系就是具有"当代中国特色"的科学社会主义，在当代中国，坚持中国特色社会主义理论体系，就是真正坚持马克思主义。

还应注意到，现有的研究成果中，对中国特色社会主义理论体系架构中的一些内容忽视了，缺乏研究本身的系统性，如对社会主义和平发展理论、中国特色精兵之路的国防和军队建设理论、"一国两制"和祖国和平统一理论的研究。

四、中国特色社会主义理论体系与毛泽东思想的关系

1. 中国特色社会主义理论体系是否包括毛泽东思想

有学者认为，回答这个问题首先应厘清"近现代"与"当代"中国的时限，"中国特色社会主义理论体系"既是个理论概念，也是个历史概念，对其理解首先要从历史内涵入手，即如何界定当代中国历史时限问题。"现代中国"与"当代中国"的时限划分，是党的十一届三中全会。按照十一届三中全会以来历次重要文献，都将十一届三中全会作为划分新中国成立后历史的一个界限。邓小平同志早在 1979 年 3 月就指出：十一届三中全会是我国历史上的一个伟大转折，这是一个新的历史发展阶段的开端。十七大报告也指出：1978 年，我们党召开具有重大历史意义的十一届三中全会，开启了改革开放历史新时期。因此，对这个断代的时限是清楚的。如果承认这样断代，那么十一届三中全会就是"现代中国"的下限，也是"当代中国"的历史起点。

"中国特色社会主义"是个有特定内涵的历史概念。十三大报告指出：十一届三中全会以后，我们党"开始找到一条建设有中国特色的社会主义的道路，开辟了社会主义建设的新阶段"。既然是"开始""开辟"的"社会主义建设的新阶段"，那么，"中国特色社会主义"的历史起点就是十一届三中全会新时期。这也就是说，"中国特色社会主义"是"当代中国"的社会主义。十七大报告也是这样认定它的时态的。报告开宗明义讲"旗帜"说，"中国特色社会主义伟大旗帜，是当代中国发展进步的旗帜"；回顾十一届三中全会以来 30 年历史成就时，也是将中国特色社会主义理论体系作为"当代中国马克思主义"讲的。这说明十七大对"当代中国"的时限已有认定。既然有这样的明确区分，讲当代中国的社会主义理论，就只能是改革开放以来的中国特色社会主义理论。

有学者又认为，马克思主义是个宏大的理论体系。就理论传脉而言，毛泽东思想、邓小平理论、"三个代表"重要思想和科学发展观等重大战略思想都包括其中，并且构成中国化马克思主义一脉。80 多年来，马克思主义中国化的几大理论成果，可按照实现的两次历史性飞跃而区分为基础理论与

创新理论。作为第一次飞跃的理论成果——毛泽东思想，是中国化马克思主义的基础理论；作为第二次飞跃的理论成果——邓小平理论和"三个代表"重要思想，是中国化马克思主义的创新理论。

之所以进行这种区分，是因为两者对什么是社会主义和怎样建设社会主义的认识既相通又相异。以毛泽东同志为核心的中央领导集体对如何建设社会主义尽管提出过许多好的和比较好的思想观点，如正确处理人民内部矛盾等，这在第二个《历史决议》中已有论列。但是，由于在总体上对什么是社会主义和怎样建设社会主义的问题没有完全搞清楚，因而，毛泽东思想关于建设社会主义的理论不系统、不完整。第一代中央领导集体探索适合中国情况的社会主义建设道路，虽然在党的八大前后有良好开端，但最终没有真正找到。中国特色社会主义理论体系既然指当代中国的创新理论，那么作为基础理论的毛泽东思想就不包括在内。当然，不包括不等于不重要，不是搞"去毛化"，它仍然是我们党必须坚持的指导思想。从党的指导思想来说，我们必须坚定不移地坚持马列主义、毛泽东思想。就中国化的马克思主义理论来说，它既然有基础理论，又有创新理论，毛泽东思想就属于中国化马克思主义的基础理论。邓小平理论、"三个代表"重要思想和科学发展观等重大战略思想属于改革开放以来的创新理论。中国特色社会主义理论体系，它所包括的就是当代中国马克思主义这些创新的理论。如果要讲这些创新理论渊源的话，它仍然是对毛泽东思想的继承，它们是一脉相承的，这一历史渊源的关系是不容割断的。所以，一方面要强调坚持属于当代中国马克思主义创新理论的"中国特色社会主义理论体系"；另一方面也要强调毛泽东思想仍然是党的指导思想这个重要的地位，这两者并不矛盾。特别是，毛泽东思想作为世界观、方法论，还有它若干重要基本理论，对于指导中国特色社会主义事业仍然有非常重要的意义①。

---

① 上述观点参阅 2007 年 11 月 7 日，原中共中央党史研究室副主任石仲泉做客人民网，以中国特色社会主义理论体系相关话题与网友进行在线交流以及两篇文章《中国特色社会主义理论体系：当代中国创新理论的科学体系》和《中国特色社会主义理论体系没搞"非毛化"》。参见《毛泽东思想、邓小平理论和"三个代表"重要思想概论》，高等教育出版社 2007 年版，第 263 页。

2. 关于"始于毛成于邓"和"始于毛创于邓"的分析

有学者认为，毛泽东思想是中国特色社会主义理论的渊源理论，而邓小平理论是中国特色社会主义理论的本源理论。所谓毛泽东思想是中国特色社会主义理论的渊源理论，即中国特色社会主义理论是对毛泽东思想的继承和发展。对此，邓小平同志曾经说过："从许多方面来说，现在我们还是把毛泽东同志已经提出、但是没有做的事情做起来，把他反对错了的改正过来，把他没有做好的事情做好。今后相当长的时期，还是做这件事。当然，我们也有发展，而且还要继续发展。"正是基于这个认识，在 20 世纪 80 年代以后非常流行中国特色社会主义"始于毛，成于邓"的说法。应当指出，在提出作为中国特色社会主义核心理论的社会主义市场经济理论以前，这个说法反映了当时的历史实际和认识水平。但是，自提出社会主义市场经济理论以后，还有其他创新理论的不断提出，正如列宁所指出的，"我们对社会主义的整个看法根本改变了"。既然对中国特色社会主义理论的认识有了很大变化，那么对"始于毛"的说法就要作具体分析。若就我们党提出要将马列主义与中国实际相结合，找出一条适合中国情况的社会主义建设道路这个思想而言，即从指导思想的方法论而言，完全可以继续说中国特色社会主义"始于毛"。但若就当今提出的一系列创新理论而言，特别是在实行以社会主义市场经济为标志而制定的那一套方针政策之后来言中国特色社会主义，则很难再说它"始于毛"了。在这一点上，十七大之前有的学者表述不一样，认为应将"始于毛，成于邓"作修改，"始于毛"不变，"成于邓"则改为"创于邓"，"成"要到 2050 年 ①。

之所以说邓小平理论才是中国特色社会主义理论的本源理论，即之所以说"创于邓"，理由有三：一是"中国特色社会主义"的科学概念最初源于邓小平，"建设有中国特色的社会主义理论"最初就是邓小平理论；二是中国特色社会主义理论的两个基本元素——民族化和当代化，源于对邓小平理论的概括；三是邓小平理论与"三个代表"重要思想以及科学发展观等重大战略思想的原创与传承关系，也说明邓小平理论是中国特色社会主义理论的

---

① 徐崇温：《中国特色社会主义理论研究的薄弱点》，《北京日报》2007 年 5 月 14 日。

本源理论。邓小平理论与"三个代表"重要思想和科学发展观，都属于马克思主义中国化第二次飞跃过程中的理论成果。从理论渊源关系看，邓小平理论与它们之间是原创与发展的关系。

五、中国特色社会主义理论体系包括以后 不断发展的创新理论

以后的创新理论能否都包括其中呢？此后的时限如何划分？国内学术界不仅重视这一理论体系的传承性特征，也关注其开放性特征。有学者认为，其开放性的特征表明，以后的理论都能纳入进去。建设中国特色社会主义是一个很长的历史阶段，随着中国特色社会主义实践的发展，作为其经验总结的理论也会相应地与时俱进，理论创新的成果会越来越多。如果不加整合，对一个又一个的创新理论如何表述会成为很大的困难。十七大提出"中国特色社会主义理论体系"这个称谓，就可以将以后不断发展的创新理论都包括进去。我们现在讲"中国特色社会主义理论体系"，是包括十一届三中全会以来的所有属于党的指导思想的重大理论。当然它还会包含以后不断发展的创新理论。因为，按照胡锦涛的说法，中国特色社会主义理论体系是一个不断发展的开放的理论体系。中国特色社会主义事业还会向前发展，我们党对实践经验还会作进一步总结。因为我们还会有一个又一个的重大理论创新，它都应当包括在中国特色社会主义理论体系之列。

20世纪中国共产党认识社会主义视角的演进

屠静芬　常　泓

新中国成立以后，在如何认识社会主义的问题上，中国共产党三代领导人的视角不断地发生着变化。关注和研究不同历史时期他们视角转换的特定背景和原因，总结党在这个问题上的经验教训，既有利于进一步深化对社会主义的认识，也可为中国特色社会主义建设的伟大实践提供有益的借鉴与启迪。

社会主义的实践证明，"怎样建设社会主义"历来是与"什么是社会主义"紧密相连的。什么是社会主义，属于认识范畴；怎样建设社会主义，属于实践范畴。正确地认识社会主义，是科学地解决"怎样建设社会主义"的前提和基础。新中国成立以后，随着时代背景的变化和社会主义实践的发展，中国共产党三代领导人在认识社会主义的视角上，经历了曲折发展并不断演进的过程。回顾这一探索历程，总结党在这个问题上所积累的宝贵经验，对于进一步深化对社会主义的认识，全面推进中国特色社会主义伟大事业，具有重要的理论与现实意义。

一、毛泽东认识社会主义的视角演进

（一）从由新民主主义向社会主义过渡的思想

毛泽东自青年时代转变为一个马克思主义者后，始终对社会主义进行着不懈的思考。民主革命时期，毛泽东先后发表了《中国革命和中国共产党》

《新民主主义论》等重要著作，创造性地提出了新民主主义理论。他认为，中国社会的性质和革命特点决定了"中国共产党领导的整个中国革命运动，是包括民主主义革命和社会主义革命两个阶段在内的全部革命运动；这是两个性质不同的革命过程，只有完成了前一个革命过程才有可能去完成后一个革命过程。民主主义革命是社会主义革命的必要准备，社会主义革命是民主主义革命的必然趋势"①。这两个革命过程是紧密相接的过程，中间不能横插一个资产阶级革命的时代。在新民主主义革命胜利之后也不能急于过渡到社会主义，而首先建立的应该是新民主主义社会。这些说明，毛泽东十分重视新民主主义和社会主义的衔接与过渡关系。

新中国成立初期，毛泽东仍然坚持上述关于新民主主义社会的思想。1950 年 6 月，他在全国政协一届二次会议上的讲话中指出："我们的国家就是这样地稳步前进，经过战争，经过新民主主义的改革，而在将来，在国家经济事业和文化事业大为兴盛了以后，在各种条件具备了以后，在全国人民考虑成熟并在大家同意了以后，就可以从容地和妥善地走进社会主义的新时期。"② 至于具体需要多长时间，他指出"照苏联的例子，时间是很长的"③。后来，随着国民经济的迅速恢复以及抗美援朝、土地改革、镇压反革命和"三反""五反"等运动的胜利，毛泽东逐渐改变了原先的看法，认为在完成新民主主义革命任务的同时，可以有步骤地进行社会主义改造，逐步向社会主义过渡。基于此，以毛泽东为代表的中国共产党人制定了过渡时期的总路线。这条总路线既包含了由新民主主义革命向社会主义革命转变的含义，又包含了由新民主主义社会向社会主义社会转变的含义。可见，如何把中国逐步由新民主主义社会带到社会主义社会，是这一时期毛泽东认识社会主义的主要视角。

---

① 《毛泽东选集》第二卷，人民出版社 1999 年版，第 651 页。
② 《毛泽东文集》第六卷，人民出版社 1999 年版，第 80 页。
③ 《毛泽东文集》第六卷，人民出版社 1999 年版，第 61 页。

（二）从向苏联学习到"以苏为鉴"

社会主义基本制度在我国基本确立以后，毛泽东对社会主义模式的认识主要有两个来源：一是马、恩经典著作中对未来社会的描述，二是斯大林在苏联领导建立的苏联模式社会主义。在我国社会主义改造实践过程中，由于缺乏经验，几乎照搬了苏联模式，建立起了高度集中的计划经济管理体制。这种体制在当时曾发挥过重要的作用。但不久其弊端也逐渐暴露出来。1956年2月，苏共二十大的召开，使毛泽东更加深刻地意识到，社会主义建设道路同革命道路一样，照搬外国的经验并不总是成功的，即使是成功的苏联经验，也并不一定完全适合中国的国情。在对我国社会主义建设实践经验的总结和对苏联模式弊端进行深入思考的基础上，毛泽东提出了"以苏为鉴，探索中国自己的社会主义建设道路"的重要命题，并于1956年4月至1957年初先后发表了《论十大关系》《关于正确处理人民内部矛盾的问题》等重要讲话，率先对中国式社会主义建设道路进行了积极的、开拓性的探索。在毛泽东的带领下，中国共产党踏上了探索中国特色社会主义道路的艰辛征程。

（三）从保护和发展生产力到片面发展生产关系

毛泽东历来重视生产力问题。早在战争年代，他便指出："中国一切政党的政策及其实践在中国人民中所表现的作用的好坏、大小，归根到底，看它对于中国人民的生产力的发展是否有帮助及其帮助之大小，看它是束缚生产力的，还是解放生产力的。"[1] 新民主主义革命的胜利，为中国社会生产力的发展提供了前提和广阔的前景。1956年1月，毛泽东在国务院第六次会议上指出："社会主义革命的目的是为了解放生产力。"[2] 在毛泽东看来，生产力的极大发展，是实现社会主义中国富强的根本之所在。1957年初，在社会主义改造任务基本完成后，毛泽东进一步指出："我们的根本任务已经

---

① 《毛泽东选集》第二卷，人民出版社1999年版，第679页。

② 《毛泽东文集》第七卷，人民出版社1999年版，第1页。

由解放生产力变为在新的生产关系下面保护和发展生产力。"①

　　然而，由于社会主义改造以异常迅猛方式的超前实现以及苏联模式的短期效应，使毛泽东对生产力和生产关系的认识发生了改变，从而也相应地改变了他先前认识社会主义的正确视角。他逐渐把注意力集中到尽快实现生产关系的变革上，并试图通过这样的途径来促进社会生产力的发展。毛泽东认为："如何从集体所有制向全民所有制过渡，如何从社会主义向共产主义过渡，斯大林没有找到适当的形式，没有找到解决的办法。我们有了人民公社，将加快我国社会主义建设的速度，并且将成为我国农村由集体所有制过渡到全民所有制的最好形式，由社会主义过渡到共产主义的最好形式。"②这种认识付诸实践的结果，是"大跃进"和人民公社化运动的发动。虽然毛泽东也曾一度觉察到问题并试图去纠正，但遗憾的是，他最终未能放弃对"一大二公三纯"的平均社会主义模式的追求。这是晚年毛泽东对社会主义的认识发生严重偏差的结果，是必须记取的深刻历史教训。

二、邓小平认识社会主义的视角演进

（一）从一般的社会主义社会到社会主义初级阶段

　　20 世纪 50 年代末 60 年代初，毛泽东在反思"大跃进"错误时，提出"社会主义这个阶段，又可能分为两个阶段，第一个阶段是不发达的社会主义，第二个阶段是比较发达的社会主义。后一阶段可能比前一阶段需要更长的时间"③的论断。十一届三中全会以后，邓小平深刻地总结了中外社会主义运动的经验教训，提出在我国这样经济文化比较落后的国家进入社会主义以

① 《毛泽东著作选读》（下册），人民出版社 1986 年版，第 771—772 页。
② 中华人民共和国国史学会：《毛泽东读社会主义政治经济学批注和谈话》（下册），内部清样本 1998 年，第 66 页。
③ 《毛泽东文集》第八卷，人民出版社 1999 年版，第 116 页。

后，必须经历一个很长的初级阶段的科学论断。他指出：这个初级阶段，不是泛指的，而是特指的，即我们不是在商品经济充分发展和现代化的基础上搞社会主义，而是先建立了社会主义制度，然后再来发展商品经济和实现经济的市场化和现代化。邓小平深刻地指出：中国社会主义"就是处在初级阶段，是初级阶段的社会主义。社会主义本身是共产主义的初级阶段，而我们中国又处在社会主义的初级阶段，就是不发达的阶段。一切都要从这个实际出发，根据这个实际来制订规划"①。社会主义初级阶段的认识视角，为中国特色社会主义建设提供了强大的理论基础。

（二）从描述社会主义特征到揭示社会主义本质

科学社会主义的创始人在分析资本主义社会的矛盾和考察资本主义社会的演变趋势时，曾对未来社会的特征（而非本质）做过科学的预测。列宁在十月革命前夕曾有一个著名提法："人类从资本主义社会只能过渡到社会主义，即过渡到生产资料公有制和按每个人的劳动量分配产品。"②列宁把按劳分配同生产资料公有制联系在一起，把它们看作是社会主义经济制度的两个基本特征。无疑，这里指的是社会主义的经济特征，而不是社会主义的全部特征。

邓小平一向重视对社会主义本质的探讨。早在20世纪80年代初，他就多次提出"社会主义本质"这个概念，并不断尝试从本质上去认识、揭示社会主义。邓小平在南方谈话中明确指出："社会主义的本质，是解放生产力，发展生产力，消灭剥削，消除两极分化，最终达到共同富裕。"③这是在坚持社会主义特征，即社会主义基本制度的前提下，针对多年来离开发展生产力，抽象谈论社会主义以及对我党在这个问题上的历史教训进行深刻总结而得出的科学结论。对社会主义本质的科学界定，实现了对社会主义认识由表及里的飞跃，这是以邓小平为代表的中国共产党人对科学社会主义的重大发展。

---

① 《邓小平文选》第三卷，人民出版社1993年版，第252页。
② 《列宁全集》第29卷，人民出版社1987年版，第178页。
③ 《邓小平文选》第三卷，人民出版社1993年版，第373页。

（三）从实行单一的计划经济到建立社会主义市场经济体制

十一届三中全会以后，以邓小平同志为核心的党中央通过总结历史经验，突破了以往的传统观念，明确提出社会主义经济是在公有制基础上有计划的商品经济。这一认识视角的转变，使科学社会主义更深地植根于社会主义的现实之中，从而彻底摆脱了原来难以完全实现的某些理想化的成分。人类社会发展的历史证明，从自然经济、商品经济到产品经济，这是一个不可逾越的阶段。社会主义是一个相当长的历史阶段，在社会主义初级阶段内，从经济方面来说，既不是资本主义的商品经济，也不是共产主义的产品经济，而是在公有制基础上的社会主义商品经济。1992 年初，邓小平进一步指出："计划经济不等于社会主义，资本主义也有计划；市场经济不等于资本主义，社会主义也有市场。计划和市场都是经济手段。"[1]"社会主义和市场经济之间不存在根本矛盾。"[2]从单一的计划经济到社会主义市场经济的视角转变，是对马克思主义经济理论的重大突破和发展。

三、江泽民认识社会主义的视角演进

（一）从发展到注重正确处理改革、发展、稳定的关系

十三届四中全会以后，我国的改革开放和现代化建设进入了一个新的阶段。以江泽民同志为核心的党的第三代中央领导集体在坚持邓小平发展基本思想的同时，特别强调"在深化改革中，要坚持按照邓小平同志所说的两句话去做，胆子要大，步子要稳"[3]。因为改革是一场深刻的社会变革，是一项艰巨复杂的系统工程，必须处理好各方面的关系。他指出："改革、发展、稳

---

① 《邓小平文选》第三卷，人民出版社 1993 年版，第 373 页。
② 《邓小平文选》第三卷，人民出版社 1993 年版，第 148 页。
③ 《江泽民文选》第一卷，人民出版社 2006 年版，第 367 页。

定，好比是我国现代化建设棋盘上的三者紧密关联的战略性棋子，每一着棋都下好了，相互促进，就会全局皆活；如果有一着下不好，其他两者也会陷入困境，就可能全局受挫。所以把握好改革、发展、稳定的关系，是现代化建设的一项重要领导艺术。"① 在《正确处理社会主义现代化建设中的若干重大关系》的讲话中，江泽民进一步指出，改革、发展、稳定三者存在着不可分割的内在联系。发展是硬道理，中国解决所有问题的关键要靠自己的发展；改革是经济社会发展的强大动力，是为了进一步解放和发展生产力；稳定是发展和改革的前提，发展和改革必须有稳定的政治和社会环境。江泽民关于改革、发展和稳定三者之间辩证关系的阐述，体现了中国共产党对社会主义现代化建设规律认识的深入，为积极稳妥地推进我国的改革开放，提供了科学的方法指导。

（二）从"两个文明一起抓"到促进社会与人的全面发展

20 世纪 90 年代以后，我国作为处于转型过程中的发展中国家，面临着许多政治、经济、文化、社会和生态环境问题，若处理不好这些问题以及它们之间的关系，势必会影响社会主义现代化的进程。江泽民丰富和发展了邓小平"两个文明一起抓"的思想，进一步提出"以经济建设为中心，促进社会全面进步"的思想。江泽民在十五大报告中指出："只有经济、政治、文化协调发展，只有两个文明都搞好，才是有中国特色社会主义。"②党的十六大提出了新世纪促进物质文明、政治文明和精神文明"三个文明"协调发展的任务。在此基础上，江泽民从社会主义发展的终极价值目标上，审视并发展了马克思主义关于人的全面发展思想。2001 年，江泽民在"七一"讲话中指出："建设有中国特色社会主义的各项事业，我们进行的一切工作，既要着眼于人民现实的物质文化生活需要，同时又要着眼于促进人民素质的提高，也就是要促进人的全面发展。这是马克思主义关于建设社会主义新社会

---

① 《江泽民论有中国特色社会主义》（专题摘编），中央文献出版社2002年版，第211页。
② 《江泽民文选》第二卷，人民出版社 2006 年版，第33页。

的本质要求。"① 这说明在我国的改革开放 20 多年之后，中国共产党人对社会主义的认识经历了由"以经济建设为中心"到"两个文明一起抓"再到"以经济建设为中心，促进社会主义社会以及人的全面发展"的不断深化的过程。

（三）从加强执政党建设到保持党的先进性的视角

在中国，办好一切事情的关键在于中国共产党。苏东剧变的历史教训以及我国改革开放的新形势，都对中国特色社会主义事业的领导核心——中国共产党的自身建设，提出了新的挑战和要求。受命于危难之际的以江泽民同志为核心的第三代中央领导集体，在继续推进邓小平开创的党的建设"新的伟大工程"过程中，把"建设一个什么样的党、怎样建设党"与"什么是社会主义、怎样建设社会主义"统一起来思考与探索，创立了"三个代表"重要思想这一科学理论。1997 年，江泽民在十五大报告中深刻阐明了把中国特色的社会主义事业全面推进 21 世纪的关键在于坚持、加强和改善党的领导，进一步把党建设好。江泽民指出：要"把党建设成为用邓小平理论武装起来、全心全意为人民服务、思想上政治上组织上完全巩固、能够经受住各种风险、始终走在时代前列、领导全国人民建设有中国特色社会主义的马克思主义政党"②。与此同时，江泽民还提出党员干部要"讲政治、讲学习、讲正气"的要求，在党的干部中开展了大规模的"三讲"活动。2000 年初，江泽民在广东考察工作时首次提出并论述了"三个代表"重要思想。此后，他从各个方面系统、全面地阐释了"三个代表"重要思想的科学内涵，并强调贯彻"三个代表"重要思想，关键在坚持与时俱进，核心在保持党的先进性，本质在执政为民。由此可见，"三个代表"重要思想，是以江泽民同志为核心的党中央在领导建立社会主义市场经济体制的过程中，从执政党的建设与社会主义建设的关系上，对共产党建设规律的科学总结，体现了中国共产党人对新形势下保持党的先进性的认识视角，这是江泽民对马克思主义执政党建设理论的丰富与发展。

---

① 《江泽民文选》第三卷，人民出版社 2006 年版，第 294 页。
② 《江泽民文选》第二卷，人民出版社 2006 年版，第 43 页。

综上所述，随着时代的变迁和社会主义实践的发展，中国共产党的三代领导人在认识社会主义时各有其主要的视角，而且都随着时代的变化而不断地发生着变化。分析、探究这些变化，有助于我们正确地认识社会主义在中国发展的历史进程，从而进一步深化对科学社会主义的理解，也能够为中国特色社会主义建设事业提供更为有效的借鉴和启迪。

改革开放以来马克思实践范畴研究探析

李 玲

改革开放以来，国内哲学界围绕实践范畴所掀起的一波又一波的研究热潮，既给马克思主义哲学理论体系的发展添砖加瓦，亦为其实践光芒的散发拨开道路。马克思实践范畴是一个特殊的历史范畴，其不断生成的历史过程亦是其内在价值不断生成与展现的现实过程，对于其本质特征还须从整体上即从整个马克思主义思想体系的形成及其价值取向上去把握。

一、实践范畴研究的重要性

实践范畴在马克思主义哲学乃至整个马克思主义思想体系中的地位以及对于近现代社会主义革命运动的指导意义是众所周知的。我国 20 世纪 70 年代末兴起的以实践作为检验真理唯一标准的浪潮极大地鼓舞了人们的思想，并继而重新确立了解放思想、实事求是的马克思主义思想路线。30 年来，正是在这一思想路线的指导下，我国的社会主义建设事业取得了举世瞩目的成就，也更加确立了马克思主义思想体系在指导我国社会主义建设和改革中的根本性地位。迎着实践理论所带来的朝阳，人们不免对马克思实践思想报以"好奇"与"崇拜"的态度，于是哲学界便兴起了关于马克思主义哲学思想的宝库——实践范畴的探秘热潮。通过这 30 年的理论探究，使人们对马克思实践范畴有了更深刻的了解，也使其无上的"实践光芒"逐步地照射出来，从而利用其合理地指导着我国的特色社会主义建设事业。理论与现实的进步不断地为丰富整个马克思主义思想体系添砖加瓦，也为我们继续探究马克思实践宝藏提供了理论与现实依据。我们知道，马克思主义思想体系的科学性与完善性主要在于其唯物史观和剩余价值理论的科学性与完善性，而唯物史观的科学性与完善性又在于其实践理论的确立与完善，可以说，实践范畴是马克思唯物史观的灵魂，是马克思主义理论体系所实现的一系列变革的根基。因此，要合理地把握并发展马克思主义思想体系以为社会主义建设事业乃至整个人类的解放事业服务，就必须合理地把握马克思实践范畴这一精髓，而对其科学的把握又必须随着时代的推移不断地深入。

然而，就当前理论研究的困境与需要来看，无论是纵向地、历史地考察马克思实践范畴的形成，还是横向地、现实地分析其地位与功能，也无论是从理论发展的角度来阐述，还是从现实需要的角度来考核，都让人感觉仍无法还原或穷尽马克思实践范畴的丰富意蕴。如果不能合理地解决当前研究的困境，便不能更好地推进整个马克思主义思想体系的发展。此外，就理论发展与社会发展的一致性来看，当时资本主义大工业的快速发展及资本主义社会的空前异化为科学的马克思实践理论的诞生提供时代条件的同时小暗含着其时代局限。随着150多年来生产力的超越发展，当前人类社会的两大对立制度——资本主义制度和社会主义制度都已有了更深层次的发展，人类的生存与发展面临着新的机遇与挑战，在很多具体的理论与现实问题上，需要与之相适应的实践思想的指导。实践既是人的感性活动，那么，这一感性活动的革命性、敞开性、辐射性以及其价值生成的逻辑性又该如何展现则是我们进一步探究马克思实践范畴的外在要求。

依此，笔者认为，30年后的今天，关于马克思实践范畴问题的研究还很有必要性，亦有很多迫切需要解决的难题。马克思实践范畴本是一个特殊的范畴，一个历史的、动态的、非封闭性的范畴，其特殊性不只在于概念本身的内涵性，而更多地在于其历史的生成性、思想的辐射性或理论与现实的双重变革性。笔者认为，应该在吸取当前各种研究路径精华的基础上进一步探求更加合理、更加合时的研究路径，即紧紧扣住马克思实践范畴本身来探究其使用的阈域，从价值生成论的角度来寻找这一思想火花的线索，从而展现其生存发展、思想辐射以及革命变革的伟大奥秘。

二、实践范畴研究的概况剖析

自真理标准问题大讨论肇始，实践思想逐渐兴起并深入到人们生活的各个领域。当时所确立的解放思想、实事求是的思想路线无疑为马克思实践观的显现开辟了道路，也无疑为学术界"自由自觉"地研究马克思实践范畴打开了大门。自20世纪80年代初以来，学界曾掀起了对实践范畴研究的一轮又一轮的热潮。时至今日，学界关于马克思实践范畴的研究热情仍是有增无减，并且，在不同阶段，理论研究的重心和对实践范畴的认识也有着很大的差别。

20世纪80年代初，学界围绕教材的编著而掀起了辩证唯物主义和历史唯物主义的研究热潮，当时主要是将马克思实践思想放在认识论、辩证法的领域去理解，从而给马克思主义哲学定位。到了20世纪80年代末、90年代初，学界又掀起了实践唯物主义的研究热潮，一时关于马克思主义哲学是实践哲学、实践唯物主义还是实践本体论等的争论风起云涌、互不相让，尽管如此，但有一点还是可以取得共鸣的，即实践范畴在马克思主义哲学中的重要地位。而到了20世纪90年代末、21世纪初，围绕人的主体性、发展性而涌现出的生存论、存在论、思维方式论等理论学说，则将马克思实践范畴的研究又推向了一个新的阶段。

从横向上看，以上这些阶段的研究主要是从以下几个方面展开的：

其一，渊源类：通过对马克思实践范畴与古希腊哲学、近代哲学中实践范畴的比较考察而推导出马克思实践范畴的历史渊源。

这类研究的主要脉络是：认为实践概念在西方最早可追溯至亚里士多德。亚里士多德是西方实践哲学的创立者，他把人类知识和活动三分为理论、实践和创制，其中，理论主要指求知自然的普遍原理的思想活动，实践主要指追求伦理德性和政治公正的行为，创制主要指生产生活资料的劳动。理论和实践都以自身为目的，是自由人所从事的活动，创制则以其产品为目的而以自身为手段，主要是奴隶所从事的活动。到了近代的康德哲学这里，则是将生产置于现象界，称之为"遵循自然概念"的技术性实践，而将实践置于本体领域，称之为"遵循自由概念"的道德实践。而黑格尔却突破单从生产理解实践的局限性，把实践看作是人在外在事物和环境中刻上自己内心生活印记、使事物和环境变成人类"家园"的自由的对象化活动。至于费尔巴哈人本学的实践观，则是更进一步地将实践指向人的实际的、现实的、自然的生活……这些关于实践的理论为马克思实践范畴及其整个实践理论的形成提供了直接来源。

其二，概念类：从不同角度为实践范畴下定义并规定其根本特征及内在本质。

就定义而言，据学界某些学者统计，关于马克思实践内涵的界定综合起来至少有五六十种，在此就不一一列举。为何人们对实践的定义五花八门、莫衷一是？又为何人们在研究马克思实践范畴时总是试图去给其下一个明确的定义？在笔者看来，问题主要在于很多人在为实践下定义时其重点也许不在于实践范畴本身所包含的内容，而在于试图通过定义来涵盖实践的特性、功能及其现实意义等，以满足其某种理论诉求，因为就前者即实践活动本身的内容或实践形态而言，还是比较容易界定的，且基本上已趋于统一，而问题在于后者，因为马克思实践范畴是一个特殊的历史性范畴，它无法像其他范畴一样一义定之。

其三，建构类：对实践范畴在马克思主义哲学体系中的地位予以定位。大体来说又有以下几类观点：

（1）实践唯物主义论。这类理论主要是从哲学的功能、特征或变革方面去理解马克思实践范畴，主要依据《关于费尔巴哈的提纲》（以下简称《提纲》）、《德意志意识形态》和《反杜林论》等著作。例如，在《提纲》中，马克思明确地指出："旧唯物主义的立脚点是'市民'社会；新唯物主义的立脚点则是人类社会或社会化的人类。"在《德意志意识形态》中又指出："实际上，而且对实践的唯物主义者即共产主义者来说，全部问题都在于使现存世界革命化，实际地反对并改变现存的事物。"此外，在《反杜林论》中，恩格斯也曾指出："和那种以天真的革命精神笼统地抛弃以往的全部历史的做法相反，现代唯物主义把历史看作人类的发展过程，而它的任务就在于发现这个过程的运动规律。"马克思文本中的种种明确的论述充分表明马克思主义哲学是新的、实践的唯物主义，实践范畴是其建立的支柱。实践唯物主义理论的提出曾揭起了对传统教科书中关于马克思主义哲学是辩证唯物主义和历史唯物主义的提法的批判与纠正热潮。

（2）实践本体论。这类理论认为：马克思主义哲学是有本体的，这个本体便是实践。在《提纲》中，马克思就曾提出："社会生活在本质上是实践的。"实践范畴是马克思历史观的基石，马克思主义哲学之所以能在理论和现实上实现伟大的变革，就在于其确立了实践的历史地位，因为实践是一种连续不断的感性劳动和创造，是整个现存感性世界的非常深刻的基础，只有通过实践才能合理地解释人与自然、人与社会的一切关系，马克思主义经典作家们也正是立足于实践，才推动了科学的马克思主义理论体系的形成……据此，马克思主义哲学的本体论应是实践本体论，这也是对传统本体论的伟大变革。

（3）实践思维方式论。这类理论认为：马克思主义哲学的变革在于确立了实践的思维方式。在《提纲》中，马克思开宗明义地指出："从前的一切唯物主义——包括费尔巴哈的唯物主义——的主要缺点是：对对象、现实、感性，只是从客体的或者直观的形式去理解，而不是把它们当作人的感性活动，当作实践去理解，不是从主体方面去理解。"马克思自此确立了一种实践地理解客体的思维方式，实现了思维方式的变革。实践思维方式论是马克思和恩格斯对哲学思维方式的重大贡献，建构与确立实践的思维方式是马克思主义哲学变革的实质，因而，必须从实践的高度来理解人及其与现实世界的一切关系。而同时，马克思实践思维方式又是一种开放性的思维方式，是马克思主义哲学的解释原则和把握一切问题的逻辑所在，因而，实践思维方式论要求在理论上和实践上开展双向批判与双重建构，以凸显马克思主义哲学的革命性与批判性本质，使哲学由天国回到人间，从而解决理论与实践相脱节的难题，使理论真正起到指导实践的作用。

（4）实践生存论。这类理论则认为：马克思实践论是一种实践生存论。当代人类的生存方式正处于急剧的嬗变和转型之中，现代化进程取得巨大成就的同时，人类的生存与发展也陷入了困境，这种困境首先表现在物质生活与生态系统方面。人类对自然界的持续的、掠夺式的开发和无节制的技术化进程，发达国家对后发达国家各种形式的盘剥，使异化已经成为现代社会的人们不能回避的生存态势。为此，联合国还通过召开国际会议，提出了可持续发展的思想，而生存论哲学正是对人类生存进行反思与批判的一种新的哲学研究路径，是响应时代召唤的结果。因此，必须从生存与发展的角度来理解马克思实践范畴的意蕴，且其生存与发展的具体价值取向主要是人类的终极信念和终极价值关怀。

从以上哲学界在实践范畴问题上的研究概况来看，30年来，学界对马克思主义哲学问题研究的重心基本上是由凸显理论到凸显实践再到凸显人，而围绕其实践范畴的研究则基本上是从认识论转向本体论再转向生存论，之所以会有这种转向，一是由理论本身发展的必然性所决定，二是由当前的时代特性所决定。这在很大程度上推进了马克思主义哲学乃至其整个思想体系的发展。具体来说表现在以下几个方面：首先，体现了对马克思实践思想的逐渐凸显与重视；其次，从只重视理论探秘逐渐转向重视实践需要；最后，逐渐从马克思实践思想中挖掘其主体的人的自由全面发展的思想。但转向是否就意味着人们已完全地、科学地掌握了马克思实践范畴的意蕴呢？答案当然是否定的。事实上，我们可以从辩证唯物主义、历史唯物主义到实践唯物主义思想的兴起与建立以及各种派别、各种思维方式的翻来覆去的争论中看到，在继承和发展马克思主义哲学乃至其整个思想体系的过程中还存在的一些问题：第一，很多人对马克思主义哲学思想乃至其整个思想体系还并没有完全掌握，也并没有完全遵循整体思维，从而未能形成统一的认识；第二，学界之所以对马克思实践范畴难以形成科学的、统一的认识，实质在于当前的各种实践观点都无法真正涵盖这一范畴的丰富意蕴；第三，马克思实践范畴在整个马克思思想体系中有着极其特殊的地位，这种特殊的地位不是通过简单地建立起某种学说或某一派体系所能完全展现的；第四，有些讨论已经脱离了马克思主义经典作家的文本，脱离了其思想语境，因而无法给本真的马克思实践范畴以科学的解释。

三、实践范畴研究的困境与路径

对于近年来在马克思实践范畴的研究上取得卓越成就的同时亦存在的问题可以从以下几个方面予以剖析。

其一，从思想出发点及内涵界定上来看，存在一定的概念片面化、抽象化、固定化的因素。

首先表现在追溯范畴的渊源上——存在固定化思维。一般来说，在谈到马克思实践问题时，人们大多遵循以下思路：马克思实践范畴是在继承古希腊时期实践范畴的基础上经由近代的康德、黑格尔以及费尔巴哈的实践思想的逐次传递而形成的……我们知道，据可考证资料记载，实践范畴诞生于古希腊哲学时期，在多位古希腊哲学家的思想体系中都有涉及，所以，很多人在研究实践问题时大多都会遵循从古至今搜索追溯的路径，从概念渊源、思想继承上进行论述。不错，如果要研究一般的实践范畴，是可以采用这类方式，但如果要研究马克思实践范畴则未必要拘泥于此，因为"概念分析或语词辨析不见得是把握一个概念或一个观念的唯一最好的方法。从思想家的思想状况来把握它所使用的概念，也许是更好的方法"。因而必须通过历史与逻辑、整体与个别、思想与现实的方法来研究马克思实践范畴。也就是说，一般的实践范畴的历史性并不就意味着马克思实践范畴的意蕴与其一切历史都有着直接的关联，因为马克思实践范畴有其独特的意蕴，所以，若要把握马克思实践范畴，或许应转变以前的研究思路即纯粹的概念分析法，因为这种方法通常会忽略马克思思想的时代背景及其整个思想体系的形成历程，没有看到当时自然科学知识领域和社会生产领域的深刻变革，以及当时无产阶级革命的特殊状况给马克思思想的成熟和实践思想火花的点燃所带来的根本影响。事实上，马克思实践范畴的形成既有其独特的时代背景，亦有其独特的理论与现实指向——人类的解放，同时还有其科学的生成逻辑，否则马克思整个思想体系的变革性与科学性便无从理解。

其次表现在对实践范畴内涵的界定上——从下定义到做判断的纷杂性表明了人们把握实践范畴问题的片面性、僵化性。其实，马克思提出实践即人的感性活动的观点时并不是在给实践下一个恒定的定义，因为谁都知道，人的感性活动既是感性的，则必然是不断敞开、不断生成的，同样，马克思也并不是在表明实践就是某种单一的、可以以一蔽之的方式、方法，如果那样做就极易导致片面地理解实践范畴的双重属性，且会背离这一范畴的革命性、创造性等。事实上，实践范畴是一个历史范畴亦是一个现实范畴，历史是不断向前敞开的，因而实践必然是不断敞开的；现实是不断生成的，因而实践也必然是不断显现的。马克思主义经典作家们从来就没有在静止的意义上使用过实践范畴，也从来没有在既定的意义上阐述过其实践理论，相反，其一再凸显的"实践即人的感性活动"的思想无不是从历史的、动态的意义上来展现其实践范畴的丰富涵义的，并且，其实践范畴从诞生到完善乃至在马克思的整个思想体系中的价值彰显也不是一蹴而就的。这应是我们把握其实践范畴的根本点。所以，与其说马克思实践范畴是来源于古希腊哲学中的实践思想，还不如说是来源于理论批判时期本身的需要与顺理发展，来源于工业革命的推动和资本主义制度的现实以及无产阶级的革命运动。马克思实践范畴是紧扣人类历史发展脉搏的，是其唯物史观的灵魂及其唯物史观得以确立并科学地展开的根基，这在其政治经济学和科学社会主义思想体系建立的过程中都有充分的体现。

其二，从研究路径来看，存在着某种程度上的"主观化""功利化"倾向。

马克思实践范畴固然具有多维性，但不能主观地对其进行解构，以偏概全，亦不能根据个人的研究习性或针对当前国家政治理论的某些需要而去任意建构马克思实践体系。

例如，有学者将马克思实践范畴定位为马克思哲学的一个核心的或最高的范畴，固然强调了其在马克思哲学中的地位，但若把握不当，就极易导致这一范畴的凝固化、狭隘化，从而忽略这一范畴的实际活动的意义和思想意蕴；若将其仅理解为一种思维方式，虽凸显了其理解和解释事物的思维的变革性，但却容易遮蔽马克思整个思想体系的变革性和现实指向；固然，在马克思那里，实践确实是人生存的方式，并且在《德意志意识形态》中，马克思还从几个方面论述了实践的这一特征，但不能因此就下结论说马克思实践理论就是一种生存论，因为生存论无疑缩小了马克思实践范畴关于人的本质的思想，同样也没有完全涵盖其伟大的意蕴，而事实上，在马克思那里，真正的人除了具有区别于动物的、作为人的类特性的生存性（即人的本质的分化性）之外，更重要的还应具有作为人的本质的发展性（即人的本质的合成性）；至于当前的实践泛化论、实践中心论则已越来越脱离了马克思实践范畴的主旨。脱离马克思实践范畴的阈域，任何关于人的自由全面发展的理论都只会是空洞的、抽象的，都不可能真正促进人的自由全面发展的实现。哲学是时代精神的精华，并不是说哲学作为一门指导性学科是高高在上的，而是暗示了其生存和发展的土壤是现实的社会生活、现实的人的感性活动。所以，哲学要想真正为时代的发展服务，就必须摆脱那些经院式的理论纷争，与现实保持一致，这是马克思实践范畴的精神实质，否则，在其他意义上或其他目的上来谈论马克思实践范畴都是毫无意义的。事实上，马克思实践范畴从诞生到实现革命变革是有其逻辑性或辩证性的，即它并不只在于对其前抽象哲学的批判继承，更在于推动了新的、实践的思维方式的建立，从而带来了整个哲学理论和无产阶级革命现实的变革。而当前学界所极力倡导的马克思实践范畴的人文关怀或价值向度，从一定意义上正体现了对目前关于实践范畴的种种界说不甚满意，也是在为当前研究这一问题所遇到的困境寻找出路。

简言之，当前关于马克思实践范畴的定义及其革命体系之建立的多种思路不得不令我们深思：马克思实践范畴到底指向何意？或者说其主旨到底何在？

通读文本，我们可以看到：首先，马克思实践范畴在其本质上并非源自于古希腊时期的理论实践，而是来源于对资本主义社会工业化的现实及生活于其中的人们的社会活动本质的深刻反思，也就是说，当时资本主义社会各方面的现实状况是马克思实践范畴形成的现实土壤，而显现在这种现实土壤之上的就是马克思对黑格尔、费尔巴哈等人的劳动观的彻底批判，继而一步步形成其革命的实践理论。所以，在《提纲》中，马克思在深刻地批判了旧唯物主义和唯心主义离开社会实践而存在的片面性与局限性之后明确指出："人的思维是否具有客观的真理性，这不是一个理论的问题，而是一个实践的问题。人应该在实践中证明自己思维的真理性，即自己思维的现实性和力量，自己思维的此岸性。关于离开实践的思维的现实性或非现实性的争论，是一个纯粹经院哲学的问题。"而马克思在后来之所以倾其主力转向经济和社会活动问题的研究，就在于他逐步认识到：研究政治、宗教理论并不能完全了解历史，历史的进程取决于生产方式的变革，而引起生产方式变革的原因在于经济和社会的矛盾，只有这样，才能揭示社会发展的规律和真正的现实的人的自由发展的思想，才能彻底揭露和批判资本主义制度的异化问题。因此，没有其经济学研究和无产阶级革命的实际经验，马克思实践范畴也不可能体现其价值取向、实现其思想的辐射性。所以，一味地从理论领域去把握马克思实践范畴的意蕴并不是最可取的途径，马克思实践范畴既是在一定的历史条件下诞生的，也必然是在一定的历史条件下、一定的阙域中得以展现其变革之光。其次，要科学地研究马克思实践范畴，必须注意马克思实践范畴与一般的实践范畴、实践哲学等的区别。当前国内关于马克思实践问题的著述比比皆是，然而，在马克思实践问题的众多研究中，有很大一部分可能都已脱离了马克思实践范畴的使用阙域，脱离了马克思思想的整体性及其精神品质，甚至还有些人站在解释学的立场上，人为地套用现代西方哲学中传统的解释思路，为解释而解释，这种研究路径或许在推动哲学理论的发展上有一定的意义，但在现实中却并没有继承和发展马克思实践思想，且极易导致哲学主题和马克思思想品质的分散化、抽象化。

总之，要真正地把握马克思实践范畴的意蕴，就必须切实地进入到整个马克思主义思想体系中去，紧紧地抓住其以人类解放为轴心的价值指向，从其展现与完善人的自我价值的人本价值角度去开辟合理的研究路径，只有这样，才能把握其实践范畴的历史生成与历史变革，也只有这样，才能走出马克思实践范畴之理论建构的困境。

论学习型政党建设与马克思主义
中国化之辩证关系

李敬煊　贺　梦

马克思主义中国化和学习型政党建设是对于我国社会主义建设事业有着同样深远意义的两大历史性课题，也是学术界的两大研究热点。就总体的研究现状看，马克思主义中国化和学习型政党建设还主要是作为两个单独的课题来研究，把两者直接联系起来研究的并不多见。本文试图通过回溯二者的发展历程和现实状况，分析其联系与区别，研究二者如何相互促进，从而简要论述学习型政党建设与马克思主义中国化之间的辩证关系。

一、学习型政党建设与马克思主义中国化的内在联系

（一）学习型政党建设与马克思主义中国化在时空上的一致性

虽然建设学习型政党是 2004 年 9 月党的十六届四中全会在《中共中央关于加强党的执政能力建设的决定》中第一次正式提出的，但是重视学习、勤于学习是党长期坚持的优良传统。作为一个马克思主义政党，中国共产党的诞生，正是中国先进的知识分子学习马克思主义并与中国工人运动相结合的结果。而党的成长、发展和壮大的过程，也是不断学习研究马克思主义、致力于解决中国实际问题、领导中国人民进行革命、建设和改革的过程。党成立 90 年来，不仅坚持马克思主义经典作家关于政党学习的基本原则和方法，并且联系时代变化和中国实际，融合中华民族的传统文化，形成了具

有中国特色的政党学习理论。所以从广义的角度来看，学习型政党建设在1921年党成立后就已经开始了。

马克思主义中国化这一命题是毛泽东同志于1938年召开的中共六届六中全会上提出的。马克思主义中国化实质上是强调马克思主义要和中国实际相结合，具有中国特点、中国气派和中国风格。马克思恩格斯作为马克思主义的创始人，是把西方资本主义的历史与现实作为研究的出发点，"用欧洲的语言写欧洲的历史与问题，很少谈到亚洲与中国"①。要想发挥马克思主义对中国的巨大指导作用，把马克思主义与中国实际结合起来是客观必然。在中国宣传和传播马克思主义，使之为中国人民熟知和掌握，就必须采取中国人民喜闻乐见的形式。党的几代中央领导集体自觉把马克思主义与中国的实际结合起来，既坚持又发展，不断推进马克思主义中国化。时至今日，马克思主义中国化已经形成了毛泽东思想和中国特色社会主义理论体系两大理论成果。

回顾党的发展历程不难发现，建设学习型政党与马克思主义中国化贯穿于党的诞生、成长、壮大的历史过程，以及中国革命、建设、改革的伟大实践中。党在发展壮大过程中，在党建方面重视学习型政党建设，在指导思想和理论创新上推进马克思主义中国化。中国共产党建设学习型政党，要建设的也是学习型马克思主义政党，其实质也就是始终坚持以马克思主义理论武装全党，同时保持与时俱进的理论思维，学习一切时代要求的新内容，加强理论学习，提升理论素养，进行理论创新，从而更好地指导中国革命和建设事业。从这一点出发，学习型政党建设与马克思主义中国化在时空上具有一致性。

（二）学习型政党建设与马克思主义中国化的主体具有重合性

1. 毛泽东对政党学习的开拓。毛泽东在建党之初就根据党当时所处的特殊社会历史条件，提出着重从思想上建党的观点，通过加强学习来统一全党

---

① 转引自张彦：《理论创新的典范——解读马克思主义中国化的内涵与外延》，《西南大学学报（社会科学版）》2010年第1期。

的思想和步调；并且他从政党的角度对政党学习作了比较详尽的论述，形成了比较系统的观点，其中蕴含着丰富的学习型政党建设的内容。他说："读书是学习，使用也是学习，而且是更重要的学习。"①毛泽东认为学习是为了提高全党的理论素养、建设一个马克思主义的大党以及更好地改造社会。为此毛泽东提出了"把全党变成一个大学校，学校的领导者，就是中央。各地方党部，八路军、新四军、游击队，都是这个大学的分校。全党同志以及非党的战士们，都须进这个学校"，使全党成为终身学习的"无期大学"②。毛泽东还首创了"整风运动"的新形式，并把学风建设放在首位。

2. 邓小平对政党学习的继承。"文革"结束后，为了实现党和国家工作中心的转移，邓小平号召全党"必须再重新进行一次学习"。邓小平关于政党学习的最基本观点是学习的实践性，学习是为了解放思想，更好地领导现代化建设。邓小平总结历史经验，告诫全党："全国胜利前夕，毛泽东同志号召全党重新学习。那一次我们学得不坏，进城以后，很快恢复了经济，成功地完成了社会主义改造。这些年来，应当承认学得不好。主要的精力放到政治运动上去了，建设的本领没有学好，建设没有上去，政治也发生了严重曲折。现在要搞现代化建设，就更加不懂了。所以全党必须再重新进行一次学习。"③针对学习的内容，邓小平认为根本是要学习马列主义、毛泽东思想等理论，同时还要学习经济、科技和管理等知识，要全方位、专业化地学，在全党树立一种力戒空谈、踏实学习的学风，从而使得全党全国人民统一思想、同心协力地进行中国特色社会主义现代化建设。

3. 江泽民对政党学习理论和实践的发展。20 世纪 90 年代以来，国内外形势变化巨大，党面临着许多新的历史课题和任务，突出表现在要提高党的领导水平和执政能力。为此江泽民同志反复强调，要把学习问题摆在突出位置，并在党政领导干部中倡导开展了"讲学习、讲政治、讲正气"教育活动。江泽民指出："如果我们不能通过新的学习和实践不断提高自己，就会落后

① 《毛泽东选集》第一卷，人民出版社 1991 年版，第 181 页。
② 《毛泽东文集》第二卷，人民出版社 1993 年版，第 185 页。
③ 《邓小平文选》第二卷，人民出版社 1994 年版，第 153 页。

于时代，就有失去执政资格、失去人民信任和拥护的危险。这绝不是危言耸听。"① 对于学习的内容，江泽民同志提出了全面而系统的要求："不但坚持用马克思列宁主义、毛泽东思想特别是邓小平理论武装全党，同时要努力用人类社会创造的一切知识来丰富和提高自己。……特别要注重学习反映当代世界政治、经济、文化新发展的各种新知识，努力使自己的思想水平和知识水平适应时代前进的需要。"② 至于怎么样学习，江泽民同志认为要坚持"以我国改革开放和现代化建设的实际问题、以我们正在做的事情为中心，着眼于马克思主义理论的运用，着眼于对实际问题的理论思考，着眼于新的实践和新的发展"。

4. 胡锦涛关于学习型政党建设的创新。党的十六大以来，以胡锦涛为总书记的党的中央领导集体在继承党的优良学习传统的基础上，结合时代特征和中国实际，赋予政党学习以新的时代内涵和表达方式，适时提出"建设学习型政党，形成学习型社会"的目标。学习的目的是为了"提高我们党执政兴国的本领，提高为人民服务的本领，提高不断开创中国特色社会主义事业新局面的本领"③。在学习内容上，胡锦涛同样强调要学习马列主义、毛泽东思想、邓小平理论和"三个代表"重要思想等理论，同时还要重视经济、政治和文化等方面的知识，并且要联系党和国家发展的要求来学习。除了党员干部自学以外，中央政治局还长期坚持集体学习，在全党全社会率先垂范，向世人传达建设学习型政党的理念和决心。

回顾历史，我们发现，在每一个重大的历史转折关头，党中央都号召全党重视学习、重新学习，而每次这样的学习热潮，都会推动党的事业出现大变化、大发展，也必然推动着马克思主义中国化的进程。胡锦涛同志曾总结："我们党的历史上，无论是搞革命还是搞建设，都既有不少成功的经验，也有遭受挫折的教训。这些经验和教训当中，极重要的一条就是：全党同志

---

① 《江泽民文选》第二卷，人民出版社 2006 年版，第 284、284—285 页。

② 李斌等：《加强党的执政能力建设的重要举措——从中共中央政治局 44 次集体学习看建设学习型政党》，见 http://www.binhudj.gov.cn/content.aspx？id=518。

③ 胡锦涛：《重视学习，善于学习》，《学习时报》2002 年 1 月 9 日。

首先是担负领导责任的同志，是否重视学习，善于学习，对党的兴衰和事业的成败关系极大。"① 由此可见，中国共产党尤其是历届中央领导集体不仅是马克思主义中国化理论成果的主要创造主体，也是学习型政党建设的主要倡导者和实践者。无论是马克思主义中国化还是学习型政党建设，都有赖于党中央领导集体的率先示范和全体党员的积极参与，当然也需要广大马克思主义理论和党建理论工作者的不懈努力。在主体方面，这两大课题是具有重合性的。

二、学习型政党建设与马克思主义中国化的区别

（一）学习型政党建设与马克思主义中国化的内涵不同。学习型政党建设作为党建领域的课题，除了要以马克思主义理论为指导思想，同时也要特别重视对政党政治理论、学习型组织理论、学习型社会理论的借鉴和吸收。学习型政党的内涵丰富，大致有三层含义：从最基础的意义来说就是强调全体党员和各级组织要进行新的学习，离开了学习，就不能称之为学习型政党；从现实意义来说就是以新的学习拓展政党能力，以更好地适应社会的变化；从价值意义来说就是通过新的学习来促进政党发展，使得全体党员活出生命意义、政党接近奋斗目标、社会不断进步。② 但是归根结底，学习型政党建设的落脚点是党的建设，学习型政党是一种基于新的学习理念基础上的政党组织模式。

马克思主义中国化的实质就是把马克思主义基本原理和中国的具体实际结合起来，针对中国发展的历史进程和现实社会运动，在坚持马克思主义一般原理的基础上进行理论创新，以更好地服务于中国的实践。马克思主义中国化的理论成果正是对中国革命、建设和改革实践中的经验总结和理论提升的结果，是对马克思主义与时俱进的理论品格的坚持，是对马克思主义理论

① 谢春红：《当代中国共产党建设学习型政党研究》，人民出版社2009年版，第84、95页。
② 《马克思恩格斯选集》第1卷，人民出版社1995年版，第9页。

的新发展。因此，马克思主义中国化的落脚点是理论创新。马克思主义中国化的过程既是把马克思主义和中国实际相结合的过程，更是推进马克思主义理论创新的过程。

（二）学习型政党建设与马克思主义中国化的载体不同。学习型政党建设既然落脚点是在党建上，在现实中就有一个实际的载体，那就是中国共产党的各级党组织。建设学习型政党就是要把中国共产党建设成一个能持续学习、不断创新进步的政治组织，一个能引领社会不断进步、促进人的全面发展的政治组织。建设学习型政党，建设的就是一个建立在新的学习理念基础上的政党发展新模式。正是因为学习型政党建设有党的各级组织为实际的载体，所以在建设过程中可以采取建构学习型党组织管理模式、培育学习型领导与学习型党员等行为策略，也可以借鉴学习型组织建设的相关理论和方法。

马克思主义中国化相对于学习型政党建设来说是一个更为宏观的课题，并没有一个现实中的实际载体。虽然中国共产党尤其是历代中央领导集体对马克思主义中国化贡献巨大，但是不能因此就简单地把马克思主义中国化的使命局限于中国共产党的内部组织。今天，越来越多的马克思主义理论工作者担负着马克思主义中国化的重任。在此情况下，马克思主义中国化进程就不能像学习型政党建设那样可以采取具体的行为策略。马克思主义的民族化、时代化和大众化进程要融于中国特色社会主义事业的建设过程中。

三、学习型政党建设与马克思主义中国化相互促进

（一）学习型政党建设对马克思主义中国化的促进作用

1. 马克思主义中国化的理论成果需要通过建设学习型政党来提升和倡导。首先，马克思主义中国化的理论成果是对中国革命、建设和改革的实践经验的总结和理论提升，它们要求始终坚持马克思主义与时俱进的理论品质，随着时代的发展和社会的进步不断更新其内容和形式。而建设学习型政党，一个重要基点就是加强对马克思主义理论的研究和创新，从而对马克思

主义中国化的理论成果进行全面而符合时代的解读和诠释。其次，马克思主义中国化的理论成果需要通过建设学习型政党来宣传和倡导。马克思有句名言："理论一经掌握群众，也会变成物质力量。"① 但是理论不会自动地掌握群众，理论只有得到宣传、普及，让群众知晓、信服，才能掌握群众，也就是说必须依靠学习和教育。党的执政地位使得党拥有巨大的宣传优势和学习资源，领导骨干和党员遍布各行各业，广大党员的价值观念和行为习惯等对其他社会成员和组织有着重大的影响。因此，建设学习型政党必须在党内率先学习和宣传马克思主义中国化的理论成果，然后再面向全社会成员进行宣传和倡导，这样才能使"理论从理论家的书本上、从思想家的书斋中解放出来，真正掌握群众，转变为广大人民群众改造世界的巨大物质力量"②。

2. 马克思主义中国化的能力需要建设学习型政党来提高和拓展。马克思主义中国化就是马克思主义民族化、时代化、大众化的过程，实质上也是理论创新的过程。学习是创新的基础要素，建设学习型政党从而引导建设学习型社会，形成全民学习、终身学习的良好氛围，培育创新的时代文化，这对理论创新大有裨益；能力是创新的核心要素，建设学习型政党能够通过学习切实提高广大党员干部的创新意识和创新能力；人才是创新的核心要素，中国共产党作为马克思主义中国化理论成果的主要创造主体，建设学习型政党有利于提高广大党员及干部的能力和素养，从而有益于马克思主义中国化顺利推进。

3. 推进马克思主义中国化进程需要建设学习型政党来示范和导向。推进马克思主义中国化必须坚持马克思主义的理论指导和武装，必须坚持理论联系实际，在实践中进行理论创新，还必须坚持马克思主义的优良学风，而这些恰恰是学习型政党建设的题中之意。建设学习型政党就是要建设一个充分体现马克思主义政党先进性的政党，这就要求党始终保持与时俱进的理论思维和马克思主义的优良学风，吸收当代最新的学习理念，采取最新的学习行

---

① 王伟光：《正确认识马克思主义中国化、时代化、大众化的科学内涵》，《中国特色社会主义研究》2010 年第 1 期。

② 王伟光：《正确认识马克思主义中国化、时代化、大众化的科学内涵》，《中国特色社会主义研究》2011 年第 1 期。

为，学习一切时代要求的新内容，加强理论学习，提升理论素养，进行理论创新。因此，建设学习型政党对于推进马克思主义中国化进程能够起到良好的示范和导向作用。

（二）马克思主义中国化对学习型政党建设的促进作用

1.学习型政党建设需要马克思主义中国化理论成果的指导和武装。中国共产党是在马克思主义理论指导下产生的，是马克思主义理论与工人运动结合的产物。因此，中国共产党建设学习型政党必然要学习马克思主义的立场、观点和方法，学习马克思主义的精神实质和科学体系。建党90年的历史证明，只有通过各种形式的学习，用马克思主义理论教育全体党员，不断提高党员的理论素养，才能保证党在不同时期各项事业的顺利进行。在中国共产党进行政党学习的历史进程中，马克思主义中国化的理论成果始终是其学习的核心内容。学习型政党建设在学习马克思主义基本原理的同时，更重要的是要学习马克思主义中国化的理论成果，以科学的态度对待马克思主义，坚持在实践中发展和创新。同时，党建理论作为马克思主义中国化理论成果的一个重要组成部分，对学习型政党建设发挥了直接而具体的指导作用。如前所述，历届中央领导集体都对政党学习的理论与实践进行了有益的探索，回答了"为什么学习、学习什么、怎样学习"等问题，为学习型政党建设提供了可资借鉴的现实资源。可以说，建设学习型政党必然需要马克思主义中国化的理论成果的武装和指导。

2.马克思主义中国化为学习型政党建设提供了价值认同和良好氛围。任何政党既为现实而存在，也为理想而存在；既有必须完成的现实任务，也有自身的远大理想和追求。学习型政党既强调学习要注重社会发展的要求，满足现实发展的需要；同时还要有自身的价值追求，这个价值追求"要融合个人价值、组织价值与社会价值，以期实现党员发展、组织发展、社会发展的统一"①。实现共产主义是共产党的最高理想，每个党员都应以此为奋斗目标，这是毫无疑问的；但是每一个共产党员作为社会活动主体，也有着自己

---

① 谢春红：《当代中国共产党建设学习型政党研究》，人民出版社2009年版，第95页。

的个人理想。如何坚持政治目标的一元性指导与党员个体的多元发展相统一，政治理想的先进性发展要求与党员个人理想的广泛性要求相统一，是学习型政党建设要认真思考和解决的问题。

综上所述，学习型政党建设和马克思主义中国化作为关系党和国家发展的两大课题，二者既有内在的必然联系也有区别之处，并且相互促进，共同发展。因此，我们需要大力推进学习型政党建设和马克思主义中国化进程，并使之统一于中国特色社会主义的伟大事业中。

中国共产党关于经典著作学习的历史和经验述论

李敬煊

在党中央大力实施马克思主义理论研究和建设工程的今天，重温中国共产党加强马克思主义经典著作学习的历史，无疑具有极大的理论价值和现实意义。中国共产党关于经典著作学习的经验主要有：深入研究和准确阐述马克思主义经典著作中的基本观点，切实做到四个分清；加强对经典原著的解读；坚持理论联系实际，加强学风建设。

中国共产党建党 80 余年的历史，就是中国共产党人按照马克思主义的立场、观点和方法，结合中国的实践和时代特征，不断研究新情况，解决新问题，从而在历史与现实的观照中以理论形态展现中国革命、建设和改革的历史。在这样的进程中，尽管面对着不同的历史时期，有着不同的历史任务，但是我们党都十分注意马克思主义经典著作的学习。新世纪新阶段，在新的历史起点上回顾党史上干部学习马克思主义著作的历程，探讨中国化马克思主义的理论发展轨迹，总结马克思主义中国化正反两方面的历史经验，具有十分重要的理论和现实意义。

一、中国共产党加强干部马克思主义著作学习的历史

（一）民主革命早期

中国共产党早期的组织建立后特别是中国共产党诞生后，一直非常重视

干部的马克思主义教育工作，曾有组织、有计划地译介、研究、宣传马克思主义。1920 年 8 月，上海共产党早期组织的社会主义研究社出版了陈望道翻译的《共产党宣言》。1920 年 11 月 7 日，上海共产党早期组织创办半秘密性的机关刊物《共产党》月刊。各地党的早期组织，都把它列为革命者必读的材料之一，对党的筹建工作起了很大的宣传、组织和推动作用。新青年社从 1920 年 11 月起，共出了八种《新青年丛书》，包括《社会主义史》《俄罗斯研究》《阶级争斗》等书。另外，还出版了《共产主义 ABC》《无产阶级之哲学唯物论》等。①1921 年 11 月，中共中央局书记陈独秀签发了中共中央局第一个通告《中国共产党中央局通告》，对宣传教育工作提出了具体的要求：“中央局宣传部在明年七月以前，必须出书（关于纯粹的共产主义者）二十种以上。”②根据中央决定，在上海正式成立人民出版社，主要任务是翻译出版马克思列宁主义的理论著作和其他宣传革命的书籍，准备出《马克思全书》15 种、《列宁全书》14 种、《康民尼斯特丛书》11 种和其他书籍9 种。但由于多种条件的限制，这几套书未能出齐，最后出版了《马克思全书》3 种：《共产党宣言》《工钱劳动与资本》《资本论入门》；《列宁全书》5 种：《劳农会之建设》《讨论进行计划书》《共产党礼拜六》《劳农政府之成功与困难》《列宁传》；《康民尼斯特丛书》4 种：《共产党底计划》《俄国共产党党纲》《第三国际议案及宣言》《国际劳动运动中之重要时事问题》，以及《李卜克内西纪念》《两个工人的谈话》《太平洋会议与吾人之态度》《俄国革命史纪念》等。除最后四种是不属于丛书范畴的临时性小册子外，其他大致按照既定计划出书，但也有一些变动，如《资本论入门》和《共产党礼拜六》不在原定计划之内。整体来说数量已相当可观。除《共产党宣言》外，其他均是首次出版的最新译本。这些马列主义的著作在中国共产党的创建时期，成为许多共产主义者的启蒙读物和教科书，有助于对党员、团员和革命群众进行系统的共产主义教育，使马克思主义信仰者由少

---

① 转引自姚福中：《中国编辑史》，复旦大学出版社 2004 年版，第 335 页。
② 中国社会科学院现近代史研究室等编：《一大前后（一）》，人民出版社 1980 年版，第 24 页。

数个体逐渐演至群体，由最初的弱小群体不断地扩大为庞大的追随者阵营，进而形成声势更为浩大的马克思主义传播运动，从而为马克思主义最终得以扎根于中国土壤打下了坚实的基础。毛泽东曾回忆说，"《共产党宣言》《阶级争斗》《社会主义史》等书帮助他确立了马克思主义信仰"①。邓小平也曾说，"我的入门老师是《共产党宣言》和《共产主义ABC》"②。总之，这一时期主要是向知识分子进行共产主义教育和共产党的教育，介绍苏俄和国际共产主义运动的经验，加强马克思学说和建党思想的宣传，克服党内的非无产阶级思想，解决党员思想上入党的问题，使其进一步坚定共产主义理想信念，坚持无产阶级政治立场，逐步提高党的马克思主义理论水平。

（二）延安时期

这一时期，中国共产党清醒地认识到党内许多同志理论修养不足，理论水平不高。因此，中央一再号召要加强党内的马列主义的教育，对党员干部提出要学习马列主义经典著作。"学习是我们注重的工作，特别是干部同志，学习的需要更加迫切，如果不学习，就不能领导工作，不能改善工作与建设大党。"③

早在1938年六届六中全会上，毛泽东就指出："一切有相当研究能力的共产党员，都要研究马克思、恩格斯、列宁、斯大林的理论。""在担负主要领导责任的观点上说，如果我们党有一百个至二百个系统地而不是零碎地、实际地而不是空洞地学会了马克思列宁主义的同志，就会大大地提高我们党的战斗力量，并加速我们战胜日本帝国主义的工作。"④为此发起了全党干部学习运动，并设立了干部教育部，专门负责领导全党的学习工作。

在延安整风运动中，毛泽东亲自规定高级干部要准备读书。他强调，我们有这样丰富的经验，有这样长的斗争历史，要能读一二十本到三四十本

---

① 《毛泽东自述》，人民出版社1997年版，第45页。
② 《邓小平文选》第三卷，人民出版社1993年版，第382、146—147页。
③ 《毛泽东文集》第二卷，人民出版社1993年版，第179页。
④ 《毛泽东选集》第二卷，人民出版社1991年版，第533页。

马、恩、列、斯的书，那我们的党就大大地武装起来了，我们党的水平就大大提高了。1943年3月，毛泽东又提出："中央直属机关干部要进行理论、思想教育，读马、恩、列、斯著作四十本。"① 同年12月，毛泽东主持召开中央书记处会议，主要讨论高级干部学习党的路线问题，决定学习时间为半年，学习的课本为六种，即《共产党宣言》《社会主义从空想到科学的发展》《共产主义运动中的左派幼稚病》《社会民主党在民主革命中的两种策略》《联共（布）党史简明教程》及《两条路线》上下册，其中除第六种为1922年7月至1943年10月党的主要文件集外，其他五种均为马列著作。

1945年4月9日，在六届七中全会上，毛泽东再一次向全党提出了要"加强对马、恩、列、斯著作的学习的任务"②。在紧接其后召开的中共七大上，他明确提出，我们要读五本马列主义的书。这五本书，就是前面所列六本书中的前五本。他说，"这五本书如果有五千人到一万人读过了，并且有大体的了解，那就很好，很有益处"③。

整体来说，这一时期学习马列著作主要是解决全党的思想认识问题，彻底肃清王明"左"倾教条主义思想路线的错误。全党不但了解了马列主义研究广泛的真实生活和革命经验所得出的关于一般规律的结论，而且也学习了其观察和解决问题的立场方法。延安时期的学习，普遍地提高了全党的马列水平，使全党思想更加统一、意志更加集中，使全党紧密团结在以毛泽东同志为核心的党中央周围，大大提高了党的战斗力和凝聚力，加速了战胜日本帝国主义的步伐和新民主主义革命的伟大胜利。

（三）解放战争时期

1948年9月，毛泽东在中央政治局会议上的讲话中说："如果要求大家读全部马列选集，也不现实，可以挑选一些，不然书那么多，读起来也是困难。华东局印了五本，说是有人在读。如果五本不够，可以选十本，包括

---

① 《毛泽东文集》第三卷，人民出版社1996年版，第11页。
② 《毛泽东文集》第三卷，人民出版社1996年版，第284页。
③ 《毛泽东文集》第三卷，人民出版社1996年版，第417页。

《联共（布）党史》《列宁主义概论》《帝国主义论》在内。列昂节夫的《政治经济学》也可以选一些。宣传部可以研究一下，看挑些什么书好，五本不够就十本，但是不要太多，多则不灵。"①

1949 年 1 月，毛泽东在为中共中央政治局会议起草的决议中规划了 1949 年的干部教育计划，即在干部训练学校中及在职干部中进行马恩列斯的理论及中国革命各项具体政策的学习计划。②2 月，为了更有效地提高全党的政治理论水平，党中央重新编审了一套干部必读书目，毛泽东审批后由党的七届二中全会作出规定。这套"干部必读"一共 12 本，其中包括：《社会发展史》《政治经济学》《共产党宣言》《社会主义从空想到科学的发展》《帝国主义是资本主义的最高阶段》《国家与革命》《共产主义运动中的左派幼稚病》《论列宁主义基础》《联共（布）党史》《列宁斯大林论社会主义建设》《列宁斯大林论中国》《马恩列斯思想方法论》。毛泽东在党的七届二中全会的讲话中说："关于十二本干部必读的书，过去我们读书没有一定的范围，翻译了很多书，也都发了。现在积二十多年之经验，深知要读这十二本书，规定在三年之内看一遍到两遍。对宣传马克思主义，提高我们的马克思主义水平，应当有共同的认识，而我们许多高级干部在这个问题上至今还没有共同的认识。如果在今后三年之内，有三万人读完这十二本书，有三千人读通这十二本书，那就很好。"③ 这 12 本"干部必读"，成为新中国成立初期广大干部学习马列主义理论的基本教材，对培养干部，提高干部理论水平，起了十分重要的作用。

（四）社会主义改造时期

1953 年，我国进入了大规模经济建设时期，由于缺乏建设经验，中央决定全党干部学习《联共党史》九至十二章，向苏联学习建设社会主义的经验。1955 年，毛泽东在中国共产党全国代表会议上的讲话中说："我们要做

---

① 《毛泽东文集》第五卷，人民出版社 1996 年版，第 138 页。
② 《毛泽东文集》第五卷，人民出版社 1996 年版，第 234 页。
③ 《毛泽东文集》第五卷，人民出版社 1996 年版，第 261 页。

出计划，组成这么一支强大的理论队伍，有几百万人读马克思主义的理论基础，即辩证唯物论和历史唯物论，反对各种唯心论和机械唯物论。"①

（五）社会主义建设时期

1957年1月，毛泽东在省、区、市党委书记会议上的讲话中指出："全党都要注意思想理论工作，建立马克思主义的理论队伍，加强马克思主义理论的研究和宣传。"②

1958年"大跃进"和人民公社化运动，我们党犯了"左"的错误，在纠正当时觉察到的错误的努力中，毛泽东又向全党提出了读书的建议。1958年11月，在中共中央第一次郑州会议上，他带领与会者学习斯大林的《苏联社会主义经济问题》，并作了多次重要讲话。他提出，要重读斯大林的《苏联社会主义经济问题》，斯大林的著作中有很多好的东西。为了使广大干部对商品、货币、价值规律等问题有一个马克思主义的认识，毛泽东在1958年11月9日给中央、省市自治区、地、县四级党委委员写了一封信，建议读两本书：斯大林的《苏联社会主义经济问题》和《马恩列斯论共产主义社会》。他要求大家"每人每本用心读三遍，随读随想，加以分析，哪些是正确的（我以为这是主要的）；哪些说得不正确，或者不大正确，或者模糊影响，作者对于所要说的问题，在某些点上，自己并不甚清楚"③。他还强调："要联系中国社会主义经济革命和经济建设去读这两本书，使自己获得一个清醒的头脑，以利指导我们伟大的经济工作。"④ 同年12月，他在党的八届六中全会上再次建议广大干部读一读《苏联社会主义经济问题》、苏联《政治经济学教科书》和《马恩列斯论共产主义社会》等几本书。他指出：为了我们的事业，联系实际研究经济理论问题，目前有很大的理论意义和实际意义。1959年12月至1960年2月，毛泽东曾几次组织人一起读苏联《政治

---

① 《毛泽东文集》第六卷，人民出版社1996年版，第395页。
② 《毛泽东文集》第七卷，人民出版社1999年版，第200、201页。
③ 《毛泽东文集》第七卷，人民出版社1999年版，第432页。
④ 《毛泽东文集》第七卷，人民出版社1999年版，第432页。

经济学教科书》（第 3 版）的社会主义部分，并留下了大量的读书谈话记录和批注。虽然毛泽东当时对商品生产、价值规律在社会主义条件下的作用等问题上的认识有局限性，但其中的宝贵思想确是我们党在理论上的新认识、新成果。

为了以马克思主义为指导，探索中国建设社会主义的规律，力求在工作中减少盲目性，1963 年 5 月，党中央明确要求党内高级干部要学习马、恩、列、斯著作。中宣部根据这一指示拟定了干部选读马、恩、列、斯著作目录，一共列有 30 本。其中，马克思、恩格斯的著作 11 本、列宁的著作 11 本、斯大林的著作 5 本、普列汉诺夫的著作 3 本。毛泽东认为，马列的书很多，时间不够，不一定都要读完，但是读一部分基本的东西是必要的。在 1963 年 7 月 11 日的一次讲话中，他说："要读几本、十几本、几十本马列的书。要有计划地进行，在几年内读完几十本马列的书。要有办法引起高中级干部读书。他说，有的人没有读书兴趣，先要集中学习，中级以上干部有几万人学就行了。如果有两万个干部真正理解了马列主义就好了。"[①]1964 年 2 月，毛泽东在关于组织高级干部学习马、恩、列、斯著作的一个批示中要求，为了适应客观形势迅速发展的需要，为了使他们在社会主义革命和建设事业中发挥更大的作用，高级干部必须下决心挤出一定时间，认真坐下来读书，补一补课。[②]

为了便于老年高级干部阅读，1964 年 2 月，毛泽东还指示，列为选读的马、恩、列、斯著作的 30 本书要尽快出版 16 开的大字本（4 号字）。毋庸讳言，在学习理论过程中存在着"左"的指导思想影响，但我们不能由此就否定毛泽东提倡学习马克思主义的意义，而且 1958 年以后的几次理论学习大多是在察觉了我们工作中的某些错误之后组织的，是为了纠正错误而做的一种努力。

---

① 龚育之、逄先知、石仲泉：《毛泽东的读书生活》，生活·读书·新生三联书店 1986年版，第 34 页。

② 吕澄等主编：《党的建设七十年记事（1919—1991）》，中共党史出版社 1991 年版，第 417 页。

（六）改革开放时期

十一届三中全会以后，中国踏上了以经济建设为中心和改革开放的大道。在新的社会环境下，邓小平号召全党必须再进行一次学习，"学习什么？根本的是要学习马列主义、毛泽东思想，要努力把马克思主义的普遍原则同我国实现四个现代化的具体实践结合起来！"①针对当时社会上存在的全面否定毛泽东的历史地位和否定毛泽东思想的观点，1981年，在起草《关于建国以来党的若干历史问题的决议》的时候，邓小平和陈云一致建议"中央提倡学习，主要是学习马克思主义哲学，重点是学习毛泽东同志的哲学著作《实践论》《矛盾论》《论持久战》《战争和战略问题》《论联合政府》等著作，选编一下，还要选一些马恩列斯的著作"②。随着改革开放的推进，党内又滋生着一种重专业知识和管理知识、轻马克思主义理论的现象。于是，1985年9月，在党的全国代表大会上，邓小平向全党提出一个要求，"不仅是专对新干部，对老干部也同样适用，就是要学习马克思主义理论。……我们现在要建设有中国特色的社会主义，时代和任务不同了，要学习的新知识确实很多，这就更要求我们努力针对新的实际，掌握马克思主义基本理论"③。江泽民同志也多次在不同场合强调要学习马克思主义基本理论。1989年12月，他指出："当前和今后一个时期，加强党的思想建设，要在全党系统地深入地进行马列主义、毛泽东思想基本理论的教育，特别是马克思主义哲学的教育，党的基本路线的教育，党的基本知识的教育。"④1995年，针对当时干部队伍的状况和存在的问题，我们党开展了三讲教育，加强对干部的教育，以提高干部队伍的思想理论水平和精神境界。1996年1月，在全国宣传部长会议上，江泽民在讲话中希望党的高级干部多读读《马克思恩格斯选集》《列宁选集》《毛泽东选集》和《邓小平文选》这几本书。⑤同年10月，在十四

---

① 《邓小平文选》第二卷，人民出版社1994年版，第153页。
② 《邓小平文选》第二卷，人民出版社1994年版，第303—304页。
③ 《邓小平文选》第三卷，人民出版社1993年版，第147页。
④ 《江泽民文选》第一卷，人民出版社2006年版，第95页。
⑤ 《江泽民文选》第一卷，人民出版社2006年版，第498页。

届六中全会上，江泽民更明确指出："要在全党造成一种学习理论、研究理论的浓厚空气，不断提高广大干部的理论素质。各级领导干部工作很繁忙，但一定要挤出时间来学习马列著作和毛泽东同志的著作，特别是学习邓小平同志的著作，熟悉和掌握马克思主义基本原理，善于运用马克思主义的立场、观点、方法分析实际情况、指导工作。"①2001年，中共中央印发《2001—2005年全国干部教育培训规划》，规定干部教育培训的首要任务是提高干部的思想政治素质。因此，要重点学习《邓小平文选》第二、三卷，以及十一届三中全会以来党和国家的重要文献、江泽民同志的重要论述，同时精读马列和毛泽东同志的部分重要著作，特别是要学习马克思主义哲学，努力掌握贯穿其中的马克思主义立场、观点、方法和研究新情况、解决新问题的科学态度和创新精神。②

回顾十一届三中全会后的20余年，党中央和主要领导人曾多次强调要学习马克思主义理论。这些学习，其侧重点是与中国特色社会主义的实践联系密切的理论。通过学习，有助于我们加深对资本主义发展的历史进程、社会主义发展的历史进程、我国社会主义改革实践过程对人们思想的影响以及当今国际环境和国际政治斗争带来的影响的认识，使我们逐渐弄清了什么是社会主义，怎样建设社会主义，建设一个什么样的党，怎样建设党等问题，使我们能更好地把握中国社会发展规律、社会主义建设规律与中国共产党执政规律。但我们也要看到，在党员和干部中有计划、有组织、集中进行攻读马、恩、列、毛的原著的活动很少。在集中精力抓经济建设的氛围中，理论学习活动往往是抓而不紧，或是过多地关注现阶段中国化的马克思主义而轻视甚至忽视马、恩、列、毛原著，或以自己的实用主义的理解取代马克思主义。

① 《江泽民文选》第一卷，人民出版社2006年版，第579页。
② 《中共中央文献研究室十五大以来重要文献选编（中）》，人民出版社2001年版，第1608页。

二、中国共产党加强干部马克思主义著作学习的
经验教训

（一）必须深入研究和准确阐述马克思主义经典著作的基本观点，切实做到"四个分清"

中国共产党早期接受马克思主义不是从全面系统地学习马克思主义的原著开始的，而是从学习翻译过来的苏联的马克思主义教科书或从日本转道而来的二手资料开始的。到达延安后，才有较充裕的时间钻研马克思主义。虽取得了较大的成果，但理论水平不足的毛病并未彻底根除。因此，在对马克思主义的理解上多少存在着庸俗化、简单化、教条化，未能真正理解马克思主义的精神实质，或误解马克思主义理论，或把一些不属于马克思主义的东西当作马克思主义来对待，甚至把一些非马克思主义的东西完全强加给马克思主义。这就要求我们必须分清哪些是必须长期坚持的马克思主义基本原理，哪些是需要结合新的实际加以丰富发展的理论判断，哪些是必须清除的对马克思主义的教条式理解，哪些是必须澄清的附加在马克思主义名下的错误观点。如在相当长的时间里，理论界和党中央都认为，马克思否定社会主义社会存在商品货币关系。这一论断，是把《哥达纲领批判》①中所说的共产主义低级阶段的商品消亡论断，附加在我们现实的社会主义社会之上而产生的，是出于张冠李戴的虚构。再如把计划等同于社会主义，把市场等同于资本主义的观点，在长时间内桎梏着中国经济发展的手脚。直到邓小平南方谈话后我们才明了：计划经济不等于社会主义，资本主义也有计划；市场经济不等于资本主义，社会主义也有市场。计划和市场都是经济手段。从而为中国的改革开放开辟了一条正确的道路。这也告诉了我们：要以科学的态度对待马克思主义，完整准确地加以理解，而不能孤立地、静止地研究马克思主义，断章取义，随意附会和曲解；要抛弃那些打着马克思主义招牌的附会

---

① 《马克思恩格斯选集》第 4 卷，人民出版社 2012 年版，第 742—743 页。

和曲解的非马克思主义或反马克思主义的观点，对它们进行深刻的揭露和坚决的斗争。

（二）要加强对马克思主义原著的解读

加强对马克思主义原著的解读，实际上也是我们该如何去剥离一些附会和曲解马克思主义本意的思想观点的方法之一。现实生活中存在着的种种模糊或错误的思想观点，就与我们没有读好马克思主义原著或读得似懂非懂、浅尝辄止有关。马列主义经典著作是异常深奥、精炼的，很多著作的写作背景对很多人而言是相当陌生的，东西方思维、语言方式也有着巨大的差异等，这些都是我们研读马列主义经典著作的种种障碍。它们也决定了研读马列主义经典著作的过程必然是充满着崎岖、坎坷、艰辛。但是，不下苦功夫学原著，就不可能掌握住马克思主义的基本立场、观点、方法，遇到实际问题，就不可能自觉地坚持马克思主义，必然在革命和建设中迷失方向。马列主义著作，只有坚持读下去，读多了，日积月累，才能在潜移默化中不断加深理解、融会贯通、吃透马列原著的基本精神，领会马克思主义的立场、观点和方法，才能真正掌握马列主义的基本原理，用于指导革命、建设和改革。在这里，我们要注意的是要正确区分马克思主义著作和马克思主义经典作家个人的著作。经典作家自己也从不回避并勇于承认自己的某些具体提法，要么随着历史条件变化已经过时，要么本来就错了因而必须予以纠正。而且，马克思主义原著留给我们的，并不是教义，而是科学的方法和行动的指南。如果不顾历史条件和客观情况的变化，盲目地照搬照抄，死抱住经典作家的某些个别提法或主张不放，那就会损害乃至窒息马克思主义的生命力。

（三）坚持理论联系实际，加强学风建设

学习马克思主义，不但要从书本上学，而且主要地还是从社会实际中学，并把二者结合起来。学习、掌握马克思主义必须着眼于对实际问题的理论思考，着眼于新的实践和新的发展。离开本国实际和时代发展谈马克思主义，是没有意义的。"看我们是否真正坚持了马克思主义，关键看是否能运

用它来解决中国面临的实际问题，推进党的事业发展。坚持马克思主义，要在解决实际问题的进程中来落实，要用实践的效果来检验。"①以毛泽东、邓小平、江泽民、胡锦涛为代表的中国共产党人，以马克思主义的巨大政治勇气和理论勇气，先后回答了什么是新民主主义革命、怎样进行新民主主义革命、什么是社会主义、怎样建设社会主义、建设一个什么样的党、怎样建设党、实现什么样的发展、怎样发展等问题，成功地实现了马克思主义与中国实际相结合的两次历史性飞跃，形成了毛泽东思想、中国特色社会主义理论体系两大理论成果，取得了新民主主义革命的胜利，踏上了建设有中国特色社会主义的道路，推动了改革开放向纵深延伸。

当前我国社会正处于转型时期，随着改革开放逐步深入和社会主义市场经济体制的进一步发展，中国的社会变革也愈加向纵深推进，社会经济结构和利益格局日益多样化，党的自身队伍状况也发生了深刻变化，随之而来的一系列新旧体制之间的矛盾和问题也不断暴露出来。但马克思主义的基本原理任何时候都要坚持，否则我们的事业就会因为没有正确的理论基础和思想灵魂而迷失方向，就会归于失败。我们更不能关起门来读书，脱离实际空谈马克思主义，而要善于分析现实中的这些具体矛盾和具体问题，提出一些理性的解决方案和科学的对策建议。

① 《江泽民文选》第三卷，人民出版社 2006 年版，第 339 页。

用中国特色社会主义理论体系武装大学生方法的创新

万美容　廖宇婧

用中国特色社会主义理论体系武装大学生，关键是要解决大学生对中国特色社会主义理论体系的"真学、真懂、真信、真用"问题。方法作为联系主客体的中介，是一个不断发展的开放系统，应根据时代发展的要求和客观对象的特点不断探索新方式、新手段和新机制。目前大学生思想政治教育应该在理论提升和实践探索的基础上，改进理性思维培养方法、探索信仰生成促进方法和优化行为践履引导方法，从而有效促进大学生对中国特色社会主义理论体系的接受、认同、信仰和践行。

大学生是党和国家的宝贵人才资源，必须坚持用中国特色社会主义理论体系武装他们的头脑，教育和引导他们高举马克思主义伟大旗帜，坚定不移地走中国特色社会主义道路。而随着社会综合化程度不断提高，以及当代大学生思想品德发展的复杂性不断增强，只有不断创新方式方法，用中国特色社会主义理论体系武装大学生才能真正实现"真学、真懂、真信、真用"的目的要求。目前，在用中国特色社会主义理论体系武装大学生方法创新的基本路向上，应改进理性思维培养方法、探索信仰生成促进方法和优化行为践履引导方法，从而有效促进大学生对中国特色社会主义理论体系的接受、认同、信仰和践行。

一、改进理性思维培养方法

外在的教化只有经过个体的理解和领悟，才能内化为个体的思维方式和思维方法。① 利用中国特色社会主义理论体系武装大学生，首先需要帮助大学生增进对中国特色社会主义理论体系的认知、认同，培养大学生自觉运用中国特色社会主义理论体系进行理性思维、分析问题和解决问题的能力。总结高校马克思主义理论教育经验，改进理性思维培养方法，是保证用中国特色社会主义理论体系武装大学生工作取得实效的重要基础。

1. 组织学生在探究问题的过程中学习理论

学起于思，而思源于疑。强化学生的问题意识，有助于调动学生的求知欲，激发其独立思考、自主探究的精神，培养其自我教育的能力。在理论武装中培养大学生的理性思维，也必须首先从"问题"切入，以问题带动学生的思维，激发他们主动思考，鼓励他们提出具有个性的创见，引导他们不断对理论本身进行发问，并结合现实进行审问，在问题探究的过程中深化中国特色社会主义理论体系学习活动。

研究性教学以解决问题的过程为载体，以课题研究为活动形式，通过教师的引导、学生的自主学习和合作学习，达到培养学生创新能力、科学思维的目的，是一种由发现选择问题或设置情境生成问题、集中讨论分析问题、归纳总结评价问题、运用结论拓展延伸几个步骤构成的现代教学模式。目前，一些教师在思想政治理论课教学中开始运用研究性教学模式，但在问题的选择、组织形式、活动方式等环节还存在一些问题，影响到理论教育的效果。针对中国特色社会主义理论体系学习的特殊性，我们认为，研究性学习问题的选择应当贴近学生的生活实际，敢于把社会建设和发展中的热点、焦点、难点问题引入课堂，创设紧密结合中国特色社会主义建设实际的问题情境，组织引导学生参与社会焦点问题辩论、网络热点问题讨论、思想疑点专家对话、学生探究成果展示交流等活动，深化学生对中国特色社会主义理论

---

① 倪志安等：《马克思主义哲学教育方法论研究》，人民出版社2006年版，第109页。

体系的理解，培养学生自觉运用中国特色社会主义理论体系思考、分析社会现实问题的习惯与能力。在课堂讲授和活动之外，还要引导学生积极参与社会实践，自觉地去发现问题、提出问题，用课堂所学解决问题，提升青年学生的政治敏锐性、政治理论素养，增强对中国特色社会主义的认同与信仰。

2.强化方法意识，促进世界观向方法论的转换

"马克思的整个世界观不是教义，而是方法。它提供的不是现成的教条，而是进一步研究的出发点和供这种研究使用的方法。"[1]中国特色社会主义理论体系所包含的基本概念、基本范畴、基本观点、基本原理，是改革开放以来中国共产党人自觉运用马克思主义基本原理解决中国发展实际问题时形成的智慧结晶、理论成果。其中理解、把握和评价相关理论和现实问题并得出结论的思维逻辑和思维方式，就是该理论体系所具有的方法论意义。但是在当前的教学和理论宣传普及工作中，对理论内容及其世界观上的价值比较重视，而对其方法论意蕴比较忽视。倘若人们把世界观理论的某种观点，直接应用（套用）于某种具体事物变成它的认识结论，这就是恩格斯所批判的用世界观理论裁剪实际、贴标签式的教条主义。[2]所以我们主张，用中国特色社会主义理论体系武装大学生，一方面，要强调理论内容的大众化；另一方面，更应重视引导学生领悟理论体系所蕴含的实践思维方式和实践逻辑，使他们学会从特定的意识取向和思维角度对中国特色社会主义发展道路、建设进程进行正确理解、把握和评价。

叔本华说过，只有从那些思想的首创者那里，人们才能接受哲学。因此，谁要是向往哲学，就得亲自到原著那肃穆的圣地去寻找永垂不朽的大师。同此道理，要想真正把握党的理论创新成果中各理论创造者的思维方式和逻辑，也必须从他们的名篇原著中去寻找和体悟。因此，我们强调名篇原著导读法的具体运用，让学生从名篇原著中了解理论家们在思考着什么问题，怎样思考，思考的角度是什么，以及了解各理论间的一脉相承和创新，这对于学生的理性思维训练是非常重要的。但学生毕竟理论水平有限，因此

① 《马克思恩格斯选集》第4卷，人民出版社1995年版，第742—743页。
② 倪志安：《马克思主义哲学教育观念的三大转变》，《教学与研究》2007年第3期。

教师在要求学生阅读中国特色社会主义理论体系名篇原著和党的一些重要文献时，也要采取集中讲解、分组讨论、个别答疑等多种形式对学生加以指导，教学生会读、读懂。

3.注重对话意识，使学生始终处于"在思维"的状态

思想是在交锋和对话中向前发展的。这里所说的对话不同于我们日常所提的聊天、辩论、协商，它突出了参与各方的平等性，彼此之间特定人际关系的形成，参与者表达意见和观念的自由与权利，个体思维与集体性思维的本质等众多方面。① 在理论武装中培养大学生的理性思维，也必须强调对话意识，因为对话旨在探索人类集体思维的作用方式，通过集体的途径来开启个体内部思维之门，破除潜藏在其思维假定背后的种种束缚，学会在集体中共享思维，这无疑是超越感性、培养理性思维的好途径。而且对话鼓励参与者就各种问题进行开放式交流，锻炼个体的发散思维能力，这正是理性思维的重要方面。它强调不考虑特定结果，不急于判断，而是深入倾听他人。于是多种有益的观点和意见能够涌现，当然不乏有创见性的观念，理性思维空间也因此得以广泛拓展。

对中国特色社会主义理论体系这一特定主题，可以采用以下对话方式：第一，师生之间的对话。在理论武装大学生的过程中，师生之间的对话应该是知、情、意多向交流的过程。教师要尽量将社会生活中重大的、学生普遍关心的热点焦点问题引入对话，创设对话情境，主导对话进程；也可以由学生自由选择主题，建构自己愿意探讨的问题，教师协助组织展开讨论，并现场进行点评和引导。第二，学生之间的对话。大学生彼此年龄相仿、思维水平相当，有着相似的兴趣爱好，通过对共同问题的关注，可以营造一种对话氛围。大学生理论社团就是很好的交流载体，学生在理论社团活动中，以交流深化学习，提高理论思维水平，也加强了自我教育、管理和服务的能力。第三，大学生与理论文本的对话。这是一种间接的对话方式，是学生通过《毛泽东邓小平江泽民论科学发展》《毛泽东思想和中国特色社会主义理论体

---

① [美]埃利诺·杰勒德：《对话：变革之道》，郭少文译，教育科学出版社2006年版，第6—7页。

系概论》《科学发展观概论》等经典著作、系列教材和理论研究成果同中国特色社会主义理论体系的创立者、教育者、研究者之间开展对话。

二、探索信仰生成促进方法

信仰作为一种价值心态而存在，在人的精神世界中处于统摄地位。用中国特色社会主义理论体系武装大学生，关键是要解决"真信"问题，使大学生真正确立马克思主义信仰，树立中国特色社会主义共同理想。因此，探索促进信仰生成的有效方法，成为当前大学生思想政治教育方法创新的重要任务。

1.化理论为信仰，促进"可信"向"确信"的升华

从发生学的维度看，信仰最内在的本质就在于由纯粹的相信向爱和崇拜等情感升华，直至外化为行动的坚定性，并由此衍生出一种神圣性。这也是信仰发挥作用的逻辑，即由"可信"向"确信"的转化过程。用中国特色社会主义理论体系武装大学生，必须实现这种转化，变科学理论为当代大学生的坚定信仰。

要使大学生将马克思主义这一博大精深、与时俱进的理论体系奉为信仰，我们首先必须让大学生认同理论的科学性，从而自觉信服，这是马克思主义信仰生成的第一步。要让马克思主义对于大学生来说"可信"，一靠马克思主义自身的真理性力量，二靠教师人格的力量和有效的教育方法。教师要在自身信服的前提下，对马克思主义理论进行科学、深入的解读，科学灌输，增强其说服力。所谓科学灌输，不同于传统的硬性灌输，而是在转换灌输理念基础上的师生之间的双向互动，是充分利用现代信息技术特别是网络传播方式等现代化手段，注重课堂内外相结合，显性与隐性教育相互补充的教育方式。其次，大学生具有较高的知识文化水平，接受信息的途径多元化，因此要强调自我教育的作用，重视情感体验在信仰生成中的作用。大学生经过实践活动中的切身体会，体验到中国特色社会主义理论体系的科学性与现实意义，就会信奉其科学性和价值性，进而深化为孜孜以求的崇高

信仰。

2. 以生活世界为根基，实现话语方式的转换

任何信仰都内在地关联于人的实际生活和利益，以生活世界为根基。所谓生活世界指的是我们每个人在经常性的生活和工作中受逐渐形成的既定的生活方式、行为方式和思维方式所支配的自在自发世界，它是由衣食住行、饮食男女、婚丧嫁娶、礼尚往来等人的日常生活所构成的世界。① 马克思主义理论源于社会生活，是世界工人运动实践经验的总结和概括。中国特色社会主义理论体系是马克思主义基本原理同中国社会主义建设实践相结合的产物，我国改革开放的伟大实践是其诞生的根基与土壤。因此，用中国特色社会主义理论体系武装大学生，要贴近大学生的思想和实际，明晰他们所想、所思、所惑和所需，进行层次性教育；要面对现实，结合社会热点、焦点和难点问题对大学生进行针对性教育；要紧跟党的理论创新成果，深化国情教育，引导学生对一些不良社会现象和问题进行针锋相对、旗帜鲜明的批判，不断巩固大学生的马克思主义信仰和中国特色社会主义共同理想的坚定性。

要真正做到以生活世界为根基，教育者要努力实现话语方式的转换。话语方式的转换主要有两层含义：其一，消解教师话语霸权，让学生拥有自主发言权。话语霸权指的是语言的专制、暴政、封闭和保守，它只承认某一类话语而否认其他话语的正当性与合法性。② 教师在教育教学中的话语霸权常常表现为强制说教的形式，它往往使教师丧失亲和力和感染力，脱离学生的生活和思想实际，毫无疑问也会影响到马克思主义理论教育和中国特色社会主义理论体系宣传普及的实效性。因此，教师要彻底摆脱对学生居高临下的姿态，学会"蹲下来"看学生，"坐下来"同学生交流，让学生"亲其师"进而"信其道"。其二，中国特色社会主义理论体系鲜活灵动，具有时代气息。使用生活化、通俗化、鲜活性的语言，深入浅出地组织开展中国特色社会主义理论体系宣传教育活动，必定能够更加有效地促进大学生理想信念的生成。

---

① 刘济良：《生命教育论》，中国社会科学出版社 2004 年版，第 266 页。
② 吉标：《教师话语霸权的危害、成因及消解》，《教育导刊》2006 年第 7 期。

3.坚持循序渐进，变"要我信仰"为"我要信仰"

信仰的生成不是一蹴而就的。毕竟在"可信"向"确信"转变过程中，信仰机制同怀疑机制是同时发挥作用的。如果说信仰是主体精神意识中具有稳定性和连续性的一方，那么怀疑则是发展性和间断性的一方。要保持主体信仰的合理状态，就得在这种连续性和稳定性与间断性和发展性之间保持适度的张力。① 因此，我们强调根据大学生自身心理特点规律和信仰生成规律，有步骤、分层次地对他们进行中国特色社会主义理论体系的武装。

用中国特色社会主义理论体系武装大学生，要发挥他们的自觉性、主动性，促进马克思主义信仰和共同理想的自主构建、生成，因为只有自觉、主动生成的理想、信念和信仰才能发挥巨大的精神作用，并外化为坚定的行为。当前，大学生思想政治状况总体上是好的，但在理想信念、人生信仰等方面也确实存在一些令人忧虑的问题，用中国特色社会主义理论体系武装大学生就是要从深层次上有效地解决这些问题。探索信仰生成促进的方法，有效调动学生理想、信仰建构的自觉性、主动性，使学生变"要我信仰"为"我要信仰"，坚定大学生的理想信念。

三、优化行为践履引导方法

用中国特色社会主义理论体系武装大学生是个系统工程，它的根本目标在于激发大学生坚持中国特色社会主义理论体系的自觉性，提高行为践履的能力，顺利成长为中国特色社会主义事业的合格建设者和可靠接班人。用中国特色社会主义理论体系武装大学生，应当在行为实践层面运用示范、激励、他律等方式引导学生自觉践行。

1.示范式行为引导

人们的行为普遍地会受到模仿这种心理机制的作用。② 通过模仿，人们

---

① 荆学民：《当代中国社会信仰论》，人民出版社 2008 年版，第 116 页。
② 祖嘉合：《思想政治教育方法教程》，北京大学出版社 2004 年版，第 250 页。

获得适当的行为模式和社会技巧，从而促使个体对自身的行为进行规范和调整。反过来，个体的模仿也会促进被模仿者以更高的标准要求自己，调整自己在不同场合的行为，培养其慎独精神，全面提升自己。示范式行为引导就是以良好的行为榜样引导大学生感知、模仿，作出同样或类似行为的一种教育方法。

其一，发挥教师以身作则的示范效果。教师是大学生最直接的观察榜样，他们不仅是大学生直接接触和尊重的对象，而且享有一定的知识权威和经验权威，其行为表现就是教育引导学生的鲜活教材。教师对中国特色社会主义的坚定信仰，对中国特色社会主义理论体系的忠实践行，必定对学生认同、践行中国特色社会主义理论体系产生积极的影响。其二，发挥大学生群体的示范效应。教育家马卡连柯曾说过，不管是什么样的劝说，也做不到一个正确组织起来的自豪的集体所能做的一切。由于个人归属感的需要和对偏离群体的恐惧，群体成员会主动或被动地产生服从群体规范和多数人行为选择的心理与行为来保持与群体的一致。因而在用中国特色社会主义理论体系武装教育大学生时，要加强学生班集体、社团等群体建设，通过群体活动给学生以正确的导向。其三，发挥大学生先进典型的示范作用。大学生中涌现出来的先进典型是他们最好的行为榜样和成长导师，让有理想的人讲理想，通过身边典型的示范作用，激发大学生的思想共鸣，促进大学生见贤思齐，增强对中国特色社会主义理论体系认同的自觉性和践行的坚定性。

2. 激励式行为引导

水激石则鸣，人激志则宏。将激励作为行为引导的一种方法，主要是通过把握人的心理需求，有效激发人的动机，调动人的积极性，进而催生和启发人强烈的行为意愿，不断巩固人的行为。在用中国特色社会主义理论体系武装教育大学生的活动中，要善于运用激励式行为引导方法。

首先，期望激励和自我激励相结合。对一个人传递积极的期望，会使他进步得更快，反之，则会使他一蹶不振。在用中国特色社会主义理论体系武装教育大学生的活动中，教师要信任和期待学生，暗示他们具有较高的觉悟水平，能够在现实生活中做坚定的马克思主义者，主动以社会主义核心价值体系为导向，知荣辱、懂廉耻，坚持集体主义和爱国主义，积极为中国特色社会主义事业贡献力量。学生在这种期望的激励下，不断增强自信心和自我约束能力，更加自觉地运用中国特色社会主义理论体系认识社会、分析问题、指导自身行为。同时，教师还要注意引领大学生进行自我激励，坚信"我可以""我能够"，时时严格要求自己践行中国特色社会主义理论体系。其次，外在激励和内在激励相结合。根据赫茨伯格的双因素激励理论，外在因素（如奖金、福利等）和内在因素（如个人的工作成就感、兴趣爱好等）都能够激励工人提高对工作的满意度和激发工人的工作积极性。在用中国特色社会主义理论体系武装教育大学生的活动中，应通过外在激励和内在激励相结合的方式引导大学生践履，巩固、强化理论武装的实际效果。在外在激励方面，对那些自觉关注社会现实，积极参与社会实践，主动为经济建设、政治建设、文化建设和社会建设作贡献的行为，要给予充分的肯定、公开的表扬和广泛的宣传。当然，在对这些行为进行肯定表彰时，要注意物质激励和精神激励相结合，既可以给予一定的物质奖励，更要以适当的方式给予精神上的鼓舞，满足青年学生精神发展的需要，提升思想政治素质，激励他们做中国特色社会主义理论体系的忠实践行者。

3. 律令式行为引导

如果有人打坏了一个建筑物的窗户玻璃，而这扇窗户又得不到及时的维修，别人就可能受到某些暗示性的纵容而去打烂更多的窗户玻璃。久而久之，这些破窗户就给人造成一种无序的感觉，给公众造成一种麻木不仁的氛围，结果犯罪就会滋生、蔓延。①"破窗理论"的意蕴在于，没有规则或有规则而管理不到位，会造成人们麻木不仁的心理，并导致更加严重的无序状态，因此，应当防患于未然，以法律、道德、行政规定、社会舆论等对人们的行为加以及时和适时的约束和引导。社会规则实际上是行为的外在律令，既可对失范行为加以规范、约束，也可为正确行为提供支持和保障。律令式行为引导方法，就是通过规章、制度、规则等外在律令，以奖惩为手段，实现扬善罚恶、奖优惩劣，对人们的行为进行外在的干预、规范与引导的方法。通过外在他律引导大学生对中国特色社会主义理论体系的坚定践行，既

①　蒋振远：《"破窗理论"的运用》，《山东教育》2003年第8期。

是理论武装实效的具体体现，也是巩固强化理论武装效果的重要方式。目前，一方面，要按照中国特色社会主义理论体系的基本要求，建立健全中国特色的社会主义法律、道德、制度等规范体系。另一方面，加强和改进大学生思想政治教育，强化学生的理想信念、法律意识和道德观念，增强遵纪守法的自觉性，把对中国特色社会主义理论体系的坚定信守和忠实践行变成自己的行为准则与行为习惯。

中国特色社会主义理论体系武装教育青年的方法论

万美容

当代中国青年是中国特色社会主义事业建设的重要力量，也是马克思主义及其中国化成果的继承者和传播者。用中国特色社会主义理论体系武装教育青年，加强和改进青年思想政治教育和党领导的社会思想建设的一项重要而紧迫的战略任务。要完成这一战略任务，需要确立正确的方法论，通过方法创新和途径拓展不断增进武装教育活动的针对性和有效性。

一、尊重青年的主体地位，调动青年学习中国特色社会主义理论体系的积极性

作为在新的历史环境下成长的一代青年，他们热爱祖国、勤奋学习、积极进取、思维敏锐、善于接受新事物、勇于开拓新领域，具备许多超越前辈的优点和特色。但与此同时，他们中的不少人对近现代中国的发展历程、对中华民族的历史选择、对社会主义的发展前景还缺乏深刻的认识和透彻的理解。而对一个思想大活跃、观念大碰撞、文化大交融、各种社会思潮相互交织的时代，不少青年在自觉寻求理论支持，希望在中国特色社会主义理论体系指引下获得价值追求与精神归宿。

既然学习、接受中国特色社会主义理论体系已经成为当代青年内生的一种现实需要，那么，他们在教育活动中不是消极被动的被改造的客体，而是

具有自主性、积极性、创造性等主体性特征的人。他们的主体地位应该得到确认，受到尊重，他们的主动性、创造性应该得到激发、发挥作用。因此，用中国特色社会主义理论体系武装教育青年，首先应在基本教育理念上凸显主体性教育思想，实现方法论的重大转变，尊重、保护青年的主体地位，以当代中国青年的主体性为基础来设计、组织、武装教育活动。

青年在教育过程中的主体性是他们作为接受主体、学习主体所具有的本质属性，独立性、主动性、创造性是其中的重要内容。独立性相对于依赖性，主动性相对于被动性，创造性相对于复制性，而依赖性、被动性和复制性恰恰是在传统教育中受教育者的主要特征。一方面，受教育者依赖教育者直接传授思想政治教育知识，依赖教育者给出解决问题的现成答案，以至于离开了教育者便无所适从，从而丧失作为主体的独立性。另一方面，受教育者消极被动地接受教育和改造，缺乏主动性，游离于教育活动之外，尽管他们能够在各种检查、考试情境中复制出教育者所教授的内容，但这种复制不是真正的内化，不能构成外化为行为的基础。结果是"说归说，做归做，行动归行动"的知行脱节，思想政治教育的效果无疑是低效的。[①] 因此，尊重、保护青年的主体地位，以当代中国青年的主体性为基础来设计、组织、武装教育活动，实质上是对传统思想政治教育的现代超越。

以青年的主体性为基础建构用中国特色社会主义理论体系武装教育活动，就是要把培养独立性、创造性，调动和发挥主动性的要求贯穿教育过程的始终，在交往、互动、对话中，实现教育者和受教育者思想与思想的碰撞、心与心的交流，使中国特色社会主义理论体系入心入脑，转化成内心信念和行动指南。

---

① 郑永廷、张彦著:《德育发展研究——面向 21 世纪中国高校德育探索》，人民出版社 2006 年版，第 222—223 页。

二、着力建构与社会发展趋势和当代青年发展特点相适应的理论传播与教育方式

"思想政治教育有效性，主要表现为思想政治教育活动对其预设目标的实现程度，其教育内容对人们思想观念影响的深刻性、持久性，以及对人们思想意识判别、选择、理解力等诸方面所产生的强化作用。"① 而这种有效性问题往往会在具体教育活动和实际操作（实施）环节中显得更为关键，需要我们加以重点关注和解决。比如，在对大学生进行马克思主义理论教育时，我们经常讲要实现"三进"，即进教材、进课堂、进头脑。对此，不少高校思想政治理论课教师和思想政治教育工作者就机械地认为：进教材，写进教材中去就完了；进课堂，确定开设一门课程就可以了；进头脑，加大灌输力度就行了。然而，现实的情况是，虽然花费了巨大的精力，但大学生对高校思想政治理论课的满意度和接受程度与我们的预期还有很大差距。要使中国特色社会主义理论体系在当代中国青年中获得普遍接受和认同，必须把有效性作为一个基本取向，着力建构与社会和时代发展趋势相适应、与当代青年对理论信息的接受特点相协调的理论传播与教育方式。

首先，传播方式、教育方式要由单向性向多向性拓展。"过去马克思主义传播、教育理论与实践，曾过于强调传播、教育过程中传播者和教育者的主导作用，而把受众、受教育者置于消极被动的地位，没有足够重视其主体地位，以致出现过分强调灌输的片面倾向。"② 与以往的教育环境所不同的是，在当今时代，大众传播媒介十分发达，城市乡村、各行各业的青年都能够通过多种渠道如网络、报纸、电视、广播等媒介获得信息资源，而不像以往那样只能靠书本或者领导、老师、家长与长者的传达、讲授来获得。因

---

① 沈壮海：《思想政治教育有效性研究三题》，《思想理论教育》2002 年第 1 期。

② 石国亮：《马克思主义在青年中传播的几个前提性问题》，《中国青年政治学院学报》2007 年第 1 期。

而，在当代青年中普及中国特色社会主义理论体系，就必须改变过去那种传统的单向性的理论传播与教育方式，而需要采取多种途径和渠道来增强中国特色社会主义理论体系在全国青年当中的覆盖率和受众面。

其次，传播与教育方式应注重显性影响和隐性影响的相互配合。社会主义市场经济的发展不断拓展和增强了人们的自主性，这种变化在当代青年身上反映得尤为明显，他们在价值选择、理论认同上更加主动和自觉。因而，在当前的社会条件下，用中国特色社会主义理论体系武装教育青年采用灌输这种显性影响的传播与教育方式虽然是必要的，但也要注重多重渗透，为青年自主学习、自主选择创造条件，使显性影响和隐性影响共同发挥对青年的理论教育功能。只有贴近实际，通过多种方式把中国特色社会主义理论体系渗透到当代青年日常生活之中，引导他们在一种潜移默化的环境与氛围中自主选择、接受中国特色社会主义理论体系的基本原则、基本内容和基本精神。

三、积极开发用中国特色社会主义理论体系武装教育青年的有效载体

用中国特色社会主义理论体系武装教育青年，是新世纪而向当代中国青年的一次马克思主义普及运动，是推进中国特色社会主义理论体系大众化的重大举措，需要选择恰当的载体形式。就目前的经验来看，可以积极开发以下几种有效载体形式。

1.编写出版面向青少年的理论普及读物

艾思奇的《大众哲学》是一本曾被毛泽东盛赞其胜过十万雄兵的马克思主义理论普及读物，其成功之处就在于以通俗化的语言表述阐释深奥的哲学理论，且并没有因其通俗性而丧失学术性，成为党的理论建设与理论普及教育的典范。因此，在当代中国青年中普及中国特色社会主义理论体系，我们理应把这种实现理论普及的方式和经验继承下来，以因应社会发展的需要。

近年来，中共中央宣传部理论局每年都会组织专家编写《理论热点面对面》，该丛书对人们普遍关心但又存在种种疑虑的理论与实践问题给予了解答，在青年中也受到普遍欢迎。

2. 编辑出版理论宣传画报

这是一种以图片、画报的形式解读中国特色社会主义理论体系的载体方式，它"按文配画、以画解文"，以鲜明、形象、可感的图片、画报、海报等向人们解释、说明那些看似深奥难懂的马克思主义理论。如近年出版界先后出版了《画说邓小平理论》《图说邓小平理论》《画说江泽民"三个代表"》《画说推进社会主义新农村建设》《画说构建社会主义和谐社会》《画说科学发展观》等图书，以一种新颖的方式发挥了向广大群众和青少年普及党的理论创新成果的积极作用。

3. 组织多种形式的人文社科报告会

理论通常是通过纸质媒介来传播的，这往往令人望而生畏、敬而远之，使人们觉得理论晦涩难懂，只能供专门从事理论工作的人来研究和阅读。因而，要在当代青年中普及中国特色社会主义理论体系，就必须使这些理论成果走出书本、走出书斋，进入当代青年日常的学习生活和职业生涯中。在大学校园里，我们注意到，近年来在大学生当中举办关于理论传播、理论宣讲方面的报告、讲座越来越受到他们的欢迎。用中国特色社会主义理论体系武装教育青年，结合青年学生、部队战士以及青年公务员、青年工人、青年农民的思想与生活、工作实际，有针对性地为他们举办人文社会科学报告会、理论宣讲会、社会思潮评介讲座、青年骨干理论培训班等，无疑是一种非常好的方式。

4. 通过大众传媒进行理论解读

在当今时代，电视、网络、报纸、广播等传播媒介日益渗透到人们日常生活的方方面面，对青年世界观、价值观、人生观的建构发挥着非常大的影响作用。打开荧屏、网络，我们注意到，解红楼、评三国、读《论语》等文化娱乐活动在当代青年中颇受热捧，这在很大程度上推动了经典著作、传统文化在他们中的普及。因此，在当代青年中普及中国特色社会主义理论体系，进行理论武装，我们当然应该借鉴和运用这些传播媒介来推动理论的普及工作，可以把当代中国马克思主义最新理论成果搬到电视、广播中和网络、报纸上进行解读，从而扩大理论在青年中的影响力和受众面。

四、注重引导青年在参与社会实践中掌握中国特色社会主义理论体系

马克思曾指出："人的思维是否具有客观的真理性，这不是一个理论的问题，而是一个实践的问题。"① 因而，让青年在参与社会实践的过程中学习和领会马克思主义理论的科学性和正确性是马克思主义普及化、大众化的成功经验。中国特色社会主义理论体系是我们党领导人民群众在中国特色社会主义伟大实践中实现的思想升华与理论总结。用中国特色社会主义理论体系武装教育青年，要注意克服理论学习与实践教育脱节的现象，更加积极地拓展实践教育途径，引导广大青年在参与社会实践中领会中国特色社会主义理论体系的科学内涵，掌握中国特色社会主义理论体系的精神实质。

作为一种教育途径与手段的社会实践活动与青年的日常生活、职业生活具有根本性区别。作为教育途径与手段的社会实践活动，是按照一定的教育目的来计划、组织、实施的，对活动的内容、对象、环境条件等都有所选择或专门的创设，整个活动过程是在组织者、教育者的控制之下，具有明确的目的性，活动一般对参与者思想道德素质和科学文化素质均能产生一定的积极影响。但青年的日常生活与实践活动，则不具有明确的教育目的，对青年思想品德形成和发展的影响一般是非正式的、不可控制的，影响作用的结果具有不确定性，可能产生积极作用也可能产生消极影响。因此，组织青年参加社会实践活动是用中国特色社会主义理论体系武装教育青年的重要途径，青年的日常生活与实践活动不能替代有计划的社会实践活动。

用中国特色社会主义理论体系武装教育青年，要坚持理论教育与社会实

---

① 《马克思恩格斯选集》第 1 卷，人民教育出版社 1995 年版，第 55 页。

践相结合，积极倡导当代青年更加广泛地深入社会、了解社会、服务社会，引导青年把学习中国特色社会主义理论体系与参与社会实践结合起来，把理论知识学习与社会需求结合起来，把理解重大理论问题与关注社会现实热点问题结合起来，在社会实践中亲身体会中国特色社会主义理论体系是建设和发展中国特色社会主义、解决当代中国实践问题的科学的、正确的理论。需要强调的是，引导青年在社会实践中领会中国特色社会主义理论体系的科学性和正确性，必须在社会实践活动的内容、途径和方式等方面因应社会与时代的要求进行创新和发展。一是要在社会实践活动中使青年的专业学习、职业发展和服务社会结合起来，通过亲身实践来增长才干、受到教育，并尽可能用所学知识为社会服务，使自己在服务中获得成就感，增强社会责任感，进而理解和体会中国特色社会主义理论体系的巨大实践价值。二是要把社会实践活动与当代青年的现实发展结合起来，通过参加活动不断积累参与社会工作的实践经验与实际技能，在实践中增强对中国特色社会主义理论体系指导作用的认识。三是社会实践活动要因地制宜、灵活多样。不同行业、不同地区、不同发展状况的青年，所关注的问题也会有所不同，青年组织或单位、学校、社会机构等在选择社会实践活动的内容和方式上，应根据实际情况灵活安排，务求实效。

后 记

《马克思主义理论与教学研究》是华中师范大学马克思主义学科建设专项经费（第四期）资助出版的。原计划 2016 年出版，后因种种原因出版计划被推迟。2018 年，在人民出版社的大力支持下，此出版计划得于顺利重启。

本套丛书的编选历时多年，主要是在华中师范大学马克思主义学院2010 年至 2016 年行政班子主持学院工作期间所完成的一项学科建设的日常工作。参与编选工作的主要成员有钟选友、秦在东、刘从德、张凤华、李红伟。各卷主编分别是秦在东、刘从德、万美容、高新民、叶泽雄、毛华兵、李芳、郭明飞、李敬煊、刘宏达。秦在东主持本套丛书的选编和审定工作，刘从德协助选编和审定工作。各卷论文的具体选编工作主要由本院在读博士生和硕士生承担，他们是王昊、张静、唐佳海、肖薇薇、蔡朝旦、李霄、罗静、赵晓、王威峰、庄芩、靳思远、张映、高晨光、韩娇娇、李莹莹。武汉工程大学马克思主义学院硕士研究生张珂负责后期定稿的文字校对。

本丛书在计划出版和编印过程中，受到华中师范大学原党委书记马敏的关怀和指导，得到华中师范大学资深博士生导师、我国著名科学社会主义理论家杨宏禹先生，华中师范大学副校长彭南生教授、华中师范大学原党委副书记、博士生导师何祥林教授、谢守成教授的指点和帮助，也得到了华中师范大学学科建设办公室和社科处的鼎力支持。在重启出版计划和编印过程中，人民出版社编辑刘松弢先生付出了大量心血，在此一并致谢。

编 者

2020 年 8 月 8 日

责任编辑：刘松弢

责任校对：白　玥

封面设计：姚　菲

图书在版编目（CIP）数据

马克思主义理论与教学研究 . 第二卷 / 秦在东 主编；李敬煊分册 主编 . —北京：
　人民出版社，2021.3
ISBN 978 - 7 - 01 - 023117 - 4

I. ①马…　II. ①秦…②李…　III. ①马克思主义理论 – 教学研究
　IV. ① A81

中国版本图书馆 CIP 数据核字（2021）第 016233 号

马克思主义理论与教学研究（第二卷）

MAKESI ZHUYI LILUN YU JIAOXUE YANJIU DIERJUAN

秦在东 主编 李敬煊分册 主编

人 民 出 版 社 出版发行

（100706 北京市东城区隆福寺街 99 号）

北京中科印刷有限公司印刷 新华书店经销

2021 年 3 月第 1 版 2021 年 3 月北京第 1 次印刷
开本：710 毫米 × 1000 毫米 1/16 印张：16
字数：240 千字

ISBN 978 - 7 - 01 - 023117 - 4 定价：90.00 元

邮购地址 100706 北京市东城区隆福寺街 99 号
人民东方图书销售中心 电话（010）65250042 65289539